PUHUA BOOKS

我
们
一
起
解
决
问
题

ADFAITH
MANAGEMENT
REVIEW

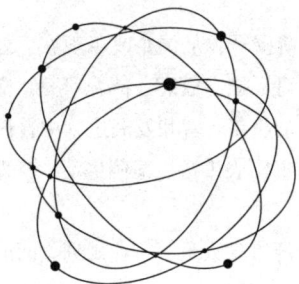

正略咨询 ◎ 著

正略管理评论

（第12辑）

人民邮电出版社

北　京

图书在版编目（CIP）数据

正略管理评论. 第12辑 / 正略咨询著. -- 北京：
人民邮电出版社，2022.9
ISBN 978-7-115-59766-3

Ⅰ. ①正… Ⅱ. ①正… Ⅲ. ①企业管理－文集 Ⅳ.
①F272-53

中国版本图书馆CIP数据核字(2022)第131093号

内 容 提 要

《正略管理评论（第12辑）》由正略咨询各咨询团队倾情撰写，从国企改革观察、公司战略研究、企业变革、组织建设、人力资源管理、项目管理、财务管理、能源研究、交通研究及生命科学研究十个方面，通过30篇文章，论述了企业在运营和发展过程中普遍存在的现实问题，并提出了操作性较强的问题解决方案。本书图表丰富、案例生动，有理论、有方法、有工具，是一部难得的管理评论文集。

本书适合企业管理者尤其是国有企业从业人员、人力资源管理人员、行业规划方面的咨询人员阅读和使用。

◆　　　　著　　正略咨询
　　责任编辑　贾淑艳
　　责任印制　彭志环
◆人民邮电出版社出版发行　　北京市丰台区成寿寺路 11 号
　　邮编 100164　　电子邮件 315@ptpress.com.cn
　　网址 https://www.ptpress.com.cn
　　北京联兴盛业印刷股份有限公司印刷
◆开本：700×1000　1/16
　　印张：20　　　　　　　　　　　　2022 年 9 月第 1 版
　　字数：350 千字　　　　　　　　2022 年 9 月北京第 1 次印刷

定　价：89.80 元

读者服务热线：（010）81055656　印装质量热线：（010）81055316
反盗版热线：（010）81055315
广告经营许可证：京东市监广登字 20170147 号

前　言

2022 年是正略集团成立 30 周年。1992 年 11 月 11 日，正略集团的前身新华信管理顾问公司成立。如今，"而立之年"的正略集团被誉为中国咨询业的"黄埔军校"，它用生动活泼的管理咨询实践诠释着"学无罔，思无殆，言有物，行有恒"的核心价值观。

为更好地传播先进的管理理念，解决我国企业的实际问题，正略集团从自身管理咨询实务出发，至今已出版了 11 辑《正略管理评论》。第 12 辑的《正略管理评论》则选取了 2020 年至今具有针对性和代表性的 30 篇文章，它们正好对应了正略集团 30 年的不凡历程。

本书第一章为"国企改革观察"。在我国经济中，国企的地位和重要性不言自明。对超大规模的国企来说，其一方面面临着适应市场战略转型的挑战，另一方面始终承担着提高集团管控效能和效率的任务。本章的《国企集团的金融板块，申请不到金控牌照该怎么管》一文，结合新时代国企发展特征，重点讨论了没有获得金控牌照的企业如何管控自己的金融板块等问题。另外，当今众多的国企都在不同程度上走出了国门，自然它们也就成了某种程度上的"跨国企业"。因此，如何管理好海外员工也就成为国企的重要时代课题之一。本章的《海外国别公司的管理与组织体系：以某建工企业为例》就是以实际案例和数据来说明国企海外管理的优秀做法。

战略选择和实施是公司发展中头等重要的事情。是否善于抓重点、抓主要矛盾，是否善于"牵牛鼻子"，是公司战略中最为重要的方向问题，体现了公司是否善于做正确的事。在"公司战略研究"一章中，《如何卓有成效地开好公司战略研讨会》一文基于多个战略项目的实操经验，细致解析了如何开好公司战略研讨会这个看似简单实则影响至深的问题。而《打造科技创新先导型企业的路径研究》一文，对传统工业企业转型为科技创新先导型企业的路径进行了探索和研究，对同类企业具有一定的借鉴价值。

目前，企业变革速度加快而周期变短已经成为不可逆的时代潮流。在"企业变革"一章中，《产业新趋势下汽车经销商的转型变革之道》《燃气企业的数字化转型分析》和《IPO 前夜的适配与改革》三篇文章指出，数字化转型和在资本市场上市是强化企业竞争力的重要举措，也是企业面临的巨大挑战。新能源在汽车领域已经掀起了变化的浪潮，未来仍存在实实在在的增长潜力。汽车产业链下游的经销商必须调整自己的经营策略，适应变革。数字化转型虽然迫在眉睫，但是转型不当的问题依然困扰着众多的企业，投入的资金在转化为有效的收入和利润方面并不顺畅。同时，众多打算借助资本市场做大做强的准上市公司，在组织等方面未必做好了充分的准备。

著名管理学家、商业历史学家阿尔弗雷德·钱德勒在研究了电子消费、化学工业和医药等代表性高科技产业后得出结论：长期来看，能够在激烈的产业竞争中胜出的是那些善于持续学习的企业。这些企业的核心竞争力既不单在技术，也不仅在资本，而在于能够建立起"组织能力"的壁垒，使对手无法与其开展有效的竞争。因此，本书"组织建设""人力资源管理""项目管理"等章广泛探讨了组织能力的各个构成部分，可以帮助读者把握组织脉络的细节。

财务管理是长期被低估的一个职能板块，在我国越来越重视和支持资本市场直接融资的大背景下，财务竞争的作用必然会越发明显。融资渠道在特定的成长阶段和产业范围内，会对企业的发展产生决定性的影响。《高速公路企业借力基础设施 REITs 促进可持续发展》和《一种跨资本市场股价表现的量化分析模型》两篇文章立足我国实情，较为深入地探讨了融资工具选择和资本市场选择的主题。

过去 30 年，正略集团为央企、国企，上市公司及创业公司包括世界 500 强企业、中国 500 强企业等提供管理咨询服务，在诸多行业形成了源于一线的深刻理解。其中，在能源、交通、生命科学等行业，正略集团有着扎实的行业研究基础，可以为业内人士提供更好的咨询服务。

本书的目标与正略集团一贯的目标是一致的：咨询中国、智惠四海。

目　录

第三章　企业变革

第四章　组织建设

第五章　人力资源管理

第六章　项目管理

第一章

国企改革观察

1. 国企集团的金融板块，申请不到金控牌照该怎么管

▶ 正略国企改革研究中心

2020 年 9 月 11 日，依据国务院《关于实施金融控股公司准入管理的决定》（以下简称《准入决定》），中国人民银行印发了《金融控股公司监督管理试行办法》（以下简称《金控办法》），自 2020 年 11 月 1 日起施行。这是我国金融史上具有里程碑意义的重大事件。《金控办法》的落地实施，让持有两张以上金融牌照的企业进入了"持牌经营时代"。

《金控办法》中设置了金控企业申请牌照的多个硬性门槛，并非所有的企业均能达到要求。若申请不到金控牌照，持有两张以上金融牌照的企业该怎么管理旗下的金融机构呢？

针对这一问题，本文站在国企集团的视角，对国企集团的金融板块申请不到金控牌照的主要情形、是否设立专门机构的抉择、设立专门机构的具体形式选择等进行了剖析。

一、国有企业金融业务开展现状

20 世纪 90 年代以来，产融结合在我国逐步发展起来。一些实体企业进入金融行业，在经营产业资本的同时经营金融资本，通过控股或参股多家金融机构，包括银行、证券公司、信贷公司、保险公司等，从而形成了形式各异的产融集团，希望在促进实业发展的同时实现转型升级。新形势下，国有企业转型发展受到越来越多的关注，部分优质企业也进行了诸多有益探索和实践，如推进业务多元化、开拓新的利润增长点等。本文整理了若干有代表性的中央企业和省属国有企业的金融业务开展现状（见表 1 和表 2）。《金控办法》颁布后，这些企业将面临是否设立专门机构、选择何种管理模式的问题。

表 1　中央企业金融业务开展现状

企业名称	主业	金融业务	金融业务主体	金融控股公司/管理公司
中国航空工业集团有限公司	航空业务、通用与专用设备制造、汽车零部件制造、新材料制造、电子信息、现代服务业（金融）等	融资租赁	中航国际租赁有限公司	中航资本控股股份有限公司
		基金	惠华基金管理有限公司、中航融富基金管理有限公司	
		资产管理	成都益航资产管理有限公司	
		证券	中航证券有限公司	
		担保	黑龙江省宇华担保投资股份有限公司	
		期货	中航期货有限公司	中航投资控股有限公司（中航资本控股股份有限公司子公司）
		信托	中航信托股份有限公司	
国家能源投资集团有限责任公司（简称国家能源集团）	煤炭、火电、新能源、水电、运输、化工、科技、金融等	保险	长江财产保险股份有限公司、国电保险经纪（北京）有限公司、瑞泰人寿保险有限公司	国电资本控股有限公司
		资产管理	中电资产管理公司、国电财务有限公司	
		银行	石嘴山银行股份有限公司	
		融资租赁	国电融资租赁有限公司	
中国华电集团有限公司	电力投资建设运营、煤业、金融等	信托	华鑫国际信托有限公司	中国华电集团资本控股有限公司
		保险	北京华信保险公估有限公司、华信保险经纪有限公司、永诚财产保险股份有限公司	
		基金	建信基金管理有限公司	
		商业保理	华电商业保理（天津）有限公司	公司本部
		融资租赁	华电融资租赁有限公司	华电资产管理有限公司

（续表）

企业名称	主业	金融业务	金融业务主体	金融控股公司/管理公司
中国华能集团有限公司	供电、煤炭业等	证券	长城证券股份有限公司	华能资本服务有限公司
		融资租赁	华能天成融资租赁有限公司	
		保险	永诚财产保险股份有限公司	
		期货	宝城期货有限责任公司	
		基金	华夏盛世基金管理有限公司	
		银行	晋商银行股份有限公司	

表2　省属国有企业金融业务开展现状

企业名称	主业	金融业务	金融业务主体	金融控股公司/类金融控股公司
浙江省国有资本运营有限公司	产品销售、工程施工、房产销售	资产管理	浙江中大集团投资有限公司、浙江中大期货有限公司	公司本部
		期货	浙江中大期货有限公司	
		融资租赁	浙江中大元通融资租赁有限公司、浙江省富浙融资租赁有限公司、浙江物产融资租赁有限公司	
山东高速集团有限公司	交通等基础设施投资建设运营、物流、信息科技、石油化工、金融等	融资租赁	山高（深圳）投资有限公司	中国山东高速金融集团有限公司
		证券交易	山高国际证券有限公司	
		商业保理	山高国际商业保理（深圳）有限公司	
		银行	威海市商业银行股份有限公司	
		融资租赁	齐鲁通达国际融资租赁有限公司	
		商业保理	通汇诚泰商业保理（天津）有限公司	山东通汇资本投资集团有限公司
浙江省交通投资集团有限公司	交通等基础设施投资建设运营、金融、化工等	融资租赁	浙江浙商融资租赁有限公司	浙江浙商金控有限公司

（续表）

企业名称	主业	金融业务	金融业务主体	金融控股公司/类金融控股公司
安徽省交通控股集团有限公司	高速公路等基础设施投资建设运营、房地产、金融、信息科技等	金融租赁	皖江金融租赁股份有限公司	公司本部
		私募基金	安徽交控资本投资管理有限公司	

注：表中只统计控股类金融业务，参股类金融业务不纳入统计范围。

从以上两个表中可以看出两点。

一是中央企业金融业务布局较为广泛，大部分已组建金融控股公司进行专业化运作。中央企业较早成立了专门的金融控股公司，长期进行专业化运作。其典型代表包括表 1 中所列举的中航资本控股股份有限公司、国电资本控股有限公司、中国华电集团资本控股有限公司及华能资本服务有限公司等。这种金融控股公司能够高效地对金融业务进行集约管理，实现组织机构的协同运作。同时，中央企业凭借强大的资源调动能力，控股多种类型的金融机构，使其金融板块业务范围涵盖了金融系统的大部分细分领域，拥有包括银行、融资租赁、保险、信托、证券等全牌照，业务布局较为全面。

二是省属国有企业围绕实体产业，集中布局核心金融业务。相较于中央企业，省属国有企业金融业务布局相对集中，业务主要围绕融资租赁、金融租赁、私募基金、银行、商业保理等特定领域，可与企业主营业务产生较好的协同效应，提升企业在自身行业领域的综合竞争力，实现金融业务与主营业务的相辅相成。可以看出，部分省属国有企业组建了专门的资本公司进行集中管理，如浙江省交通投资集团有限公司组建了浙江浙商金控有限公司。但省属国有企业的大部分资本公司成立时间较短，规模普遍不大，尚处于起步阶段；也有部分公司本部直接参与金融业务布局，将其作为子公司进行管理。

二、申请不到金控牌照的情形主要有哪些

《金控办法》细化了《准入决定》中金融控股公司准入的条件和程序。

非金融企业、自然人及经认可的法人实质控制两个或两个以上不同类型金融机构，并具有"实质控制的金融机构中含商业银行，金融机构的总资产规模不少于5 000亿元的，或金融机构总资产规模少于5 000亿元"等情形之一的，应当设立金融控股公司。《金控办法》同时要求：申请设立金融控股公司的，除应当具备《中华人民共和国公司法》（以下简称《公司法》）规定的条件外，还应当具备"实缴注册资本额不低于50亿元人民币，且不低于直接所控股金融机构注册资本总和的50%"等条件。

因此，一家大型企业集团的金融板块若申请不到金控牌照，通常分为以下三种情形。

第一种情形，实控一类金融机构。 例如，浙江省交通投资集团有限公司虽然参股商业保理、保险、证券、资产管理等多领域金融机构，但是实际仅通过浙江浙商金控有限公司控股一家金融机构（浙江浙商融资租赁有限公司）。若该金控有限公司在《金控办法》颁布之前尚未设立，则浙江省交通投资集团有限公司不具备设置金控有限公司的条件。

第二种情形，实控两类及以上金融机构但资产规模未达标。 例如，山东高速集团有限公司已拥有商业银行、证券、融资租赁等多张金融牌照，实控两类及以上金融机构。其金融业务分布在威海市商业银行、中国山东高速金融集团有限公司、山东通汇资本投资集团有限公司等金融机构中，已满足《金控办法》规定的数量要求。但从资产规模来看，因山东高速集团有限公司旗下含商业银行，其金融资产规模应不少于5 000亿元。到2020年年底，山东高速集团有限公司金融资产约3 000亿元，占集团总资产的30%，尚未达到设立金控子公司或集团整体转为金控集团的标准。再如，安徽省交通控股集团有限公司实控金融租赁、私募基金两类金融机构，且不含商业银行；但其金融机构总资产仅为220亿元，低于1 000亿元的标准要求，不符合设立金控公司的条件。

第三种情形，不符合《金控办法》第七条或其他。 《金控办法》第七条规定，申请设立金融控股公司的，实缴注册资本额不低于50亿元人民币，且不低于直接所控股金融机构注册资本总和的50%；第十条规定，非金融企业、自然人及经认可的法人股权存在权属纠纷等情形的，不得成为金融控股公司的主要股东、控股股东或实际控制人。

三、申请不到金控牌照是否应设立专门的机构管理旗下金融板块

通过上文可以看出，拥有金融业务但无金控牌照的企业集团，其金融板块可能只有一张金融牌照，或拥有多张金融牌照但资产规模未达标。有一张或多张金融牌照的企业集团，理论上都可以采用不设专门机构、设立公司、设立事业部三种形式进行金融板块的管理。

一是不设专门机构。例如，山东高速集团有限公司拥有银行、融资租赁等两张以上金融牌照，其金融资产占集团总资产的比重为 30%，不符合设立金控公司的条件，尚未设置专门机构进行管理。从山东高速集团有限公司管理实际来看，其未来设置专门机构的可能性较小。中国山东高速金融集团有限公司和威海市商业银行股份有限公司为上市公司，资产规模较大，且受上市公司审查限制，其他金融资产注入中国山东高速金融集团有限公司 / 威海市商业银行股份有限公司或二者进行合并的可能性较小。

二是设立公司。例如，国家能源集团拥有保险、银行等多张金融牌照，通过设立国电资本进行管理。据《金控办法》规定，其金融资产（包含商业银行）少于 5 000 亿元，尚未达到设立金控公司的条件。

三是设立事业部。例如，中国石化集团拥有保险、信托、证券等多张金融牌照，通过在集团层面设立资本和金融事业部进行集中管理。2018 年 6 月，中国石化集团组建资本和金融事业部，目的是对过去的新兴业务投资和金融业务管理方式进行改革调整，通过投资发现战略投资机会，积极延伸产业链，支撑公司主营业务转型发展，在新一轮国际竞争中抢占先机、赢得优势，打造转型发展新引擎。

正略咨询认为，设立专门机构比不设立专门机构要好，主要原因有以下两点。

一是有助于提升综合金融服务能力。设立专门机构进行金融业务的统筹管理，可以通过建立常态化的金融协同联席会议制度等方式，强化各金融业务子企业之间的协同，实现机构间的交叉营销和部分资产、资源的共享，为客户提供金融服务综合解决方案，同时提高资产和资源的使用效率。

二是有助于提升整体的风险控制水平。例如，设立公司制的专门机构，可以在集团总部和金融机构之间形成"防火墙"，防范金融风险传导至实体

产业。设立专门机构后，通过配备专业团队，有助于提升企业应对市场、战略、操作等风险的能力，提高企业整体的风险控制水平。

四、申请不到金控牌照是否必须设立子公司进行集中管理

设立专门机构，通常有成立事业部或成立子公司（子集团）两种选择（见表3）。基于对这两种组织形式的固有属性分析，以及对这两种组织形式在实践中运行情况的观察，正略咨询认为，采用事业部制比采用独立法人的子公司制更适合国企集团的金融板块，理由主要有以下三点。

一是避免金融业务被成建制划走。2018年7月24日，财政部发布通知，就贯彻落实中共中央、国务院发布的《关于完善国有金融资本管理的指导意见》（以下简称《指导意见》）做出部署，强调各级财政部门要认真落实履行国有金融资本出资人的主体责任，扎实推进国有金融资本的集中统一管理。部分省级行政区已率先出台多项政策规范非金融企业的金融业务，加强国有金融资本统一集中管理，防止实体企业"脱实向虚"。例如，江苏省财政厅在《关于实行省级国有金融资本集中统一管理的通知》中规定：对省级国有金融资本采取直接管理和委托管理两种方式，对16家省级国有金融机构占有的省级国有金融资本采取委托管理方式，由省财政厅委托省国信集团等主要国有出资人履行相关管理职责；其中，江苏金融租赁股份有限公司由省财政厅委托省交通控股集团管理。在这一政策背景下，成立子公司无疑会增加国企的金融业务被成建制划走的风险。

二是满足金融机构股东资格相关要求。按照现行的《商业银行股权管理暂行办法》《保险公司股权管理办法》《证券公司股权管理规定》等监管政策，作为金融机构的股东，须在赢利能力、净资产规模等方面达到相关的监管要求。例如，证券公司的控股股东须满足净资产在1000亿元以上、连续5年赢利等要求。因此，新设立子公司来管理这些金融机构，难以在短期内全面满足相关的监管要求。

三是稳定现有金融机构的核心团队。设立专门的子公司来管理现有金融机构，意味着现有的金融机构将由二级权属企业降级为三级权属企业，在国企集团内的地位下降。这可能会影响相关金融机构的中高层管理人员在国企集团内的职业发展前景，也可能会导致现有金融机构的人员不稳定，进而影

响该机构的经营管理稳定性。

表3　事业部制与子公司（子集团）制的主要特点及优缺点比较

	事业部制	子公司（子集团）制
主要特点	• 概念：按业务或者区域等成立的相对独立的业务经营单元，涉及单一或者多元业务 • 独立性：有较大的经营自主权，但不是独立法人 • 具体表现：事业部是企业内部管理的概念，不是法律概念，如《公司法》中无"集团"；企业因为业务规模较大，而避免不必要的新单位注册和纳税；在经营管理权限上，事业部往往类似于子集团，远大于职能部门，拥有较大的自主经营权	• 概念：财产权和经营权均为母公司所有并受母公司控制的公司 • 独立性：具有法人资格，可以独立承担民事责任 • 具体表现：有自己的独立公司名称和公司章程；有自己独立支配的企业财产，具有资产负债表、损益表；能够自主召开股东大会和董事会；能够以自己的名义从事各类经营活动；有进行诉讼和被诉讼的权利和义务
主要优缺点	• 优点：较大的经营自主权，快速响应市场；减少本部烦琐事务的干扰；相对容易管控；有助于进行税收筹划；有利于培养高级管理人才 • 缺点：决策权限过大，本部承担风险大；非独立法人，没有权利支配利润，不能对外投融资；对专业人才的要求较高	• 优点：独立法人，产权进退灵活，资本运作平台，母公司下级管控平台，解放本部；有限责任公司，母公司"防火墙"；享受地方政府税收优惠及其他政策支持 • 缺点：控制需要符合相关法律规定，管控难度较大；成本费用相对较高

五、选择采用事业部制管理申请不到金控牌照的金融板块，应如何设计具体的模式

一般人心目中的事业部制，似乎是有专门的负责人和前台、中台、后台的人员配置，有公司之实，只是没有通过工商登记拥有公司之名。但在实践中，事业部制主要可归纳为四种模式，一般人心目中的事业部制只是其中之一。

第一种模式是"虚拟事业部"。事业部仅由一位分管领导负责，处于"有将无兵"的状态。分管领导仅对事业部内一些点状的重大事项进行把控。整体

来看，事业部未形成一个法人实体，集团对下属成员企业仍为两级管控。

第二种模式是"空心事业部"。事业部由一位分管领导负责，配备少量人员。事业部主要扮演"产业办公室"的角色，在集团总部和下属成员企业之间上传下达，进行内部协调和辅助支持。除分管领导可以在重大事项上进行把控外，事业部没有实际管控的权力。该模式多用于产品销售类集团，其产品销售职责由各区域设立的销售事业部承接，生产、研发、人力资源、战略、财务等职能仍归属于集团。

第三种模式是"半事业部"。事业部有专门的负责人和必要的人员配备，在板块专业化管控中主要发挥业务管控职能。根据总部对其授权与要求的不同，内部可以有不同部门和职能设置，如集中采购、集中研发、集中销售、集中生产等，但战略、财务、人事等共性职能还需要依托集团的相关职能部门。例如，中国石油化工集团为加强金融业务集中管理成立了资本与金融事业部，但事业部的人力资源、财务仍依托集团管理。

第四种模式是"全事业部"。事业部有专门的负责人和必要的人员配备，在板块专业化管控中除不具备独立法人地位外，已基本相当于子集团，在业务管控和职能管控上均有明确的职能权限和管理边界，其管控边界可涵盖战略、财务、人事、运营（如研发 / 采购 / 生产等）、审计等全过程。例如，三一集团因其产品较为多元且产品性质差异较大，集团下设泵送事业部、起重机事业部、港机事业部、路机事业部等，各事业部均配备了单独的研发、采购、生产机构。

在以上四种模式中，"半事业部"模式最为常见，有专门的负责人和前、中、后台的人员配置的"全事业部"模式反而并不常见。综合考虑"运行效果"和"体系构建难度"，对于申请不到金控牌照的国企集团金融板块，建议首选"半事业部"模式来开展事业部制管理。

六、结语

国企集团的金融板块，若申请不到金控牌照，一方面着眼于最大限度地发挥协同效应，更加系统地从控制金融风险的角度进行管理体系的设计，以达到价值创造和风险控制的有效平衡；另一方面也要考虑国有金融机构的特殊属性和相关政策的特殊性，做到实事求是、统筹兼顾。

2. 海外国别公司的管理与组织体系：
以某建工企业为例

▶ 正略国企改革研究中心

　　某建工企业是一家有着 70 多年发展史的国际工程企业，拥有 600 余名员工，主营业务为水电工程总承包，年营收近百亿元人民币。该建工企业的快速发展离不开海外业务单元的有效支撑。作为该建工企业重要的海外业务单元和海外属地化管理的经营中心，根据总部未来打造强区域差异化竞争优势的战略要求，我们认为国别公司需要更多的授权，让前方听得见炮火的人做决策。

一、国别公司的业务管理模式

　　国别公司的业务管理模式，需要根据公司总部的战略规划和国别公司的实际业务来确定。

　　根据总部的战略规划，未来国别公司深耕的业务应以工程承包为主，且需在该区域建立优势地位。为充分发挥属地化优势，与客户建立深度绑定和长期合作的关系，总部应给予国别公司工程承包业务充分的授权，以便它们快速响应市场，满足客户需求。其中，市场和商务、设计（分包）、采购、建设施工、运营（分包）等具体业务活动采取总部授权模式，由国别公司自主经营；融资工作因为其专业性、复杂性和风险性较强，采取总部运营模式，由总部融资部统筹管理，国别公司予以配合。

二、总部管控目标和国别公司功能定位

　　针对国别公司的业务管理模式，总部需要为其匹配相适应的管控模式，明确管控目标和国别公司的功能定位（见图 1）。具体来说，国别公司承担经

承包业务

市场开发
建设管理
物资采购

分权

国别公司属地化管理

经营中心

快速响应市场	调动产业积极性
及时跟踪市场信息	具备日常经营自主权
缩短决策流程	提供事业平台和发
根据市场变化及时	展空间
调整	……
……	

总部整体价值最大化
实现 "1+1>2"

管理
目标

集权
赋能中心

总部统一管理

决策中心

资源整合与共享	控制整体风险
战略协同	纪检工作
资金	法律风险
物资	审计
管理经验	危机事件
……	……

承包业务

融资

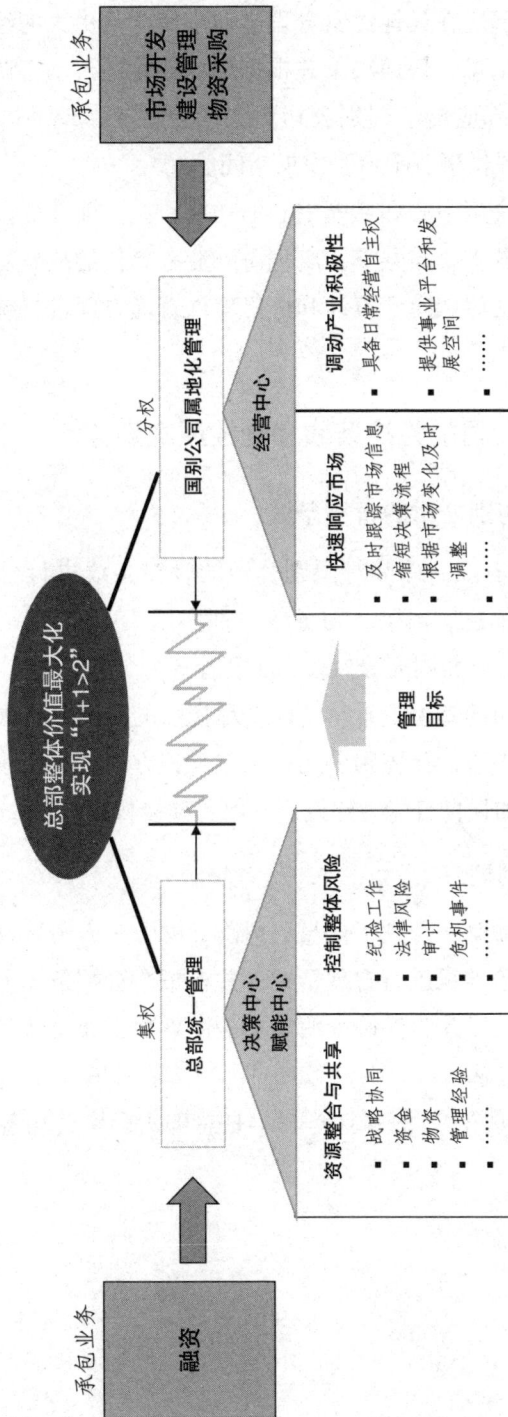

图 1　国别公司的功能定位

营中心的功能，总部应在具体经营管理事项中授予其更大的经营自主权，以便其及时跟踪市场信息，快速决策并根据市场变化进行动态调整。同时，在考核激励机制上总部应给予国别公司更大的自主权，调动国别公司的积极性，为属地化员工提供事业平台和发展空间。

总部主要承担决策中心和赋能中心的功能，一方面在资金、物资和管理经验等方面开展资源整合与共享，实现海外业务单位的战略协同；另一方面需要在纪检工作、法律风险、审计和危机事件管理方面进行统一管控，实现整体风险控制。

三、总部对国别公司的管控条线和管控原则划分

（一）总部对国别公司的管控条线

根据国别公司定位，总部对国别公司的管控条线进行分类界定，在文化、战略、合规、信息、风险、财务等方面实施集中管控，在人力、技术、物资、市场、建设等方面则充分授权，少管控。

总部在国别公司的管控上秉持"应授尽授"的原则，将国别公司打造为属地化管理的经营中心，让国别公司在承包工程方面具有比较充分的经营自主权。国别公司应加强自身能力建设，确保各项授权接得住、行得稳。

（二）管控原则划分

总部从文化、战略、合规、信息、风险、财务、人力、技术、物资、市场和建设等多个管控条线进行合理管控，并在每个管控条线上进一步细分出若干关键控制区域，以此为基础来明确在关键事项方面总部和国别公司的权限划分，以确保管控落地。

以下图表内容（图 2、表 4~表 13）是总部对国别公司各管控条线的管控原则的具体说明。

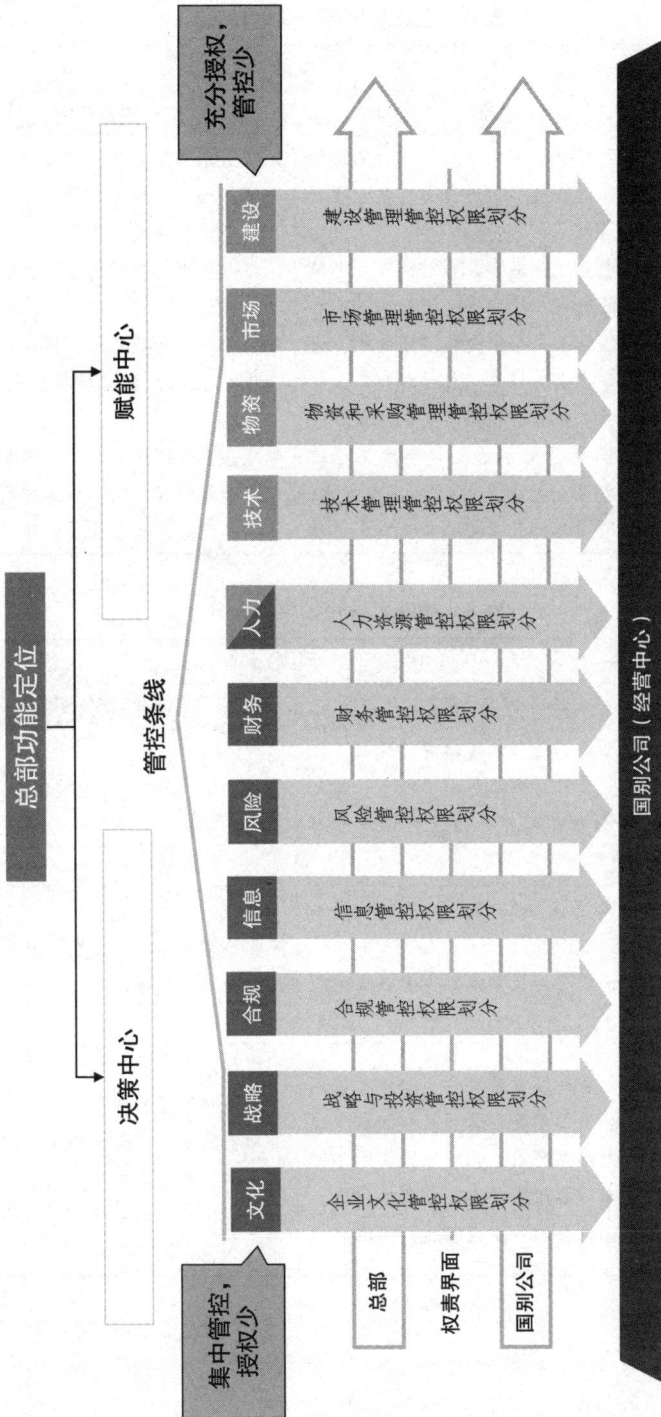

图 2　总部的功能定位

表 4　企业文化管控原则划分

关键控制区域	原则	
	总部	国别公司
企业文化管理	1. 制订总部企业文化年度工作计划，组织和协调国别公司进行各类企业文化建设活动 2. 研究企业文化融合，推动海外业务跨文化管理 3. 培育国别公司企业文化建设骨干，做好典型案例的征集、总结和推广工作 4. 推广并监督执行公司视觉识别系统 5. 审核国别公司企业文化年度工作计划、重要企业文化活动或宣传方案，指导国别公司开展相关企业文化活动	1. 宣贯总部企业文化理念体系和管理制度，推广及应用公司视觉识别系统 2. 根据总部企业文化年度工作安排，制订并组织实施国别公司企业文化年度工作计划 3. 根据总部指导意见，构思企业文化宣传、推广方案，开展相关企业文化活动 4. 根据当地国情，及时反馈总部文化在属地化经营推广、宣传中所遇到的问题和难点，为企业文化建设建言献策

表 5　战略发展管控原则划分

关键控制区域	原则	
	总部	国别公司
战略体系管理	1. 建立和完善总部的战略管理体系（如机构、流程、制度等） 2. 指导和监督国别公司执行战略管理体系	国别公司对总部的战略管理体系有建议权
战略规划与调整	1. 制定总部战略规划方案或战略调整方案 2. 审批国别公司战略规划方案或战略调整方案	根据总部战略规划方案，制定或调整国别公司的业务规划
战略实施	1. 制订总部年度经营计划，分解和确定国别公司的年度经营目标和重点工作 2. 制定对国别公司（领导班子）的年度经营考核和激励方案，并实施考核 3. 监督国别公司年度战略执行情况	1. 根据总部经营目标，制订并执行国别公司年度经营计划 2. 对国别公司（领导班子）的年度经营考核和激励方案有建议权 3. 拟定国别公司年度战略执行情况分析报告，并制订改进计划

（续表）

关键控制区域	原则	
	总部	国别公司
投资管理	1. 制定和调整总部年度投资规划（股权投资） 2. 组织制订国别公司的年度投资计划（股权投资）	协助制订国别公司的年度投资计划（股权投资）

表 6　合规管理管控原则划分

关键控制区域	原则	
	总部	国别公司
审计	组织对国别公司进行内部审计工作	配合总部进行内部审计工作
纪检	1. 建立和完善总部的纪检工作体系（如机构、流程、制度等） 2. 组织对国别公司党员、中高层管理干部的监督 3. 组织对国别公司基层党组织年度党风廉政建设的考核 4. 组织对国别公司重大违纪事件的查处 5. 受理国别公司有关人员的检举、控告、申诉等方面的信访	配合总部进行纪检等工作
巡察	1. 督促指导国别公司配合总部党组的巡视工作 2. 组织开展对国别公司党组织的巡察工作 3. 统筹总部的巡视巡察整改，督促指导国别公司按照计划完成整改及举一反三的工作 4. 围绕提高总部巡察监督水平，督促国别公司按照总部党组、公司党委的要求，开展政策学习、文件宣贯及相关工作的落实	1. 配合做好总部党组巡视工作 2. 接受总部党组织的巡察 3. 完成总部的巡视巡察整改，对照开展举一反三和立行立改工作 4. 组织开展系列自查自检、学习实践活动
合规	建立和完善总部的合规性管理体系（如机构、流程、制度、手册等）	配合总部进行合规性检查工作

表 7　信息管理管控原则划分

关键控制区域	原则	
	总部	国别公司
信息管理体系	建立和完善总部信息系统、信息安全等信息管理体系	对总部的信息管理体系有建议权
信息系统运维	指导和监督国别公司定期进行信息系统运维	负责国别公司信息系统定期运维
信息安全	组织总部日常信息安全工作	配合总部开展日常信息安全工作

表 8　风险管理管控原则划分

关键控制区域	原则	
	总部	国别公司
法务	1. 建立和完善总部的法务体系（如机构、流程、制度等） 2. 为总部重大经营活动和决策提供法律咨询与支持 3. 承担以总部名义签署的合同、协议、格式化协议或合同的法律评审，对重要的风险点提出法律防控意见 4. 建立总部制度流程管理体系，审核国别公司的相关制度和流程	1. 承担国别公司法律事务管理工作 2. 制定国别公司相关的制度和流程
信息系统运维	指导和监督国别公司定期进行信息系统运维	负责国别公司信息系统定期运维
信息安全	组织总部日常信息安全工作	配合总部开展日常信息安全工作

表 9　财务管理管控原则划分

关键控制区域	原则	
	总部	国别公司
财务管理体系	1. 建立和完善总部的财务和固定资产管理体系（如机构、流程、制度等） 2. 审批国别公司的财务与固定资产管理体系	1. 对总部的财务管理体系有建议权 2. 建立国别公司的财务与固定资产管理体系
资金管理	1. 审批国别公司资金使用计划 2. 审批国别公司计划外的资金使用	1. 制订国别公司资金使用计划 2. 计划外的资金使用须报总部审批

（续表）

关键控制区域	原则	
	总部	国别公司
预算管理	1. 审批国别公司年度预算和决算 2. 检查和监控国别公司的预算执行过程情况，对预算执行过程的偏差提出处理建议 3. 审批国别公司预算调整方案与预算外事项申请	1. 制定国别公司年度预算和决算 2. 制定国别公司预算调整方案，提出预算外事项申请
会计核算	监督国别公司会计核算工作，审核国别公司对外报送的数据、报表等	编制国别公司对外报送的数据、报表等
税务筹划	1. 对国别公司进行税务筹划方案的研究和分析 2. 指导和监督国别公司的税务筹划	1. 研究国别公司的税务筹划政策 2. 制定和执行国别公司的税务筹划方案
融资管理	1. 审批国别公司的融资计划，组织融资工作 2. 审批国别公司承包项目的融资方案，组织融资工作	1. 制订国别公司的年度融资计划 2. 制定承包项目的融资方案

表 10　人力资源管理管控原则划分

关键控制区域	原则	
	总部	国别公司
人力资源管理体系	建立和完善总部的人力资源管理体系（如机构、流程、制度等）	对总部的人力资源管理体系有建议权
人力资源规划	1. 制定总部年度人力资源预算，审批国别公司年度人力资源预算 2. 审批国别公司组织结构设计方案和部门职能说明书 3. 审批国别公司高层管理岗位的三定方案	1. 制定国别公司年度人力资源预算 2. 制定国别公司组织结构设计方案和部门职能说明书 3. 制定国别公司高层管理岗位的三定方案

（续表）

关键控制区域	原则	
	总部	国别公司
人力招聘与异动	1. 决定国别公司高层管理岗位人员和财务负责人的录用、任免、调动、离职 / 解聘 2. 审批国别公司的计划外招聘和特殊人员招聘	1. 决定国别公司除高层管理岗位人员和财务负责人以外其他人员的录用、任免、调动、离职 / 解聘 2. 申请国别公司的计划外招聘和特殊人员招聘
绩效考核	1. 确定国别公司高层管理岗位人员的绩效考核方案 2. 组织对国别公司高层管理岗位人员的绩效考核工作	1. 组织国别公司中层及以下岗位人员的绩效考核工作 2. 报备国别公司中层及以下岗位人员的绩效考核结果
薪酬管理	1. 制定和审批国别公司高层管理岗位人员的薪酬激励方案 2. 指导和监督国别公司中基层岗位人员的薪酬管理 3. 审批特殊人员的薪酬激励方案	1. 确定国别公司中层管理岗位和基层岗位人员的薪酬激励方案 2. 申请特殊人员的薪酬激励方案
培训管理	1. 指导和监督国别公司培训工作的开展 2. 为国别公司提供中高层管理培训、新员工入职培训、通用技能培训等培训支持和资源共享	1. 制订和执行国别公司的年度培训计划 2. 参与总部组织的相关培训
人事管理	1. 承担国别公司所有中方人员的劳动关系管理 2. 审核国别公司的劳务用工方案	1. 承担国别公司外方人员的劳动关系管理 2. 制定并执行国别公司劳务用工方案 3. 向总部报备国别公司全体人员人事档案

表 11　技术管理管控原则划分

关键控制区域	原则	
	总部	国别公司
技术管理体系	建立和完善总部的技术管理体系（如机构、流程、制度等）	对总部的技术管理体系有建议权
技术管理	根据国别公司的需要，提供技术指导与支持	承担国别公司承包项目的技术管理工作

表12　物资和采购管控原则划分

关键控制区域	原则	
	总部	国别公司
采购和物资管理体系	1. 建立和完善总部采购和物资管理体系（如机构、流程、制度等） 2. 审核国别公司的采购和物资管理制度	1. 对总部的采购和物资管理体系有建议权 2. 制定国别公司的采购和物资管理制度
采购管理	1. 审批国别公司工程建设的采购计划 2. 承担国别公司委托的国内物资采购、发运等相关事宜	1. 制订国别公司的采购计划 2. 执行国别公司采购计划，国内采购可委托总部
固定资产管理	审批国别公司固定资产处置管理工作	1. 承担国别公司的固定资产实物管理工作 2. 制定和执行国别公司的固定资产处置方案

表13　市场开发管控原则划分

关键控制区域	原则	
	总部	国别公司
市场管理体系	建立和完善总部的市场管理体系（如机构、流程、制度等）	1. 对总部的市场管理体系有建议权 2. 依据总部的市场管理体系，制定国别公司的市场管理体系
市场信息管理	1. 对全球深耕市场进行信息分析、研究和筛选 2. 对全球非深耕市场进行信息跟进、挖掘和维护	1. 对国别深耕市场进行信息分析、研究和筛选 2. 对国别非深耕市场进行信息跟进、挖掘和维护
市场开发管理	1. 制定总部市场开发方案 2. 制定国别公司的市场开发指标 3. 实施非深耕市场的市场开发工作 4. 指导、监督和支持国别公司的市场开发工作	1. 制定并执行属地化市场开发方案 2. 承担国别公司新客户的开发和老客户的维护工作 3. 向总部提交国别公司市场开发相关文件、档案和数据
商务管理	1. 支持和指导国别公司的编标工作 2. 备案国别公司项目立项 3. 审批××万美元以上项目的决标	承担国别公司的编标工作

（续表）

关键控制区域	原则	
	总部	国别公司
品牌管理	1. 建立和完善总部品牌管理体系（如机构、流程、制度等） 2. 制定总部品牌规划方案 3. 审批国别公司品牌推广方案	1. 对总部品牌管理体系有建议权 2. 制定并实施国别公司品牌推广方案

四、国别公司的组织架构设计

国别公司的组织架构设计以总部和国别公司的功能定位、权限划分为依据，在组织架构的设计上就是要保证战略、经营、管理的有效实施。

国别公司需要打造聚焦战略、属地发展、深耕细作的可持续化组织能力，而不是依赖不确定性较大的个人能力和具体项目。在进行国别公司的组织架构设计时，重点应考虑以下两个因素。

（1）国别公司加大对市场开发的管理，保证拿到项目，完成经营承揽指标。市场开发是国别公司最重要的职能。

（2）国别公司对其辖下所有承包项目进行统一管理，应根据项目实际情况设立项目部，与国别公司各部门对接。

五、国别公司的岗位设定原则和岗位定编考虑因素

根据总部对国别公司的管控要求、国别公司的组织架构设计、历史项目部情况和各部门的工作职责，国别公司应依据岗位设置的基本原则完成各部门的岗位设定。

（一）岗位设定原则

（1）**因事设岗原则**：根据各部门职责范围及分工要求设定岗位，不因人设岗。

（2）**精干高效原则**：岗位设定与人员配置以精简高效、灵活推动业务为原则，实行"大岗位"制，部门内不设二级机构，实行扁平化管理，职责明确，工作量饱满，尽量减少岗位和编制的冗余设置，保持各层级组织团队

精简。

（3）**管理幅度原则**：根据工作复杂程度确定管理幅度。管理幅度过宽或过窄都不行。

（二）岗位定编考虑因素

国别公司在制定人员编制时，应考虑以下四个因素。

（1）推进属地化发展的要求，其中包括员工的属地化。属地化发展的初级阶段是逐步提高海外雇员的比例。

（2）各部门的核心管理岗位、技术能力要求高的关键岗位应由总部员工担任。

（3）全方面围绕工程承包业务，包括市场开发和建设施工。

（4）保证工程承包的市场开发业务能专注、持续、有效地发展。

考虑到国别公司的属地化战略要求，各岗位人员编制应不多于对标的项目部人员编制。同时，考虑到未来国别公司总部与目前项目部相比，对人员的稳定性、长期性和忠诚度有较高的要求，核心技术和管理岗位应尽量减少雇用劳务外包人员。

总部应鼓励国别公司属地化发展，不限定国别公司中的属地员工数量，在中方人员数量方面，根据以上建议给定一个参考编制数。虽然不同国别、不同时期的实际情况有所不同，特别是中方人员数量由于项目类型、经营方式等因素的不同可能有较大差异，但也应推动管理一步到位，避免走一步看一步，步步耽误。

3. 国有企业下属二级企业如何进行分类管理

▶ 正略国企改革研究中心

一、国有企业分类管理背景和延伸

国有企业分类改革与管理是深化国资改革，推进分类治理，促进国有资本战略性调整的前提和基础。2015 年，国资委、财政部、国家发展改革委印发的《关于国有企业功能界定与分类的指导意见》指出，国有企业应立足国有资本战略定位和发展目标，结合各国有企业发展现状，根据企业发展阶段和主营业务范围，在保持稳定的基础上，适时推进改革并且逐步进入具体推进阶段，同时由此延伸对相关二级企业分类的管理。

通常而言，国有企业对二级企业的分类管理逻辑是从运营角度出发，基于企业主营业务发展领域和企业自身的功能定位进行分类。分类多应用于分类管控、分类考核、构建差异化指标等管理维度，并按照一定的标准为各维度赋值，从而有效推动各单位的改革和发展。

本文以我们向 A 集团提供其二级企业分类分级模型的管理咨询实践为基础，结合初步研究与分析，总结出现阶段国有企业对所属二级企业的分类界定及其具体实施方法，包括以下四个方面。

一是明确国有企业所属二级企业的功能界定与分类原则，充分结合现阶段所属二级企业的管理特点进行细化，明晰国有企业所属二级企业的职责边界，国有企业和二级企业共同推进分类工作 。

二是遵循定性与定量相结合的方法进行科学分类，以确保分类管理工作精准有效、分类施策、务求实效。

三是明确二级企业分类结果运用的重点与方向，提升国有企业改革发展的针对性、考核评价的科学性和监督管理的精准性。

四是建立二级企业功能界定与类别动态调整机制，实现企业类别动态调整，保障二级企业分类管理符合改革发展规律和国有企业集团的战略发展要求。

二、A集团对二级企业分类管理的必要性

（一）A集团现状

A集团的前身是某工程开发总公司，后改制变更为国有独资公司，逐渐从单一产业企业发展为清洁能源行业的大型科技类企业，A集团的战略目标就是对标世界一流企业，建设具有全球竞争力的创新型企业。在A集团的发展战略规划中，明确要求创新组织结构和运营模式，而二级企业分类管理就成了配合其发展战略规划的重要举措与管理创新。

（二）A集团对二级企业分类管理的必要性与紧迫性

随着A集团各项业务的快速发展，A集团直接管理的二级企业已有30余家，并且分散于不同行业，形成了行业多元化、属地多元化的格局。其所属二级企业的规模、业务成熟度和管理能力均存在较大差异。目前，A集团对于二级企业的管理没有科学的分类，使得其对二级企业的运营管理、人力资源管理等各项管理工作缺乏系统性、科学性及规范性；且A集团对于所属二级企业的考核指标也不尽合理。A集团对于二级企业分类管理的诉求呈现"急、散、杂"的特点。因此，A集团亟待建立对所属二级企业的管理界面，建立对所属二级企业的分类管理依据，从而进一步提升企业内部管理的规范性，充分调动所属二级企业的积极性、主动性和创造性，提升组织管理效能，激发内生动力。

无论从长期发展还是从近期管理需求来看，A集团必须建立一套适用的所属二级企业分类分级管理模型，这样才能有利于引导二级企业处理好改革与发展的关系、规模与质量的关系、短期与长远的关系，从而不断提升企业整体的经营管理水平，促进企业高质量发展，对标世界一流企业。

三、A集团对二级企业的分类管理原则

（一）坚持突出战略导向，服务发展，平稳过渡

A集团所属二级企业需要围绕业务布局，深化改革企业管理，以全面创建世界一流企业、实现企业战略目标为中心，以各业务板块发展需要为目标，全面提升集团管理水平与价值创造能力。另外，A集团必须兼顾企业历史和管理现状，平稳有序推进二级企业分类管理，并且考虑所属二级企业成立的先后顺序、历史沿革和经营领域等特点，不能简单用"一刀切"的方式推进二级企业分类管理，要充分做好平稳过渡。

（二）坚持正向激励，效益导向，激发活力

在适应集团战略发展要求的基础上，A集团始终坚持以效益为导向，构建适应所属二级企业业务特性的正向激励机制。同时，二级企业类别改变，二级企业干部的职级、薪酬标准等也应有所提升，从而将二级企业分类及二级企业排名充分与干部考核挂钩，提升干部工作效率。A集团还应积极引导二级企业增强内部活力及市场竞争力，突显优势，补齐短板，夯实基础，多向市场要效益。

（三）坚持指标设置科学合理，量化评价，公平公正

A集团遵循科学客观的企业发展规律，综合考虑企业经营特性，以经营数据为依据，设置可量化、可比较的评价指标及评价标准。所属二级企业分类分级评价体系需将定量指标和定性指标相结合、相补充，以定量指标为基础、定性指标为调节，科学谋划、精准施策、务求实效，确保二级企业分类指标的客观准确、公平公正。

（四）坚持通、专结合，一贯到底，动态调整

A集团坚持通、专结合，一贯到底，动态调整的策略。一是以所属二级企业差异化类别管理为导向，在企业的规模、效益、管理难度等通用指标基础上，谨慎评估宏观战略环境变化与挑战，综合分析集团各业务板块发展变化，结合企业的功能定位和业务特点设置差异化专用指标，并赋予一定的管理系数，构建指标模型，实现指标体系一贯到底，即普遍适用于A集团一级

总部、二级企业和三级企业。上下同欲，科学推进。

二是坚持动态调整原则，突出考核周期的稳定性和面向实际情况的灵活性。考核通常以三年为一个周期，周期内的评价结果相对固定，周期结束后应重新评价，以实现企业类别动态调整、能升能降。例如，个别企业出现战略定位重大调整、业务爆发式增长、企业重组或重大资产收购等情况，A 集团可以根据管理需要在当年对其单独进行评价，并按评价结果调整其分类。成立未满一年的二级企业，可以由集团领导结合实际情况先为其设定某类等级，满一年后，再加入所属二级企业的分类分级评估体系中。

四、A 集团对二级企业分类管理的具体推进措施

通过明确集团所属二级企业分类涉及范围，A 集团可以对二级企业进行分类模型设计，通常可采用"4321"法建立科学有效的分类管理体系。

4 即四个步骤。二级企业的分类主要采用四个步骤，即"定、筛、赋、评"。"定"为定范围，即明确规定需分类的二级企业的范围，一些暂不适宜分类的二级企业可排除在外。分类的前提通常是二级企业已成立一段时间，并具备一定的连续经营数据。"筛"为筛选，即明确了分类的二级企业范围后，通过分析企业分类评价的指标库进行指标筛选。指标对于二级企业的分类至关重要，在选择指标时需充分考虑其易得性、有效性、对比性和兼容性。首次进行二级企业分类的指标不宜过多，原因是指标过多将导致分类模型过于复杂，会使二级企业的管理重点和分类分级导向过度分散，不利于初步构建和推广分类分级模型。"赋"为赋值，即针对每一个分类指标，依次为所属二级企业进行赋值和设定相应权重。权重的设定需突出战略导向和考核差异化，在公平的情况下，结合分类分级模型的战略目的进行设定。"评"为评价，即依据设立好的赋分模型得出二级企业分类对应的分数后，需要进行数据校验和结果评价。

3 即三年数据。A 集团通常采用二级企业连续三年的经营数据的平均值作为分类管理的基础。首先，三年能够客观反映出企业数据的连续性与可持续性。其次，三年的平均数据有一定的容错性和指向性。最后，得出二级企业的综合评价分后，A 集团可以根据制定的二级企业分类区间进行类别确认。

2 即两类指标。上文分类管理原则中提到了通、专结合，这里再次进行

阐明。通用指标和专用指标结合既考虑了二级企业的共性，又兼顾了二级企业的个性。通用指标能够全面反映出二级企业的综合经营管理水平，包括经营规模类指标、效益类指标和管理难度类指标。其中，经营规模类指标体现企业总体经营规模，可以选用营业收入、利润总额、资产总额和员工数量等指标；效益类指标体现企业产出效率，可以选用全员劳动生产率、人均效益等指标；管理难度类指标体现企业经营管理的复杂程度、管理幅度等特点，可以将业务涉及的地域数量和领域数量等作为指标。专用指标是所属二级企业自身功能定位和业务特征的直接反映，代表二级企业贯彻自身功能定位的程度和业务发展水平，需要紧密贴合二级企业的实际业务进行筛选。例如，企业定位为能源投资类企业，就可以设置装机规模、年发电量、投资规模为主要指标；建设管理类企业可以将在建项目投资规模、新签合同额、外部营收占比作为主要指标；内部服务类企业通常采用人事费用率等以控制成本为导向的指标，如外部营收占比；金融类企业可以选取净资产收益率、资产优良率作为主要指标。有特殊定位的二级企业可以根据集团目标进行个性化指标设计，例如，企业可以将项目落地投资额、年度投资计划完成率等作为主要指标。在一般情况下，专用指标不宜过多，根据企业实际情况，设定的指标不宜超过五个。

1 即一组系数。在二级企业分类中，采用定性与定量相结合的指标体系。调节系数是对通用指标和专用指标结果的修正和调节，具有重要的导向作用，能反映出所属二级企业的发展阶段及其对集团战略发展的影响程度和重要程度，更契合集团对二级企业的战略定位。A 集团通常结合所属二级企业的战略影响，即基于二级企业的战略协同程度，从集团战略决策、价值目标、产业结构达成及集团市场目标达成的维度，对调节系数进行赋值。调节系数也需要进行动态调整，如遇到集团业务板块重大调整或并购重组时应予以适当更新。

此外，A 集团可以根据二级企业发展的阶段进行系数赋值，如需要对处于初创期二级企业的发展进行鼓励时，可以根据二级企业的成立年限采用倒序方式进行系数赋值。

五、二级企业分类管理的注意事项

建立二级企业分类分级动态量化评价管理机制，有助于规范和完善企业内部管理，有效激励企业经营人员，提升企业的经营管理水平、经济效益和综合竞争力，是推动集团公司实现高质量发展的有力抓手。在具体操作时，集团公司和二级企业需要特别关注以下四点。

一是科学合理地设计分类评价指标。通常，集团内部的二级企业的发展并不均衡，各二级企业的实际情况千差万别。因此，在指标分类制定方面，集团需要通过标杆研究和内部经营数据进行综合判定及分析，更有针对性地设置分类评价指标，从而提升指标设计的科学性、合理性和信服力。

二是处理好管理效益与高质量发展之间的关系。例如，通过设置科学合理的规模类、效益类指标，赋予二级企业不同的权重和评分标准。在倡导人效提升的基础上，集团应结合二级企业发展的实际情况，实事求是，精准引导。二级企业要处理好管理效益和高质量发展的关系，有效引导自身的经营管理迈向精益化和高质量发展的通道。

三是科学地处理好一般和特殊的关系。例如，是否对非经营单位进行分类管理。集团切忌不能用"一刀切"的方式对二级企业进行分类管理，而应确定非经营类企业是否需纳入二级企业分类管理范围。随后，集团按照其职能定位、业务性质、整体规模、作用发挥等情况，参照相应类别企业进行管理。对于新注册成立的二级企业，集团公司领导应根据其管理定位进行专项决议，处理好平衡和发展的关系。

四是要严考核、硬兑现，对所属二级企业的分类结果需做到强化运用。在正式宣贯管理办法之前，集团可以通过调研、征集意见等方式充分了解所属二级企业对分类管理的意见和建议。管理办法正式发布后，二级企业分类评价结果必须与二级企业内部管理直接挂钩，如与领导班子成员职数、人员编制、薪酬水平等动态关联，构建起二级企业类别能升能降、人员编制能多能少、班子薪酬能高能低的动态管理机制，完善分类评价结果运用，利用考核的方式让二级企业的管理体系形成有效闭环。

六、建议与展望

大多数企业对其所属二级企业的分类分级管理正处于初步探索期和大力推进期，后续的分类分级管理注意事项仍有很多，分类分级管理工作任重而道远。对此，我们提出以下三个建议。

（一）建设以企业价值链为导向的企业分类分级评价体系

"十四五"期间，企业集团总部的战略方向已明确，所属二级企业对集团的战略贯彻和落实对于实现企业目标至关重要。集团应在战略方向指导下，以构建企业价值链为导向，客观评估所属二级企业的生产经营情况，使用科学方法建立合理、公正、适宜的企业分类分级评价体系。其中也包括嵌入与集团战略相适应的动态调整机制，实现集团高效敏捷发展。

集团战略对组织架构起到决定性作用，科学的企业管控体系需要根据战略的变化不断迭代。因此，在企业分类分级评价体系的基础上，嵌入动态调整机制，可以使企业分类分级评价体系随着集团战略的变化而不断调整，及时应对市场变化，结合企业的实际经营情况，实现集团高效敏捷发展。集团应以提升对二级企业的管控效率为出发点，构建相适应的二级企业领导规模管控与干部职位职级体系，并在此基础上建立相匹配的人力资源管控体系，上下一心、内外联动，实现集团总体的精益化发展。

（二）构建完善有效的权责利体系

通常，集团所属二级企业的分类分级需与干部管理紧密结合。集团要明确权、责、利三者之间的关系，并形成权责利体系，这有助于下属二级企业的分类管理得到落地和应用。例如，以关键权责体系的梳理为抓手，在充分考虑二级企业的定位、经营管理能力、发展阶段、战略发展等多个维度后进行授权管理。集团构建完善有效的权责利体系对于二级企业的发展有三个明确的优势。其一，有助于二级企业发展有方向，"不错位"。集团明晰对二级企业的放权条线，可以取长补短，激活二级企业的发展活力。其二，有助于二级企业发展有定力，"不越位"。对绩效较好、分类排名靠前的二级企业而言，其明确自身发展轨迹，有助于在集团管控模式范围内充分发挥经营优势，且不出现越位或失控现象。其三，有助于二级企业发展有标杆，"做补位"。新成立的二级企业和发展相对靠后的二级企业，能够在管控方面获得更多的指导、帮扶和合理的资源配置，对照标杆企业找自身短板，进行补位和提升。此外，二级企业相互之间应在分类分级评价体系和权责利体系框架下做好彼此协同和相互补位工作。

（三）在充分结合所属二级企业分类的基础上做好管理者管理

企业在推进二级企业分类管理的同时应做好二级企业管理者管理，具体表现为同步制定干部职位职级管理体系，并将其与所属二级企业分类结果相挂钩。这样做的好处有如下两个。其一，有助于进一步落实"能上能下、能增能减、能进能出"的二级企业领导干部管理体系，深化"三项制度改革"工作。其二，有助于根据所属二级企业的管理导向明确所属二级企业负责人的考核体系，并对干部身份管理和市场化经理人管理进行有机结合。目前，一些央企所属企业的副职高管人员倾向于进行大力市场化管理，通过市场化选用手段，激活人员队伍，构建务实高效的经理人队伍。以 A 集团为例，其在此基础上进一步构建企业家人才队伍，其"对党忠诚、勇于创新、治企有方、兴企有为、清正廉洁"并具有国际化视野，掌握现代企业经营管理知识，懂管理、懂法律、懂财务、懂业务。同时，必须推进相应的配套举措。一是坚持政治引领，始终把政治素质摆在首位，始终把党的领导贯穿管理工作的各个环节，严明政治纪律和政治规矩。二是激发和保护企业家精神，完善市场化激励约束机制，建立容错机制。三是优化考核评价体系，完善考核办法，结合考核结果增强市场化退出。

企业在推行所属二级企业分类管理的过程中要始终牢记实事求是，坚持问题导向、效益导向，"摸清底数、精细分类、搭建载体、分步实施、柔性落地"，推动所属二级企业分类管理落地的"立与破"，层层压实企业管理责任，将二级企业分类管理走深做实。同时，条件尚不成熟的企业可以以试点方式进行推进和探索。集团对于所属二级企业分类要进行宣贯、讲解、跟踪和帮扶的相应工作，以闭环式思维推进二级企业分类工作，并对照一流企业的分类管理不断完善和优化分类分级评价体系，在"十四五"期间加快推动企业高质量发展和科学分类管理的有机结合。

4. 平台公司整合重组发展研究

▶ 正略国企改革研究中心

近年来，随着我国投融资体制改革、国资国企改革的深入推进，实施战略性重组整合，优化国有资产布局，提升企业市场竞争能力，成为各地平台公司加快转型发展的关键性举措。本文从分析平台公司整合重组的背景及意义入手，对平台公司整合重组的模式选择、要点进行了深入研究，以期为平台公司稳步推进整合重组工作提供借鉴与参考。

一、平台公司整合重组的背景及意义

（一）平台公司整合重组的背景

平台公司在建立、崛起、转型发展的各个阶段都伴随着整合重组。从最初以融资为目的而形成的"资源整合—融资—投资建设—资产运营"闭环，到后期以市场化转型为目的而形成的"整合重组—市场化融资—产业培养—资本增值"闭环，整合重组已然成为平台公司发展的重要驱动力。平台公司整合图如图 3 所示。

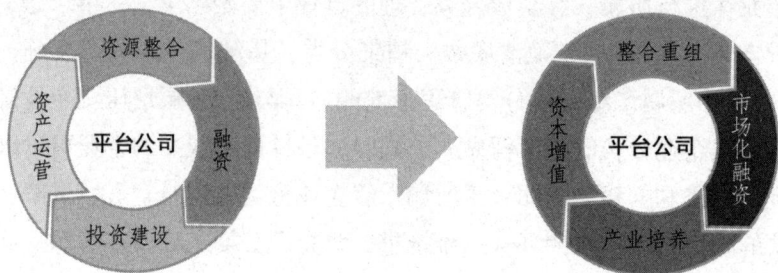

图 3 平台公司整合图

平台公司整合重组模式一般分为单平台模式和多平台模式两种。

单平台模式是指政府以一家平台公司为主体，根据业务将区域范围内的资产资源整合在一家平台公司内，平台公司与政府之间形成一对一的关系，政府通过监督管理单家平台公司以实现对各类资产资源和业务板块的监管。

多平台模式是指政府以多家平台公司为主体，根据业务将区域范围内的资产资源整合在多家平台公司内；多家平台公司分别差异化地开展体系构建，包括明确相应的职能定位、业务运行和管理，政府与平台公司之间形成一对多的关系。

整合重组作为平台公司市场化转型的重要手段之一，近年来受到政府的高度重视。为充分发挥整合重组效益，加快平台公司转型发展，提升平台公司偿债能力、市场竞争力和可持续发展能力，中央和地方政府纷纷出台一系列政策文件，对平台公司的整合重组工作提出明确要求和详细指导。

从政策要求来看，各地政策在细节上略有差异，但大方向保持一致。例如，对于"空壳类"公司，要按照法定程序予以撤销；对于"实体类"公司，要剥离其政府融资职能，通过兼并重组、整合归并同类业务等方式使其转型为公益类国有企业，未来继续承担公益性项目建设；对于"商业类"公司，要使其按市场化方式承担一定的政府融资职能，但今后不得再替政府或受政府委托融资。此外，重庆、湖南、陕西等地还对不同政府层级的平台公司数量进行明确限制。

（二）平台公司整合重组的意义

一是做大资产规模，提升信用评级，提升融资能力。平台公司通过整合重组，有利于做大资产规模，优化资产结构，增加营业收入，提升赢利水平，提升公司整体信用评级，降低融资成本，提升融资能力，弥补资金缺口，有效化解债务风险，进而推动自身健康、可持续发展。

二是优化国资布局，增强企业活力，提高经营效率。部分平台公司存在自我造血能力不足、经营效率不高、自身发展难以匹配区域发展要求等现实问题。通过清理退出一批、重组整合一批、创新发展一批国有企业，能够有效增强企业活力，提高企业经营效率，进而促进平台公司更好地承担区域开发建设任务，以更大的发展活力、更高的经营效率、更强的竞争实力助推区域经济社会高质量发展。

三是实现优势互补，提升竞争能力，有效应对市场竞争。整合重组有利于平台公司整合区域优势资源，弥补自身发展短板，提升企业全产业链一体化服务能力，有利于平台公司加快构筑市场竞争优势，提高品牌影响力和行业知名度，从而在激烈的市场竞争中占据有利地位。

四是剥离低效或无效资产，加速"瘦身健体"，实现更高质量、更可持续发展。平台公司作为区域开发建设主体，拥有较强的发展张力，涉及业务点多、面广，但业务发展的穿透力不强，容易出现"多而不优""全而不强"等发展问题。大多数平台公司资产规模大，但资产质量不高，低效或无效资产多，可经营性资产较少，看起来"虚胖"，但实际实力不足、能力不强。通过整合重组，平台公司将会更加理性地看待纯粹的资产壮大，更加关注资产的收益及其与自身发展的匹配度，这有利于平台公司聚焦主责主业，清理"僵尸企业""壳公司"，剥离低效或无效资产，进而实现"瘦身健体"，夯实高质量发展基础。

二、平台公司整合重组的模式选择

（一）以政府为主导推动区域企业整合重组

平台公司在整合重组过程中，可以根据实际情况在政府主导下跨行政级别、跨区域进行整合，将自身的发展同区域优势资源及相关政策资源等结合起来（见表14）。同时，政府还可以将部分优质资产注入地方投融资平台，这些资产既包括水务、燃气等能产生现金流的准公益性资产，也包括智慧停车、城市广告、矿山开采及销售等能产生经营收入的经营性资产。平台公司应在政府的支持下推进整合重组，做大整体规模，完善产业链条，提升市场竞争能力和赢利水平，提升信用评级，降低融资成本，进而更好地服务于区域经济社会发展。

企业案例：贵州省某地方政府对其下属20多家分散的政府投融资平台进行整合重组，成立两大平台公司：通过推进政企分开，给"看不见的手"松绑；实施"抱团增信"，建立"大平台模式"；激活存量，做大"增量蛋糕"；创新管理机制，激发企业"内生动力"；着力"差异化经营"，打造"整体价值链"。政府实施的加强风险防控、杜绝"过度投融资"等措施释放出了巨大的改革红利，减轻了地方财政负担，降低了债务风险，缓解了地方融资

表 14 中央及地方整合重组相关政策（部分）

序号	日期	政策名称	会议或发文字号	内容
1	2020-06-30	《国企改革三年行动方案（2020—2022 年）》	中央全面深化改革委员会第十四次会议审议通过	推进国有经济布局优化和结构调整，大力发展实体经济，聚焦主业，剥离辅业；畅通产业循环，推动国有资本向重要行业和关键领域集中
2	2020-11-02	《关于新时代推进国有经济布局优化和结构调整的意见》	中央全面深化改革委员会第十六次会议审议通过	支持创新发展前瞻性指导，推动中央企业更多地投资新型基础设施建设，促进新一代信息技术与产业深度融合，促进中央企业和地方国有企业的数字化、智能化转型
3	2020-10-29	《中共中央关于制定国民经济和社会发展第十四个五年规划和二〇三五年远景目标的建议》	中国共产党第十九届中央委员会第五次全体会议通过	深化国资国企改革，做强、做优、做大国有资本和国有企业。加快国有经济布局优化和结构调整，发挥国有经济战略支撑作用
4	2020-10-19	《关于加快市县融资平台公司整合升级推动市场化投融资的意见》	陕发改投资〔2020〕1441 号	摸清现有融资平台公司……平台数，积极推进"以市带县"模式，全面清理撤销"空壳类"平台，业务整合等方式，由市级平台公司入股，向县级平台公司并入市级股，向县级平台多渠道增信，县级用款模式，探索通过市级增信、扩大融资规模
5	2019-08-12	《上海市开展区域性国资国有综合改革试验的实施方案》	沪府规〔2019〕33 号	推进开放性市场化联合重组。遵循市场经济规律和企业发展规律，淡化资本的区域、层级和所有制属性，实施横向联合、纵向整合，及专业化重组，推动资源向优势企业、主业企业集中，实现国有资本在更广领域、更高层次、更大范围的优化配置

（续表）

序号	日期	政策名称	会议或发文字号	内容
6	2020-09-07	《新时代广西加快完善社会主义市场经济体制实施方案》	桂发〔2020〕17 号	支持监管国有企业通过资源、资产整合和兼并重组等方式培育新的控股上市公司……通过资产整合、证券化等方式优化国有资本配置，提高国有资本收益。进一步完善国有资产监管，有效发挥国有资本投资、运营公司功能作用，盘活存量国有资产保值增值
7	2019-03-31	《福建省人民政府关于加快平台经济发展的实施意见》	闽政〔2019〕4 号	坚持重点突破和整体推进相结合，培育一批有影响力的平台企业，扶持一批已有一定规模的平台、做大做强，整合一批业务相近的中小平台，引进一批国内外领先的数字经济平台
8	2019-09-17	《湖南省人民政府办公厅关于转发湖南省国资委以管资本为主推进职能转变方案的通知》	湘政办发〔2019〕45 号	推进产业相近、价值相关、主业相关主业非主业资产向行业龙头企业集中，归并各企业资产整合，向产业相关关主业的优势企业流动。推进监管企业战略性重组，培育一批具有较强竞争力、主业鲜明、优势突出的企业集团，推动国有资本做优、做强，做大
9	2019-07-22	《重庆市人民政府关于印发重庆市国有资本投资、运营公司改革试点实施方案的通知》	渝府发〔2019〕20 号	根据国有资本投资、运营公司的具体定位和发展需要，通过无偿划转或市场化方式重组相关国有资本。组建国有资本投资、运营公司，应有助于推动股权或资产投资。资源资源整合，提升协同效应，减少重复投资，也可待时机成熟后进行。实行"一户一策""一企一报"，履行决策程序后实施

难、融资贵的问题，有力地促进了区域经济社会发展的繁荣与稳定。

（二）通过产业链资源进行整合重组

通过产业链资源进行整合重组这一模式以壮大平台公司核心产业为目标，进行产业选择、产业扩展和产业强化，构建完整产业链。通过整合重组，平台公司一方面可以聚焦主业实现强强联合；另一方面可以打通业务所在产业链的上下游，发挥规模效应，起到国有资本对产业链发展应有的带动作用，推动产业链向高端发展，构建更高价值的产业链，打造产业生态圈，提升国有资本控制力与影响力。例如，针对开发建设板块，平台公司可以通过产业链资源重组，实现从委托代建这种单一的业务模式向"规划设计—投融资—建设—运营—服务"等全产业链模式转型升级，通过引入战略合作伙伴等方式解决经验、资金等问题，将更多的收入、利润留在平台公司，做强做大主业，解决可持续发展问题。

企业案例：济南某投资控股集团依托自身土地资源打造了完整的产业链资源，通过实施产业链资源整合，实现了"园区开发运营＋实业运营＋产业金融"一体两翼的业务新格局，创造可持续效益的同时还通过完整产业链反哺集团。在园区开发运营方面，该集团以装备制造小镇、石墨烯产业园、生命科学城、康养小镇、大数据基地等项目为依托，坚持市场化合作方向，探索多种合作模式。在项目合作上，利用合作方运营优势和品牌溢价能力，确保收益；在园区级合作上，发挥合作方资金、资源优势，加速产业聚集。在实业运营方面，实施对外合作"3+2"战略，通过与各行业知名企业合作弥补自身发展短板，提升实业运营能力，构筑全产业链一体化发展优势。在产业金融方面，联合政府和第三方成立产业引导基金，撬动社会资本参与园区基础设施建设和产业引导孵化，推进"基金＋基地"运作，成立产业投资基金，充分利用资本力量深度介入产业链条，盘活存量、发展增量、孵化变量，打造"房东＋股东"产业投资闭环赢利模式，助力产业园区转型升级。

（三）依据各类资产属性进行整合重组

地方投融资平台业务以承担地方基础设施建设为主，依据业务公益性强弱、赢利能力的不同，在实行平台公司整合重组之前明确平台公司各类资产属性，是提升平台公司资产管理效率、实现资产有效整合重组的重要基础。

依据《关于深化国有企业改革的指导意见》对国有企业的分类思路，国有企业分为商业类企业和公益类企业。商业类企业是按市场化方式承担政府融资职能的国有企业，以增强国有经济活力、放大国有资本功能、实现国有资产保值增值为主要目标。公益类企业以保障民生、服务社会、提供公共产品和服务为主要目标，主要承担纯公益型政府投资项目。

企业案例：上海市某城投集团对其资产进行详细分类，并依据赢利性对不同业务领域进行二次细分。例如，将环境业务中的环卫集运、保洁等业务划分为公益属性，由集团总部进行直接管理；将环境业务中的垃圾焚烧业务划分为商业类业务，将其剥离至下属控股公司进行市场化运营；同时，通过商业类业务弥补公益类业务，实现企业的可持续经营。

（四）精深化资源整合

精深化资源整合主要有两大要求。一是聚焦主业，平台公司必须聚焦实体经济，明确核心业务产业定位，做强做精主业，推动国有资本投向关系国家安全、国民经济命脉的重要行业和关键领域。二是剥离辅业，平台公司退出不具备竞争优势的非主营业务，加快剥离辅业和低效资产，深化"僵尸企业"处置工作。

企业案例：安徽省某投资控股集团作为地方投融资平台公司，起步阶段以区域开发建设、河道治理、市政管网改造等业务为基础，逐步形成了土地一级开发、房地产、担保、典当、小贷、投资等多元化业务布局。由于面临国家金融政策趋紧、地方政府融资逐步规范等外部环境变化，集团坚持市场化经营理念，依托整合重组加速战略转型，逐步剥离基建、传媒、交通等资产，转型成为商业一类企业，主要从事股权投资、类金融等业务。通过不断完善产业布局，创新经营与赢利模式，着力提升管理水平，该集团功能定位和战略方向更加清晰，财务状况持续改善，组织活力有效激发，实现了高质量转型跨越发展。

三、平台公司整合重组的要点分析

（一）资产整合

资产整合是指企业整合重组后，将原有的资产和重组进来的资产进行有效配置，使企业资产得到有效利用。一般来说，资产整合有两种策略。其中一种是剥离不良资产。不良资产并不产生净现金流且通常不赢利或赢利少，会削弱企业的核心竞争力、耗费企业资源，因此不良资产是资产重组首先要解决的问题。另一种是整合优质资产。在剥离了不良资产后，对剩下的优质资产根据不同情况进行处理。对不属于企业核心业务但是赢利能力较强的资产，可以由原来的经营方继续经营；对属于企业核心业务、符合企业发展战略、收益水平较高的资产，可以由重组方直接经营。

资产整合过程中不能仅仅关注资产规模的持续壮大，更要特别重视注入资产的质量。实践证明，单纯以融资为导向堆砌资产的重组方式效果并不好。这种方式对于增强短期的融资能力有较好的效果，但是对于平台公司的长期发展意义并不大。平台公司未来的发展一定要基于业务，尤其要基于主营业务的强大。因此，平台公司整合重组必须以业务为导向，带动资产债务重组。

（二）业务整合

不同类型的平台公司发挥的作用是不同的。近年来，平台公司为了快速扩张，会根据自身优势、战略发展需要和政策要求通过整合重组的方式积极拓展业务板块，提高长期的市场化、可持续的融资能力，这就避免不了业务整合。要想做好业务整合，平台公司首先要明确自身的功能定位、战略目标，并在此基础上明确公司的主营业务，然后确定业务发展所需要的资源、资产、资金、资本到底是什么，最后设计以市场化方式将相关资源、资产、资金、资本分门别类地注入各个不同的业务主体的方式与方法。这样平台公司转型后才有强大的主业，不会空心化，主业才有相应的资产支撑，才会真正具备自身的市场化竞争能力与造血能力，才能实现企业经营规模的扩大和经济效益的增长，真正实现健康、可持续发展。

（三）管理整合

重组是基础，整合是关键，平台公司重组整合的成功依赖于后续的整合。要想让重组后的企业顺利过渡并运转起来，平台公司就必须重视管理整合，建立现代企业制度，确立市场化经营机制，让企业真正以独立市场主体的地位自主经营、自负盈亏。结合过往项目经验，我们认为平台公司管理整合主要包括战略整合、组织架构整合、人力资源整合和财务整合四个方面。

一是战略整合。平台公司在整合重组之后，需要重新制定整体的发展战略，从重组后公司内部的变化入手，分析是否通过重组改变了市场地位、业务方向如何变化、是否开展新的业务、内外部环境会如何变化、是否出现了新的机遇和威胁，重新确定企业使命、愿景、价值观及战略目标等。平台公司可以通过战略规划，凝聚发展共识，促进各方有效协同，使重组后的企业真正形成相互关联、相互配合的有机整体，实现企业发展"一盘棋"。

二是组织架构整合。组织架构整合是将重组方与被重组方的组织架构进行有机结合并在此基础上进行相应的调整和革新，目的是提高效率、理顺职能、促进文化融合等。组织架构在整合过程中要符合企业总体战略；根据实际情况，因地制宜地选择管控形式；保持权利与义务对等，分工与协作结合，建立明确的岗位责任制；控制组织架构的规模，减少管理层次及缩短整个经营决策链的长度，设置高效的信息传递模式，防止各职能部门出现各自为政的情况，保证企业管理决策的快速传达和科学执行。

三是人力资源整合。在整合重组后，平台公司可能会产生许多人员问题：一是企业对人力资源整合的重视度不够，造成人力资源配置不合理及人才流失；二是没有进行妥当的人员分流和安置处理；三是在重组过程中忽视了员工的心理健康，导致员工工作效率和积极性下降，影响企业的经济效益。针对以上问题，平台公司可以采取以下四种措施：一是建立"岗位＋绩效"的市场化薪酬体系和更加适应市场经济的企业内部管理运营新机制；二是成立人力资源整合小组，对每位员工采用科学的方法进行素质评价，使人力资源得到合理配置；三是实施科学合理的员工安置计划，对下岗职工提供再就业培训，合理安排职工分流；四是加强与员工的沟通交流，保证人力资源整合各项工作的有序开展。

四是财务整合。在重组前，各企业的财务流程已经固化，因此企业重组之后想要整合财务管理机制与会计制度就会有一定的难度，整合不到位会影响后续经营活动的开展。平台公司可以从以下三个方面入手：一是就企业重组后的实际情况进行分析，对财务管理机制进行创新，完善财务流程及成本管理流程，对融资活动进行有效的控制；二是将双方企业的财务人员组织到一起进行综合培训；三是加快财务信息化的建设及双方企业财务系统的融合建设，促进重组企业的综合性发展。

（四）企业文化整合

企业文化是一种无形资产和软实力，是影响企业长期经营管理的关键要素。企业文化整合不佳，会造成严重的内耗，产生无效工作。平台公司整合重组不仅要做到资本合、资源合、组织合，更要做到思想合、战略合、管理合，人合、心合、意合。而企业文化的整合，就是促进重组后各方有效融合的最强催化剂。在众多的重组实践中，不乏在资产、业务、管理等方面整合得非常成功，但因为双方企业在价值观、物质文化、思维方式、制度文化等方面的冲突而导致重组失败的案例。企业文化整合的过程，是企业共同价值观调整、再造的过程。企业文化是隐性的并且根植于员工头脑中，实现其整合较为困难。因此，企业文化整合的重点是使双方保持互相信任、互相尊重的关系，培养双方企业员工和不同文化背景的同事共事的能力，使双方企业能够在文化观念、思维模式、发展战略、管理模式、制度等方面达成共识。

企业文化整合必须坚持求同存异、彼此尊重、自上而下、循序渐进等原则，在尽可能短的时间内实现企业文化的交融。企业文化整合的模式有适用于相关行业间，重组双方企业规模差距较大、强方吸收合并弱方的吸并模式；也有适用于相关行业间，双方企业规模、实力相当，且业务关联度高、企业文化均较成熟的双向渗透模式；还有适用于不同行业间，双方企业的业务关联度低、经营差异较大、企业文化均较多元化的保持独立模式。加快企业文化融合，是平台公司提升凝聚力、放大整合效应、增强企业市场竞争能力的重要途径。

四、结语

面临新的发展形势，整合重组已成为提升平台公司融资能力、优化国资布局、提高国有资产运营效率、提升市场竞争能力的重要举措。"十四五"时期，在中央和各地方政府政策的支持下，整合重组必将成为带动平台公司转型升级、跨越发展的重要推动力，将为区域经济社会高质量发展增添新的发展动能。

5. 地方交通融资平台改革转型的痛点与出路

▶ 正略国企改革研究中心

自十八届三中全会启动新一轮国企改革以来，国企改革顶层设计已经完成，形成了以中共中央、国务院《关于深化国有企业改革的指导意见》为统领，以若干政府文件为配套的 "1+N" 政策体系。《国企改革三年行动方案》标志着国企改革由点到面全部铺开，进入落地施工期。各地方国有资产监督管理委员会（以下简称国资委）积极响应，学习贯彻《国企改革三年行动方案》，并计划制定切合本地的实施方案。

地方交通融资平台作为道路网络神经末梢承建的主要责任单位，发挥着打通最后一公里、促进乡村振兴的重要责任。良好的资源统筹和协调是新时代对地方融资平台的新要求，因此地方交通融资平台改革重组及业务转型成为地方国有企业突破发展瓶颈的重点，各地都在积极探索有效的转型模式，也得到了各级地方政府的重视，但在实操阶段却举步维艰。本文基于两家地方交投集团的改革重组和企业转型项目运作经验，解析地方交通融资平台改革转型的痛点与出路。

一、案例背景

案例一：A 交投集团。A 交投集团前身为 A 市交通运输投资有限公司，成立于 2016 年 5 月，注册资本为 3 000 万元，成立的目的是为地方交通发展融资并开展其他相关业务。公司成立后借助 A 市二手车业务整合的契机，通过政府划拨土地融资，投资建设 A 市二手车城。经过五年的快速发展，公司资产规模已达 3.71 亿元，成为 A 市交通体系首屈一指的大企业。由于其发展的良好带动效果，政府决定将交通体系 9 家企业实施整合重组，归入 A 交投集团，搭建统一平台。9 家企业有基建相关的施工企业、监理检测企业，也有运输相关的客运公司、客运站，业务多元，合并难度大，历史问题多。

案例二：B交投集团。B交投集团前身为B市建设投资有限公司，成立于2013年11月，注册资本为33 570万元，主要依托金融市场，引领、集中各类社会资金投向交通基础设施项目，推动交通基础设施项目建设。其核心职责就是为政府融资，现有融资7.62亿元，主要是银行贷款。B交投集团在具体业务方面极为欠缺，截至2020年，本身累计投资2 293万元，拥有资产126 897万元，资产负债率为53.89%。其资产主要由应收政府款项构成，实际可支配资产除办公楼外，几乎为零。2020年，B交投集团董事长在走访几家同类型交投公司之后，同步响应政府平台建设需求，决定进行业务转型，由虚转实，开展实际业务。但其业务实力薄弱，项目来源较少，由虚转实难度大。

二、转型之痛

两家企业在发展过程中所立足的市场都是地方市县，都是在政府的统一规划之下积极响应。两家企业的区别在于，A交投集团抓住了二手车城建设的契机，自主融资投资建设，形成了资产，存在业务拓展的机会，本身也有一支能干的业务团队，具有引领优势，这也是政府愿意将其他几家企业重组进交投的基础。反观B交投集团，它就是单纯的融资平台，所经手的2 293万元的项目多是公共交通，而且是整体项目的一小部分，未形成相应的资产。到头来，除了应收账款外，B交投集团没有资金、资质、技术的积累，无法支撑业务进一步发展，业务可持续性较低。

在其他方面，如人员素质、管理理念、资金渠道、赢利能力等，两家企业都不相同；但通过两家企业的比较及在项目运作过程中的了解，地方交通融资平台转型过程中存在一些共有的痛点。

（一）业务之痛

首先，无总体规划的机会型业务发展从短期来看确实是机遇，但从长期来看却是负担。比如，A交投集团的二手车城建设，从短期来看奠定了A交投集团从小到大的基础，从拿地到设计，再到施工，培养了一批能干业务的员工，获得了一项资产，地标性建筑的设计也为其带来了名誉。但在竣工之后，由于位置较偏僻，宣传投入不足，招商困难，二手车商不愿入驻，空置的二手车城一度只剩下躺在报表上的资产和逐渐增长的折旧，不仅收入有限，而且每月还有不少的财务费用。

其次，忽视自身能力建设的机会型项目是事务，但不是业务。比如，B交投集团除了为交通基建融资外，所涉及的项目投资极其有限，从公司成立至今，投资金额总计2 293万元。由于投资公司的定位未涉足建设、监理检测、材料等其他业务，基本的运行模式只是代政府投资项目、管理项目，因此公司除了管理层外，只有少数几名工程管理人员，人员能力及业务能力极度欠缺。最终，除了留在档案室的部分项目资料外，B交投集团别无他物，把业务发展做成了事务工作。

最后，多元化发展促进业务拓展，但无序的业务组合会造成资源的浪费。业务在开展，但不知道业务为什么开展，不知道业务应当发展成什么样，这是两家企业都存在的问题。比如，A交投集团做中草药种植的理由只有一个——政府提倡，那么业务最终要发展到什么程度，没有人说得清楚。再比如，B交投集团布局公交站牌的改建的理由只有一个——上级需要，但做了之后资产归谁、如何运行，都没有考虑清楚。这种无序的业务发展不仅浪费了企业的人力、物力，也浪费了政府信任和资金、资源。

（二）资金之痛

两家企业普遍存在资金短缺的问题，且机会型发展思想占据主导地位，没有形成投资回报率、预算管理等相关机制。比如，A交投集团由于二手车城的建设，造成较高的利息费用，同时由于改制重组，涉及沉重的人员安置费用、欠缴社保公积金费用、政府代建应收款项等负担。这些问题既是企业发展的阻碍，也是企业发展的突破口，但好在通过部分回款能够维持企业正常运转；企业也在扩大优势业务，积极创收。

而B交投集团的业务较少，资金也源于融资，可供支配的资金匮乏。B交投集团正常运转所需的资金基本来源于政府拨款，新业务的开展只能依赖政府给予的资源过渡，资金收付间的有效利用率几乎为零，被动的价值创造使得企业边际效益为零，甚至为负。

（三）人员之痛

两家企业所在地区的人口净流出位于全国前列，其中地级市的人口净流出额外突出。企业员工年龄普遍偏高，员工学历普遍较低，中专、大专是企业员工的主要学历构成，整体上员工能力较低，总体表现为招聘招不到合适的人，留不住能力强的人，淘汰不掉能力差的人。

（四）理念之痛

企业改革转型是业务转型，更是理念转型，由虚转实也好，由单一转向多元也好，改革转型的基础是思想和经营理念的转变。而在地方国有企业中，有几种思想根深蒂固，成为企业转型的巨大阻碍。首先是"铁饭碗"思想。地方国有企业直接得到政府的扶持，员工有国企编制，进入公司相当于有了"铁饭碗"，这直接影响员工参与市场竞争的能力甚至是意愿。多数员工工作投入度极低，给企业做出的贡献极其有限，同时由于长期不作为的思想，致使能力和思想停滞甚至退化。其次是"官本位"思想。两家企业都存在严重的"官本位"思想，晋升、表彰等基本都会表现出非市场化的特殊倾向，直接影响的是公司风气。能力的评价不再是客观的标准，而更多是"官"的主观决断。同时这也影响着流程效率，一个审批往往要经历很长的程序，责任人一抓一大把，真正负责的却一个也找不到。最后是平均主义理念。由于较为复杂的人员关系，中层人员在管理过程中很难按照实际业务、奋斗目标去约束、考核员工。在高层本位主义的影响下，平均主义成为最好的选择，直接影响员工的奋斗意愿，往往年初的计划和目标到年底都会束之高阁。长此以往，战略只剩下一纸空谈。

在以上四个痛点中，业务之痛最直接，资金之痛最紧迫，人员之痛最广泛，理念之痛最深远。

三、转型出路

业务重在规划，资金重在造血，人员重在激发，理念重在引导。基于转型的企业整体升级是在问题诊断之后的关键路径提炼，有些企业源于业务协同的困惑，有些企业则出于业务机会的布局，不一而足。这里对前文两个项目进行总结。

首先是业务方面。业务发展是指构建符合客户实际的业务生态布局，实现资源整合。地方交通融资平台天然具有地方交通类业务的整合优化条件。A 交投集团的重点是业务的整合协同，而 B 交投集团的重点是业务的选择开拓和布局。所以 B 交投集团是向政府要项目，从市场争项目，做的是开拓。项目只要和交通相关，能够给企业带来收益就可以。而 A 交投集团应以"交通先行、产业协同、提质增效、一体多元"为指导进行业务整合，提炼优势业务，构建业务生态，明确各类业务衔接和协同，围绕资金链、产业链和信息链，打通资源到资产、资产到资本的发展通道，实现企业发展良性循环，使各业务有目标，业务之间有协同。

其次是资金方面。企业的开源节流，需要向外获取可供支配的资金，向内实现成本费用的优化。在 A 交投集团和 B 交投集团的项目中，指导路径是通过业务布局、深化协同，以服务地方、帮助政府实现政绩为依托，获得政府产业资源，通过资源获取资金。A 交投集团通过与银行谈判，收购银行拍卖房产，获取银行授信和贷款，从而接续资金链。B 交投集团通过帮助政府管理资产获得房产，进行招商出租，获取租金收入，从"活下去"逐渐向"活得好"发展。

最后是人员和理念方面。人是组成企业的重要部分，如何组织好人，发挥人员在企业发展中的能动性，是企业面对激烈市场竞争而存活的关键。我们通常可以根据企业发展的不同阶段，有侧重地解读人的管理。比如，初创企业往往通过人管理人，实现团队的协同；发展到一定阶段后是制度管理人，也就是我们常说的绩效管理，实现良好的组织协同；但好的企业往往是用文化管人，即利用价值观、远景、理念等实现企业的长盛不衰。但在实际管理中，人员、组织和理念总是相辅相成的，应根据不同的阶段选择合适的方式，未雨绸缪。而在解决案例中，人员和理念管理问题的核心在于将"多劳多得"、市场化的理念融入各个环节。

一是集团管控和组织设计（见图 4）。根据业务发展和企业规模，设计可以动态发展的组织结构。比如，A交投集团坚持多元化发展，并以交通基建为核心，因此集团的组织架构应设置围绕人、财、物的统一管理和交通基建业务展开，设置投资、工程、财务、人力等部门。职责划分中通过事前管理、事中控制和事后评价的完整闭环，落实管控到人、深入到事的运营目标，明确人所在的位置、事所在的环节，实现有章可循。

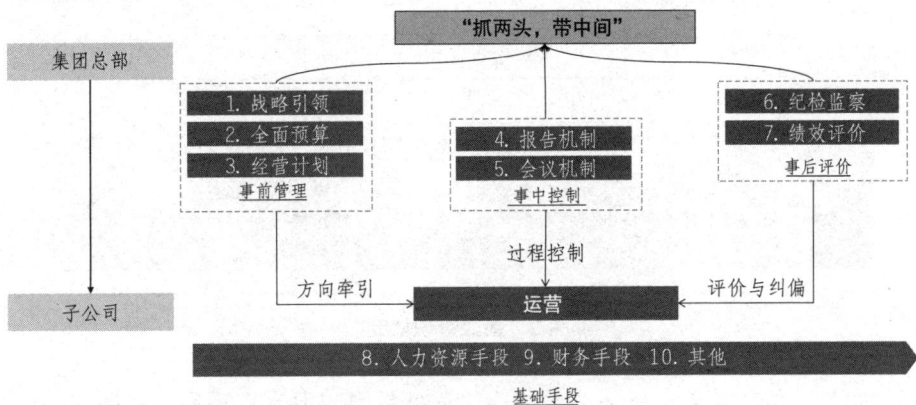

图4　集团管控和组织设计

二是搭建"多劳多得，有奖有罚"的绩效管理机制（见图5），并在运行过程中融入理念的转变。保证绩效管理有效的关键是文化理念的确立和传导，通过绩效考核实现个人工作和公司目标的匹配，以理念指导结果应用，引导员工向战略指引的方向前进，这就是我们常说的"绩效管理中最重要的是理念的传承"。

三是人才的引进。企业人力资源的管理是对人"选、用、育、留"的动态管理过程，地方交通融资平台发展的关键之一是人才的引进和培养。由于东北地区人才外流的特点，好的人才需要企业做出更大的努力才能留下。这就需要企业搭建适合人才发展的平台，建立应有的薪酬体系，吸引部分勇于开拓的人才并发挥人才的价值。比如，B交投集团更应当引进人才，通过对标优秀企业，建立业务培育和人才引进机制，在一定程度上为未来的发展创造可能。

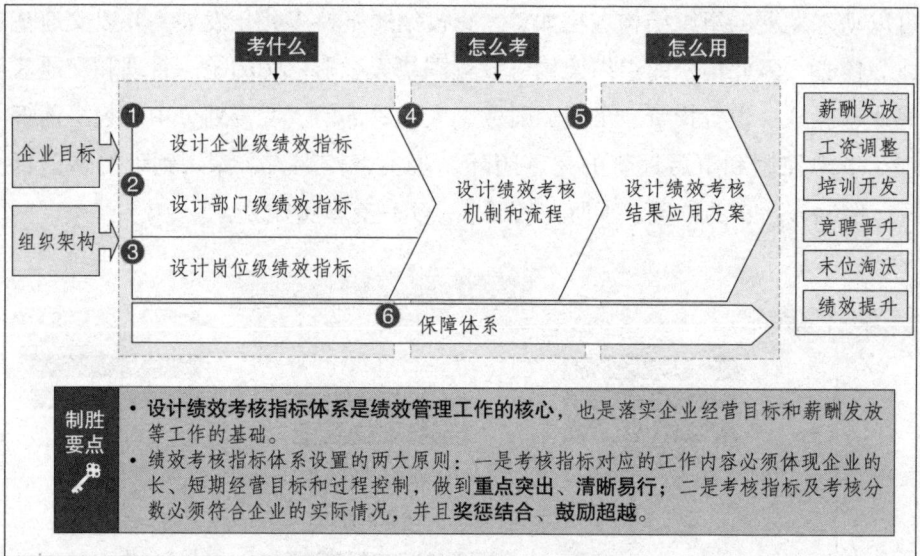

图 5　绩效管理机制

四是人员的培养。优秀人才的引进固然重要，但实现现有人员的能力提升和发展，才是地方交通融资平台在人才能力提升方面更加可行的路径。相比于地方市县其他类型的企业，国有企业有天然的优势，本身就聚集着地方上更为优秀的一批人员，绩效管理让现有人员付出更多的投入，而能力培养则是促进现有人员更好发展的方式。不管是内部培训队伍的建设，还是外部师资的引进，都能在员工能力提升、视野开阔和理念转变中给予重大促进。管理咨询项目的开展就是一种不同思想、不同理念碰撞升华的途径。A 交投集团在改革重组后有充足的人员储备，因此其重点是对现有人员的培养和发展。

五是理念的传导。理念的传导需要通过一定的形式，如宣贯、培训，以针对不同的企业开展相应的工作。B 交投集团目前规模较小，主要采用会议和培训的形式，实现上下传导。而 A 交投集团涉及多家企业的整合重组，情况较为特殊，因此选用的形式除宣贯和培训外，针对被重组企业的一把手，A 交投集团选择先免职再公开竞聘，以灌输集团管控的认知。A 交投集团还面向全体员工组织人才盘点，辅助集团了解并优化人员结构，基本实现被重组企业的整合；同时设计相应的工作例会、述职会议等，以在后续的业务中采用。

　　总体来说，痛点有共性，但解决方法却千差万别。我们只有充分了解企业的特殊性，有针对性地采用最有效的方法，明确阶段性关键痛点，对症下药，才能有效进行改革重组。

第二章

■■Ⅰ 公司战略研究

1. 如何卓有成效地开好公司战略研讨会

▶ 正略战略实施研究中心

战略之于企业，好比大脑之于身体。一个切实可行的战略是企业制胜的必要条件。一份好的战略规划应具备以下五大特征。

第一，洞察环境变化趋势。全面、前瞻地洞察外部环境变化及其对企业的影响［如 PEST+CC（客户和竞争）分析框架］，并提出应对措施。

第二，考虑内部资源能力。客观深刻地评价企业资源能力和管理水平，明确当前的核心竞争力和需要构建的核心竞争力之间的差距及努力方向。

第三，反映领导战略意图。充分体现企业家／主要领导人对企业未来发展的战略思考、治理方针和经营策略，愿景目标旗帜鲜明、鼓舞人心。

第四，体系完整，逻辑性强。立框架、明定位、定目标、细举措、强保障，逻辑清晰，重点突出，自成一体。

第五，指导实践，落地性强。给思路、给路径、给任务、给方案、给节点、给资源、给机制。

一、战略内容重心和战略提出方式

不同市场地位和规模的企业由于所处发展阶段和竞争环境的不同，企业战略发展的核心诉求不同，战略内容重心和战略提出方式也不尽相同。

（一）不同成熟度企业的战略内容重心

一是初创公司或小企业。这类企业经营发展的第一要务是生存下来并获得市场认可，因此公司战略以"战"（打法）为主，核心是摸清客户需求，找准产品定位并采取合适有效的市场营销和渠道策略，服务好核心客户并在市场中站稳脚跟。

二是具有一定业务规模和客户基础的成长型公司或中型企业。这类企业经营发展的重心是优化产品结构和业务模式，夯实核心能力，构建差异化竞争优势，快速或稳步提升市场份额和行业影响力，实现可持续增长。

三是具有市场影响力的行业头部公司或大型企业。这类企业经营发展的重要议题包括基于未来市场需求调整产品和业务结构，提升创新能力和组织敏捷性，实施成本领先、多元化或集中化战略抵御竞争对手的威胁和挑战，从而巩固市场地位，实现可持续、高质量发展。

（二）不同成熟度企业的战略提出方式

一是小企业。一般来讲，小企业不必做完整的战略规划，但核心管理团队对公司战略发展方向和重要议题应达成一致。建议的战略提出方式是，公司第一负责人结合业务实践和市场洞察，深入思考形成"一页纸"战略，其中包括愿景、使命、发展目标、产品和市场策略等；必要时，公司第一负责人可与其他高级管理者讨论，达成共识。

二是中大型企业。这类企业有必要充实公司战略至一定深度和完整度，并向中层管理者和基层员工做必要宣贯，以便上下统一思想，更好地指导企业中长期经营和发展。该类型公司战略的规划和形成一般有三种方式。第一种，公司第一负责人基于市场研判和经营洞察，先做出"一页纸"战略，再由公司战略发展 / 计划经营相关部门或负责人在"一页纸"战略的基础上完善框架、丰富内容、细化措施。第二种，先由公司战略发展 / 计划经营相关部门或负责人研究、讨论和起草战略规划初稿，再由公司第一负责人定夺。第三种，聘请专业的战略或管理咨询公司开展全面系统的内外部调研，提出符合公司实际情况和发展需要的规划报告。

二、常见问题

据笔者观察和咨询实践，绝大多数中大型企业的战略规划初稿，或多或少会在客观或主观层面存在一定的局限性，常见的问题包括以下五个方面。

（一）战略环境分析

1.外部市场变化、竞争格局、标杆企业研究不够扎实、深入，或缺少结论和启示分析。

2.内部经营管理诊断聚焦于现象，而未指出深层次的根本问题。

3.内外部环境分析缺少总体结论，或结论对公司战略规划方向的指引性不强。

（二）总体战略

1.企业愿景、使命、定位和总体发展思路等顶层设计精准度、辨识度不高，完整性、易记性不强。

2.战略目标和经营指标的提出缺乏科学的依据、参照或说明。

（三）业务战略

1.业务组合、发展定位（如战略价值、商业模式、发展优先级、协同关系等）和重点投入资源（如资金、人才、机制等）不明晰。

2.业务发展策略颗粒度过粗（路径、举措不清晰）或过细（做成年度工作计划，缺乏战略考量或高度）。

（四）战略保障

1.战略保障内容体系不完整，或内容安排与战略举措交叉错位。

2.战略保障措施不实、不细，或以效果目标代替措施计划。

（五）实施方案

战略实施组织体系、下一步工作安排（战略解码、职能规划、子企业规划）、战略督导、评价和纠偏机制不明确。

中大型企业的战略规划初稿在成形后，需要在公司内部广泛征求意见，不断完善框架、丰富内容、打磨细节。战略研讨已逐渐成为中大型企业战略管理中的重要甚至必要环节，也是将公司战略做实做精，促进和凝聚更广泛发展共识的重要抓手。特别是大型集团公司，由于业务多元化程度较高，经营主体和利益相关方较多，战略形成过程更复杂，需要自下而上和自上而下相结合，因此一定规模和程度的战略研讨不可或缺。

笔者根据项目实战经验，总结提炼出以下建议，希望可以帮助中大型企业卓有成效地开好公司战略研讨会。

三、组织与策划建议

（一）研讨范围

公司战略研讨相关人员一般包括领导班子/CXO、部门长/总监、分公司或子公司/事业部主要负责人。研讨范围和层级具体视企业中高层人数和行业发展预期不确定性而定。

（1）中高层人数少或管理扁平化企业可以让业务/管理部门骨干参与战略研讨。

（2）市场预期和发展方向不明时，企业可以精选一线业务骨干或邀请外部专家参与战略研讨。

（二）场次安排

根据管理层级和总人数不同，公司战略研讨会可以召开不同场次，每场有针对性和侧重地讨论规划中的不同模块。例如，领导层聚焦总体战略（如愿景使命、产业布局、商业模式、转型方向、资本战略等）、战略目标（如行业地位、总体经营指标、各板块发展目标等）和资源配置。

（1）部门长/总监级会议先开，以便暴露现场可能出现的各种问题，便于后续改进。

（2）领导层研讨会放在最后一场开，开场可以导入先期场次研讨的成果总结和意见汇总，仍需斟酌的规划方向和内容争取在领导层研讨会上得到确认。

（三）研讨形式

常见的研讨形式有务虚会（各自准备发言）、圆桌讨论会、战略工坊、分组讨论（如设计公司战略发展纲要+路演）、商战情景模拟（需专业公司/系统辅助）等。

（1）类似"圆桌分组研讨+代表发言"的"先民主后集中"形式最为常见，在保证每个人的观点得到充分表达的基础上，团队内部通过广泛沟通和辩论，尽可能达成一致意见或形成方案。

（2）圆桌讨论会每桌5~7人为宜，最多不超过10人，以保证在意见充分表达的同时能达成较为一致的观点。

（3）有条件的可以尝试战略工坊等创新研讨形式，但最终落脚点要回归到给规划报告提具体的完善和修订意见上。

（四）角色与分工

主持人：负责介绍研讨流程和规则、导入规划方案、说明研讨议题和期望成果、应对突发事件，以及现场引导、时间提示等控场工作。

组长：全面领导小组讨论，负责话题引导 / 纠偏 / 切换、思路启发、观点提炼、发言时间控制、总结发言等。

引导员：负责小组讨论思路启发、话题引导和纠偏、研讨和发言时间提示等。

发言人：在每轮讨论中，每组要先选出一名发言人，负责协助组长有效组织议题讨论，同时要准确记录和适时总结组内讨论的主要观点，最后代表小组汇报讨论成果。

保障团队：负责活动通知与外联，文字材料、文具用品、茶歇、奖品等物料准备，人员接待，设备调试等。

记录员：每组一名或每轮一名，负责小组研讨 / 发言主要观点的记录和整理。

（1）主持人的充分准备、现场的有效引导、启发和控场能力是研讨会成功的关键，这要求主持人既要对战略方案内容和提出背景了如指掌，又要相对熟识多数与会人员。因此，主持人最适合由公司战略相关部门负责人或咨询项目经理 / 总监担任。

（2）分组圆桌讨论，每组 5~7 人最佳，最多不超过 10 人，人员尽量混搭，每组组长可提前定好或现场由组内选举产生（自荐、举手表决或抽签）。

（3）组长要具备较强的组织力和领导力，让所有人自由公平地表达观点。意见相左时，组长要有效管控分歧。

（4）引导员每组一名最佳。引导员需熟悉规划内容和研讨议题，具备结构化思维，适时引导以避免讨论离题，冷场时能够提示、提供讨论思路。引导员的最佳人选是公司战略相关部门的骨干员工或外部咨询顾问，这些人视需要还可身兼计时员、记录员等组内角色。

（5）必要时，现场可以使用专业速记服务，做发言环节的全记录。

（6）企业战略相关部门（或企业聘请的咨询公司）应至少提前两周对公司战略研讨会的形式、内容和全过程进行全面细致的策划和安排，形成公司战略研讨会组织策划方案和任务进度表，并指派一名总负责人（大规模多轮次研讨还需一名助理协助）。

（五）会场准备

会议场地至少要提前两周预定，场地要满足必要的软硬件要求，并考虑人员交通和住宿的便利性。

（1）需要事先踩点，以确保会议场地满足会议要求，会场时间要保持一定弹性；同时协调一块备用会议场地，以应对突发状况。

（2）提前掌握相关城市及场地方的具体政策和要求，告知与会人员事先准备。

（3）开会前 1~2 天在现场做全要素彩排演练，布置现场，测试各种设备，主持人和工作人员熟悉各环节流程。

（4）需提前准备的物料包括背景墙、展板、签到表、桌签、纸、笔、白板、笔记本电脑、奖品、纪念品、录音笔、道具、茶歇等。

（5）熟悉逃生通道和安全设施，准备必要的现场安全应急预案，会前诵读。

四、内容与流程建议

（一）研讨内容

战略研讨应围绕公司战略规划研究成果和已形成方案展开，主要议题包括内外部环境分析、企业经营管理能力评价、总体战略（如愿景、使命、定位、发展思路等）、战略目标与经营指标、业务发展战略、战略保障措施、战略实施行动方案等，其他内容可适当延伸。

（1）内外部环境分析是战略规划方案提出的基础，除规划方案本身之外，有必要将重要的背景信息、分析过程和结果作为研讨导入材料。

（2）战略规划方案的实质内容是主体，应将 80% 以上的研讨时间和精力放在规划方案和实现路径上，内外部环境分析必不可少，但时间要压缩在 20% 以内（若外部环境具有高度不确定性，时间应压缩至 1/3 以内）。

（3）不同场次研讨重点要有所不同，如领导班子 /CXO 层级重点讨论内外部环境、总体战略、战略目标及规划报告的整体结构和内容呈现等，部门长 / 总监层级重点讨论战略举措、保障措施、阶段任务 / 行动方案等，分公司或子公司 / 事业部主要负责人则聚焦业务战略（如市场、产品、客户等）、业务协同、行动方案、资源与机制保障等。

（二）资料准备

企业战略相关部门（或企业聘请的咨询公司）须至少提前一周准备研讨会所需的各种材料，包括会议议程 / 手册、战略规划方案和导入材料打印稿、研讨议题和问题清单活页，以及需现场播放的音乐、视频和 PPT 等。

（1）导入材料包括研讨 / 汇报 / 评奖规则说明、规划方案各模块核心内容、规划背景说明、方法论和模型介绍等。

（2）各战略研讨议题视给定时间，设置 4~8 个启发性的问题。

（3）为研讨侧重点不同的场次准备不同的导入材料，至少做到议题和问题清单设置的差异化。

（三）沟通方式

通过环节和规则设置促进有效交流、高质量沟通是公司战略研讨会成功举办并产生预期效果的一大关键。

（1）宣布研讨会规则前可以安排 10 分钟左右的破冰环节，设计 2~3 个轻松的话题，2~3 人一组，限时轮转交流，分享各自答案，以增进彼此了解，消除拘束感，为无保留沟通建立情感基础。

（2）每轮组内研讨结束后可以设置组间交流和观点碰撞环节，以开阔思路、求同存异，这样做有利于促进共识、收获意见。

（3）无论采用何种研讨形式，都应鼓励不同声音和观点的碰撞，避免无焦点、无重点的"散装式"发言和各说各话。

（四）汇报形式

分组讨论须设置各组汇报环节，以集中展示各组的研讨成果和核心观点。

（1）每个议题研讨前要确定一名发言人牵头组织议题讨论，同时记录整理组内成员发言的核心观点，研讨不同议题时发言人要轮换。

（2）汇报可以采用两种方式，一是议题结束后立即汇报，用白纸、白板辅助呈现观点，每组发言 5~10 分钟，限时内组员可补充发言。二是集中研讨、集中汇报（适用于全天会议 +4 组以上的安排）。研讨结束后留出整段时间，各组可做 PPT 系统梳理和展示全部研讨成果，汇报方式还可升级为战略沙盘推演或新规划方案路演竞赛。

（3）建议设置互评打分（线上扫码，后台统计）和颁奖环节，可分设优胜团队和个人风采奖，以激发个人和集体智慧。

（4）若有咨询机构或外部专家参与，可以邀请其做汇报点评和总结发言。

五、总结与优化建议

研讨会后，企业（或聘请的咨询机构）要做好意见收集和整理工作，将意见汇总和计划采纳情况向主要领导汇报，讨论结果一致后修改规划方案 / 报告，随后下发修改稿二次征求企业内部意见，同时可征求外部专家意见。

企业战略规划经过三上三下（撰写初稿—征求意见—方案修订—二次征求意见—完成终稿—战略宣贯）的群策群力后，其科学性、前瞻性和落地性会更有保障，企业上下对战略规划的认同度、理解力和执行力也会更上一个台阶。

在战略执行过程中，当企业内外部环境发生重大变化时，开展新一轮战略调整和研讨势在必行。

后记

一个好战略对企业来说价值连城，它抑或是传递给团队一个催人奋进的企业愿景或使命，抑或是明确将核心资源配置到更有前景的业务、商业模式或营销策略中。不可否认，很多让企业大获成功的战略是企业家凭直觉、洞察或灵光一现提出的，这对企业家的认知能力和视野提出了很高的要求。但这些能力超群、有前瞻性、有洞察力的企业家毕竟是凤毛麟角，多数企业的成功还是要依靠组织的智慧和集体的力量。因此，战略研讨对大多数企业来说都是重要且有帮助的，过程中不同观点的碰撞和好建议的提出可以帮助企业克服很多认知局限、惯性和偏见，更重要的是让中高层管理人员甚至基层员工在公司战略的制定中体现价值、激发责任，同时对企业未来的发展方向和思路达成更广泛的共识，这样可以避免公司战略沦为企业家的个人意志或被束之高阁。

基于"好的开始是成功的一半"的朴素认知，多数企业和企业家高度重视公司战略的制定工作。但另一方面，我们也要清醒地意识到，战略规划只是公司战略PDCA[①]闭环管理的第一个环节，并非战略管理的全部。国内外很多咨询公司的调查结果显示，大约有7成企业制定好的战略或转型方案没有获得成功，主要原因是"战略执行不到位"。企业在经历大量的战略分析和研讨后，提出一个好战略，相当于把"1"立了起来，而具体能获得多大效果，还得看组织上下的战略执行力能在"1"后边画上几个"0"。

很多企业在力推战略落地时，往往会发现经营计划与战略规划存在一个难以跨越的鸿沟，那就是战略目标和行动任务如何统筹分配和科学分解到各经营单元和部门主体。与此同时，下一个难题也随之产生，即战略执行情况如何动态考核、评价和纠偏。因此，将战略目标和任务有机有效分解到组织和岗位，并为之设置一系列重要里程碑事件是十分必要的。在战略管理上，我们将介于"P"和"D"之间的这一战略目标分解和行动路线明晰的过程称为"战略澄清和战略解码"。笔者在众多的战略咨询项目实践中发现，"战略澄清和战略解码"是众多企业在战略规划之后亟待补上的一课，这一重要环节的缺失很可能导致企业战略实施路径不清晰或落地缺乏有效抓手，使各级组织的年度计划、日常经营和考核评价与公司战略处于分轨运行状态。"战略解码"有很多经典工具（如卡普兰的平衡计分卡-战略地图、华为公司的BLM–BEM模型、鱼骨图等）可以使用，有需要的企业可以自行研究并落实。

---

① PDCA 即计划（Plan）、实施（Do）、检查（Check）、行动（Action）的首字母组合。

2. 打造科技创新先导型企业的路径研究

▶ 正略战略实施研究中心

科技创新先导型企业是指以不断吸收和应用现代最新科学或技术成果并使之转化为现实生产力为己任的企业。这类企业通过对科技进步因素及环节（包括技术因素、管理因素、劳动者素质）的改善和调节，使生产力的各个要素得到最佳配置，从而提高生产技术水平和管理水平。

以工业企业为例，工业行业整合是大势所趋，不少工业企业有成熟的自研装备，通过重组整合可以充分发挥技术产品互补优势及装备系统集成能力，形成系列产品和全领域专业技术覆盖的布局，并进一步凸显自身在工业装备领域内的地位和作用。重组整合后的企业将实现市场、技术及资源的强强联合、优势互补、经验互鉴，开启其在工业装备领域的新征程。

比如，国内某工业企业在整合完成后，开展科技创新先导型企业总体转型方案的实施工作。这项工作的开展必须先明确转型目标，同时梳理清楚当前面临的现实困难和潜在挑战。

本文将基于当前的宏观背景和客观推动因素，展开对科技创新先导型企业的研究。

一、科技创新先导型企业的特征

科技创新先导型企业通常具有以下六个特征。

（一）高度的战略性

许多科技创新先导型企业在国家经济、国防科研、生产领域占有举足轻重的地位，是行业或专业代表，其科研、开发、制造能力的发展往往着眼于争夺 21 世纪的战略制高点，具有长远意义。例如，中国科学院、中国工程院下属的许多科技创新先导型企业在基础科研和重点工程中都承担着关键攻关工作。

此外，实现新的战略目标需要加快发展高技术产业、培养新的经济增长点，以此来实现产业结构调整和升级。科技创新先导型企业是高新技术产业的雏形，其中的每一家企业在几年之后都有成为世界级科技企业的可能。

科技创新先导型企业主要由国家科研机构出资建立，是国有资产的一部分。科技创新先导型企业的高速发展，不仅是国有资产量的增加，更是质的提高，是国有资产控制力度的提高。对地方政府来说，科技创新先导型企业的高速发展关系到地方经济的振兴及行业和企业国际竞争能力的提升。

（二）高度的创新性

创新是一切技术的共性，高技术的创新主要来源于大规模的科研创新。它不是在原有技术道路上的积累，而是以现代科技的最新成就为基础，开辟与过去有着本质差别的新的技术途径。因此，高技术是比其他一切技术更具前沿性的创新技术。

科技创新先导型企业一般具有自主知识产权或专业技术秘密，这类企业创建的前提都是科研院所在长期的科研开发中积累的科研成果（技术或产品）有一定的市场需求，而企业在市场需求的牵引下又不断开发新的产品。

（三）高度的辐射性

科技创新先导型企业的产品一般处于综合交叉性较强的技术领域，属于市场拓展型，因而能广泛渗透到各个传统产业部门，进而提高产品质量，促进产品更新换代，减轻劳动强度，节约原材料和能源，提高生产效率，使传统产业转移到新的技术基础上，大幅度提高技术进步水平。

这些高技术产品的市场需求呈现批量小、规格多的特点，是相关行业产品或者生产装备中不可或缺的关键配套件。

这些配套件主导着所配套的产品、生产装备的技术水平。这些高技术产品辐射到各行各业，所诱发的市场规模和经济社会影响都远比高技术产品本身大得多，既发掘了潜在市场，又形成了新的经济增长点。

（四）高度的竞争性

科技创新先导型企业步入市场后，面临来自"三资企业"、国外企业、民营企业乃至同行科技创新先导型企业的竞争。这些竞争包含人才的竞争、信息的竞争、管理的竞争、市场的竞争和资金的竞争，是全方位的竞争。竞争带来的不仅是新产品、新策略，还有新客户，更重要的是不断推动企业提升科技创新能力，给客户提供更多的式样和选择，满足市场差异化的需求。

（五）高度的风险性

科技创新先导型企业研究的产品大多处于技术前沿，具有超前特点，在构思、设计和实施方面都具有不确定性，成败难以预见。另外，该类型产品在国际、国内高技术领域的竞争日趋激烈，同一产品的研究往往有数家乃至几十家企业齐头并进，竞争结果难以预料。

加之国内市场的风险因素，以风险基金为代表的金融资本还不能对高技术研究开发提供足够的资金支持，因此科技创新先导型企业需要自筹资金来支撑其研发，蕴含的潜在风险对企业而言很高。

（六）高度的时效性和增值性

激烈的竞争和巨大的风险，对产品和技术的时效性要求特别强。科技创新先导型企业应充分认识到，只有随时分析、研究市场，适时地向市场投放最新产品，才可能取得最佳收益。

科技创新先导型企业的科研成果经转化应用于产品之中，可以大幅度增强产品功能，显著提升劳动生产率、资源利用率和运作效率，从而使企业获得巨大的经济效益和社会效益。

二、科技创新先导型企业的运作机制

（一）科技创新先导型企业的类型模式

（1）将科研与生产相结合，建立科技创新先导型和技工贸一体化的高科技企业。企业应根据高新技术发展需要，将国家科技攻关和生产经营活动相结合，以市场为导向建立营销组织、开展市场活动，形成以研究所为主体的新的技工贸一体化科技创新先导型企业，使技术、生产、经营、贸易成为一体。这类企业的核心特征是产品技术密集程度高，竞争力强。

（2）所办型企业。所办型企业是研究所根据自身条件，依靠自身力量，通过自筹资金、自组队伍创办管辖的企业。这类企业以研究所的科技成果为依托，以高新技术产品为龙头，以实验工厂的形式，通过建立中试基地加速科研成果向现实生产力转化，同时又为研究所创收了相当部分的科研经费。

（3）厂、所优势结合，组成联营企业。高新技术转化研究所和企业共同组建联营企业。这类企业通常由研究所出技术、其他企业出场地，双方共同投资成立。厂、所联营能发挥双方各自优势，是目前科技创新先导型企业比较成功的模式。

（4）以高新技术产品为龙头，以研究所实验工厂为基础，建立的中试生产基地，它能把更多的科研成果或产品向企业扩散。

（5）顺应高科技产业发展规律，结合专业发展特点，从事业型向企业型转变的科技创新先导型企业。这类企业将科研、生产融为一个整体，既有研究所的特点，又有生产厂的性质，科研开发能力和生产能力都很强。追究其历史，有的是研究所向企业转变而来，有的是生产企业向研究所演变而来。

（二）科技创新先导型企业的机制建设

（1）明确科技创新先导型企业与一般企业的不同之处。科技创新先导型企业能将国内属于先进适用的科学技术迅速转化为现实生产力，它应该是现代企业中运用科学技术最快、最成功、最有效的先锋和尖兵。

科技创新先导型企业与国家一级、二级企业相比，具有以下四个特点。

- 科技创新先导型企业以科技为企业发展的主要推动力，而不是依靠劳动力和资金投入进行扩张或对资源进行垄断。
- 科技创新先导型企业具有较强的创新意识，企业不断地开发新产品，不仅产品升级换代的速度快，而且十分注重产品质量，适应市场变化的能力强。
- 科技创新先导型企业的评估体系不是单纯的经济指标，而是将科技进步指标和经济效益指标相结合、动态指标与静态指标相结合、定性指标与定量指标相结合。
- 科技创新先导型企业着眼于未来的发展，注重人才的培养、开发和使用。

（2）重视增强企业干部、职工群体的科技意识。创建科技创新先导型企业是为了深化改革，推动企业的科技进步，使企业走上长期稳定发展的道路。所以工作的重点不单单与企业的科技管理部门和企业的技术开发部门有关，与企业的领导、干部队伍、技术人员、工人也有密切关系。

长期来看，科技创新先导型企业在经济效益方面较一般企业往往增长幅度要大得多，但在短期内有可能出现背离的情况，这是由市场和科技的投入产出周期决定的。另外，由于任期制和目标责任制，企业内部容易出现缺乏技术进步的动力机制，对先进技术的开发被迫向短期经济利益让步的情况。这容易导致科技创新先导型企业的建设流于形式，实际效果不显著。

因此，企业领导首先要牢固树立依靠科技振兴企业的战略，把不断吸收和消化现代科技成果并使之转化为本企业的生产力作为企业的工作重心，坚定地依靠科学技术来发展企业，保持这种战略不能动摇。

以上思想还应该深入到全体员工的心中，成为全体员工的共同目标和奋斗纲领，让员工真正认识到自己在创建科技创新先导型企业过程中所负的责任，从而发挥自己的聪明才智和奉献精神。只有整个企业上下认识统一，才能使创建工作更深入地在企业中展开。

（3）将企业的发明创造和技术革新提升到一个新的水平。发明创造是企业活力的源泉，技术革新是企业生产增长的助推器。而发明创造、技术革新都需要依靠具有创新力的科技人才，企业如果没有自己的高水平人才队伍，创建科技创新先导型企业将成为一句空话。

企业可以通过"送出去""请进来"的方式组织现有科技人才再学习，更新知识，提高研究水平，通过给高水平的技术人员配备助手的方式，组织培养新生力量。需要指出的是，通过企业内部管理机制的改革，企业中能够真正形成尊重知识、尊重人才的良好风气，激发起广大员工发明创造、技术革新的热情，使他们既有外部压力，又有内部动力，从而真正激发自身的创造潜力。

此外，企业应该鼓励员工为发明创造、技术革新成果申请专利。专利申请量是企业科技进步程度的一个衡量标准。企业应该普及专利法规知识，采取措施将发明创造、技术革新付诸实施，让其成为推动企业科技进步和经济效益提升的重要力量。

（4）建立相对独立的科技研发机构。企业是生产产品的单位，只有凝聚在产品上的技术和智力含量不断增长，成本降低，市场规模提升，企业的经济效益才能不断提升。

因此，企业应该建立相对独立的科技研发机构，使其在人、财、物上有一定的自主权，且科技研发机构最好由企业主要负责人直接领导。企业的科技研发机构，实质上是企业与外界科学技术机构联系的接口。企业通过这一接口，可以将企业现状与现代科学技术状况联系起来，使现代科学技术成果源源不断地流入企业并变为企业的新产品、新工艺。

总之，企业自建科技研发机构具有科研开发与生产结合紧密、科技人才来源广泛及科研经费可靠等优势。

（5）不断完善科技创新先导型企业考核指标体系。对企业的科技进步状况进行定量考核是创建科技创新先导型企业的一个重要特点，也是实现动机、行为、效果相统一的重要环节，其导向功能、激励功能和约束功能是不言而喻的。

但是现有的各种各样的考核指标都有不少缺陷，例如，定性指标过多、定量指标过少，静态指标偏多、动态指标偏少。因此，不同类型、不同行业的企业应该依据实际情况对考核指标体系进行修改和补充。

考核指标体系的修改和补充应重点考虑以下三个方面。

- 指标的设立要具有全面性、科学性、可比性和操作性，要与经济指标结合，既要有相对指标，也要有绝对指标。
- 要以动态、定量指标为主，以静态、定性指标为辅，力求指标能够较为准确地反映企业科技进步的特征和全貌。
- 应设立主要方面指标，包括科技投入、新产品投产数、优质产品产值率、人均创税利额、创（节）汇额、能耗、物耗下降水平等。

三、某 C 工业企业打造科技创新先导型企业改革实践

某 C 工业企业由有着悠久历史的两家大型工业制造企业重组而成，本次战略重组将充分发挥两家企业技术产品互补优势及装备系统集成能力，形成系列产品和全领域专业技术覆盖的布局，进一步突显某 C 工业企业在装备领

域内的地位和作用。因此，对某 C 工业企业而言，打造科技创新先导型企业有优良的传统、坚实的基础、难得的机遇和紧迫的需求。在进入新发展阶段后，该企业要以打造一流的装备研发制造基地为战略使命，打好关键核心技术攻坚战；要以系统观念为重要方法，大力提升创新效能，加快在传统优势领域、未来战略必争领域落子布局，加快打造工业领域重要的创新策源地。

在顺利完成整合后，某 C 工业企业抓住机遇，展开科技创新先导型企业总体转型方案的实施工作，明确转型目标和当前面临的现实困难及潜在挑战，基于当前的宏观背景和客观推动因素展开对科技创新先导型企业的转型实践。

在具体路径上，某 C 工业企业以体制机制改革创新为抓手，在很多维度上进行了突破性的创新。

首先，在组织功能定位上，某 C 工业企业围绕重视研发、服务研发来重新设计企业的组织结构。新的组织结构在解决自身问题的基础上，重新确定研发的定位，以促进研发成果快速转化、提升快速迭代能力为紧迫任务，加快科研成果从样品到产品再到商品的转化，建立强大的科技成果转化系统。某 C 工业企业对原有的各研发部门进行了资源的重新整合，按照企业发展需求对相关的人才资源、设备资源进行了战略性规划，单独设立技术基础研究所等部门，着力进行基础创新研究；同时着力提升整体运营效率，消除部门墙的阻碍，实施大部制改革，进一步减少沟通成本。

其次，某 C 工业企业进行了研发观念和研发导向的转换，实现从制造匹配机构客户需求向研发匹配未来战争需求观念的转变，做到对未来应用场景形式进行预判。同时某 C 工业企业也明确了研发导向必须从工程化、机械化产品向原始创新、基础创新、前沿创新转变，要以打好基础、储备长远为根本大计，推进重大基础研究，瞄准世界科技前沿，抓住大趋势，遵从规律性，下好先手棋，努力实现更多从 0 到 1 的突破。具体而言，就是从项目论证阶段导入新的研发理念，研发阶段进一步通过相关流程设计去落实相关观念和导向问题。

再次，某 C 工业企业通过建立新的考核体系和运作流程，促进组织效能的提升。例如，通过建立含有经营性指标的考核体系，促进企业经营业绩的提升，实现工业产品市场开拓目标；同时对企业的运作流程进行优化，增强容错性，鼓励和支持创新。某 C 工业企业通过对研发体系、制造体系及职能管理体系的制度流程进行全方位梳理，发掘流程断点和制度漏洞，并对整体的管理体系进行优化，在明确新的考核指标体系的基础上，通过相关绩效管理手段进一步提升管理效率。通过构建生产一代、储备一代、研发一代的格局，某 C 工业企业不断推出更强性能、更高质量、更具优势的新产品，形成了快速迭代的机制。

然后，某 C 工业企业在优化产业布局、提升资产运营能力、优化资产结构上进行突破改革。例如，对产业布局进行重新规划，明确重点发展产业和拟退出产业，进行重点布局和重点突破，在产业上形成核心优势；对企业下属的各类资产进行盘点并分类管理，重视发挥经营性资产的经济效益。通过资产运营提升自我造血能力，并通过合理的投资经营模式及产权形式，预设各项资产管理指标以实现高效的资产管理和财务控制，大力提升科技产出效率，把科研经费用在刀刃上，对国家战略科技攻关任务、关键核心技术等进行持续投入、重点投入；切实解决科研需求"两张皮"问题，形成需求牵引科技攻关、科技攻关引领创造需求的良性循环。积极打造强协同性、高开放性的创新体系，促进内部大协作。

最后，某 C 工业企业通过大力革新人才激励机制来实现引才引智，优化人才队伍，提升全员研发创新的积极性，达成由生产牵引向研发牵引转变的战略目标。在选人用人机制上，某 C 工业企业做到不唯年龄、不唯学历、不唯资历、不唯出身，注重组织管理；同时完善有利于激发创新活力的激励保障机制，推动企业切实改进人才分类评价制度，破除将薪酬待遇等与人才"帽子"简单挂钩的做法；完善基于绩效考核的收入分配机制，落实研发成果转化奖励政策，精准激励保障服务国家战略、承担重点项目的重点人才和重点团队，形成鼓励承担国家重大任务、潜心重大基础前沿研究、突出重大业绩贡献、体现公平公正与激励约束的科技人才收入分配制度体系。

通过实施以上措施，某 C 工业企业在企业发展方向上从上到下达成了共识，即通过科技创新带动企业未来发展。新的组织结构在相当程度上打破了部门墙，对提升整体运作效率起到了积极的作用。同时本着提升效率和效益的原则，各部门通过跨部门研讨和协调对运营管理体系中的突出问题进行了重点突破，如长期困扰企业的科研与生产的转段问题。某 C 工业企业通过对研发人员的激励倾斜，进一步提升了研发人员的积极性，形成了勇于创新、积极创新的氛围，使组织创新、机制创新、产业布局创新、管理创新和人才创新五大创新发挥合力，共同促进某 C 工业企业向科技创新先导型企业成功转型。

3. 区级国有投资平台战略规划的核心要点

▶ 正略战略实施研究中心

30 年来，正略咨询在区级、市级乃至省级国有投资平台的战略规划中积累了丰富的一线项目实操经验。

在具体的区级国有投资平台战略规划中，正略咨询发现省市级国有投资平台当中的很多经验在区级国有投资平台上用不上。这是为什么呢？区级国有投资平台都有哪些典型特征呢？具体的战略规划应该注意哪些问题呢？核心要点分别又有哪些？本文将深入探讨这些问题。

一、区级国有投资平台的典型特征

省市级国有投资平台基本是通过战略投资，代表政府意志放大资本效应，促进战略性新兴产业发展，等等。它们在定位上有相似之处，但在各自的产业方向上需要根据自然禀赋进行相应调整。

区级国有投资平台也是投资平台，也有一定的战略投资功能，但从区级政府的角度来讲，并没有完全把它作为一个投资公司或者投资平台使用，往往会赋予它很多功能性的任务。下文主要以正略咨询的客户——某区级国有投资平台为例，为大家剖析区级国有投资平台的三大典型特征。

1. 功能性大于投资性

区级政府给本文中的案例公司规划了四大功能：招商引资服务、城区开发运营、新兴产业引领、民生服务保障。其中，招商引资服务的功能在实际任务当中只占了很小的比例。

区级里往往还有其他平台公司，它们大部分都带有功能性，这就决定了其功能性大于投资性。

2. 资源条件有限

区级国有投资平台跟省市级国有投资平台最大的区别在于资源条件有

限，往往存在产业基础薄弱、载体质量差等情况。

案例公司占比较大的功能是招商引资服务，还有一些城区开发运营、民生服务保障功能。但实际上，案例公司所服务区域的产业基础非常薄弱。

在城市区域招商引资，能否顺利在很大程度上取决于载体的质量，即写字楼、办公楼等的质量。而从案例公司的情况来看，其载体质量不高。所以，从资源条件上来看，案例公司要完成这几大功能，是有相当大的难度的。

3. 赢利能力弱

在一般情况下，区级国有投资平台的赢利能力都不是很强（赢利不是区级政府的主要目标）。其中，大多数平台收入来源单一且欠缺自我造血的能力。案例公司的主要收入来源为租金，其他收入来源只占很小的比例。因此，市场化程度不强、组织管理能力弱是该类平台普遍存在的问题。

案例公司平台虽小，但很特别，所以它的规划就比较难做，且可参考的案例较少。所以，从这个角度上来讲：第一，你不能把它当作一家普通的企业来看待；第二，它的资源条件非常有限；第三，它的管理能力也比较差。在这样的条件下，企业要做好战略规划是有一定难度的。

二、如何进行具体的战略规划

在具体的战略规划中，有两个核心要素一定要牢牢抓住。

1. 真正地分析透和理解透其具体需求

在分析过程中，首先要分析案例公司面临的核心问题，从核心视角出发，细化分解它真正的问题。真正的问题并不是投资功能的相关问题，而是企业本身的性质、资产导向、相关的资源等实际问题。

其次，既要分析国有投资平台的一般发展规律和一些核心价值，也要具体地分析案例公司的核心任务和诉求，然后基于这两点把最核心的矛盾归纳出来，从导向、产业联动、资产资本，以及经营功能、社会保障功能等方面进行细致剖析。

2. 提供一个非常明确的思路

基于前期的研究，正略咨询为案例公司设计了三部曲的战略发展规划：短期以招商为主，中期慢慢培养资产经营、科技服务的能力，长期回归到战略投资的核心上来。

正略咨询在为案例公司设定具体的战略规划之前，预先设定了以下两个标准。

第一个标准，要遵循国有投资平台发展的一般规律。一般国有投资平台的发展，短期为政府政策导向，中期慢慢过渡到服务导向，长期再调整为市场导向。

第二个标准，要遵循所在区级政府对国有投资平台的指导意见，即顺势。方向性的问题解决完之后，平台才能进行具体的战略规划，战略规划需要有实实在在的可落地实施的东西。

这些东西怎么推导出来？在这个过程中，平台要有针对性地根据具体任务，针对问题和弱点找到核心诉求并提供相应的解决办法。

比如，为了克服产业基础差、资源条件有限的弱点，就要采用差异化的招商模式。而金融投资板块因资本能力和专业化经营能力较弱，就不能按常规直接投一些战略性产业，而应考虑建立一种先投基金、再投产业的模式。

在控制资产运营板块，需要优化重点，可以采取一些专业化运营、市场化运营的手段，同时还需兼顾不良资产的处置、非主营业务的收缩等。平台真正要提出一个好用的、可操作的方案，难度还是很大的。以招商引资为例，怎么提方案都会陷入一个困境——巧妇难为无米之炊，即案例公司本身没有任何的产业基础，也没有相应的优势载体。

陷入类似境况，该如何破解呢？正略咨询有一个策略叫借船出海、差异化招商，这是正略咨询在实操中总结出来的。通过研究案例公司，正略咨询发现其功能区内大学较多，教育资源、科研资源丰富。从这个角度来讲，培训孵化是一条可行的招商引资的核心路径，也是一条相对可操作的路径。

但仅有这条路径不足以支撑案例公司满足区级政府的要求。所以，在此基础上，正略咨询又根据项目经验灵活运用了借船出海、差异化招商策略，设计出了以下两条路径。

一条路径是承接外溢产业。该路径适用于本身没资源，但是周边有一些可借用的好资源的公司，有助于公司引进周边区域已有的优势。案例公司所在地周边恰恰有本市的几个大型功能区，具备引进条件。正略咨询调研后发现周边的一些核心功能区有外溢的需求，并有其他区承接外溢的相关案例，确实是一条可行的路径。但案例公司缺乏优质的载体（写字楼、办公楼），因此具体落实还需要争取相关支持。

另一条路径是招大引强。谁都想招大引强，但招大引强要有资本、有条件。资本和条件的获取与具体的支持力度有关，因为不确定性相对较强，所以只有做好借船出海、差异化招商，才能保证具体举措的可操作性。在案例公司的具体战略规划中，正略咨询提出了以下三大配套机制。

第一个是联动，利用载体的优惠功能、联动功能进行招商。

第二个是全员招商，案例公司现阶段的资源条件不好，可以借用人力弥补。

第三个是营商服务的改进，案例公司作为一家功能性的公司，需要进行整个营商环境和营商服务的改善。这样做虽难度较大，但并非无法操作。

对于金融投资板块，区级国有投资平台也要注意相应的特点。对区级国有投资平台来讲，完成区级政府的重点任务是核心。在任何业务的发展当中，区级国有投资平台都应特别注意预防风险。另外，不同区之间存在部分竞争关系，从区级政府的角度来讲，区级国有投资平台尽量不要跨区或跨市运营，这本身就是一个相应的区域限制。在业务选择的过程中，战略投资要选择比较合适的方法，所以正略咨询在规划的过程中首先选择了投资基金。

三、区级国有投资平台战略规划的四个核心要点

区级国有投资平台战略规划的四个核心要点如下。

1. 一定要牢牢抓住区级国有投资平台功能性任务大于市场化任务的本质特征

区级国有投资平台在做规划的时候，一定要把完成区级政府的重点任务作为整个战略规划的核心，并在此基础上兼顾一定的市场发展需求，这是区级国有投资平台与其他平台（如审计和数据平台）最核心、最典型的不同。也就是说，我们不要把区级国有投资平台当作一家市场化的公司，甚至不要把它当作一家纯粹的公司，而应把它当作一个功能性的机构。理解透了这个特征，我们才能真正做好具体平台的规划。

2. 在业务规划过程中一定要以本区域的业务为主，且最好以政策性业务为主，避免发展纯粹的市场化业务

区级国有投资平台要以满足区级政府的功能应用为主，因为资源和能力有限，即使设计了纯粹的市场化业务，实际上也难以落地，且在某种程度上还会增加整体发展的风险。

3. 在任何一个板块乃至任何一个举措的设计当中一定要考虑其风险

从案例公司来说，我们首先想到的不是投资本土产业（因为这样做风险太大），而是从基金着手，缓解它的一些矛盾，将该收缩的收缩。风险是方案设计要重点考虑的内容。

4. 因为资源及能力不足，所以战略规划需要明确借船出海、差异化招商

在具体的战略规划中，既要保障发展路径的可操作性，也不能把目标定得太小。如何制定适合区域发展的战略规划，是科学，也是艺术，毕竟每家企业的状况都不一样，不能一概而论。

因该类型公司的特殊性，其管理架构的调整需要具体问题具体分析，在组织变革、人事调整等方面需要谨慎、合理。

以上为区级国有投资平台战略规划的一些核心要点，供大家参考。虽然每一个国有投资平台的状况都是不同的，但我们相信大部分国有投资平台具有以上这些核心特征。

4. "十四五"期间国有旅游投资公司深化改革思考

▶ 正略文化旅游研究中心

近年来，随着旅游业的不断发展，旅游消费市场与旅游投资市场迈入双向互动、良性循环的新阶段，旅游投资将在"十四五"期间展现出巨大的发展潜力。

对国有旅游投资公司而言，面对需求变化日新月异、市场竞争日益剧烈、技术发展眼花缭乱的情况，再叠加不确定的外部发展环境，公司内部的深化改革攻坚就成了必须打赢的生存之战。与此同时，政府也已经出台了各项政策鼓励深化体制机制改革。在内部驱动力与外部推动力的共同作用下，国有旅游投资公司应把握好"十四五"期间的机遇与挑战，着重深化改革工作。

本文将从混合所有制改革、治理结构改革、监督体系改革、三项制度改革与职业经理人改革这五个方面，对"十四五"期间国有旅游投资公司深化改革进行思考并提出思路。

一、混合所有制改革

（一）混合所有制改革的意义

许多国有旅游投资公司受国有资本的性质限制，资产流动性不高，市场资源配置有限，内部管理结构固化，投资领域单一。随着居民出游需求增多，旅游产业进入快速成长期，国有旅游投资公司面临变革创新的挑战，急需资金投入和市场资源调配。要在"十四五"期间谋求进一步发展，国有旅游投资公司需尽快推动混合所有制改革，引入外部投资者。

近年来，旅游产业已逐渐形成民营为主、国有企业和政府共同参与的多元主体投资格局。在混合所有制改革中，非国有资本的外部投资者的加入将会促使公司的资本流动加快、资金池增大，并促使国有旅游投资公司内部产权优化调整，不断健全管理模式、组织结构和激励约束机制等，从而推动公司更好地适应市场化运行，对相应的市场资源进行合理配置。另外，投资多元化将刺激国有资本调节，真正实现"1+1>2"的效果，大幅度提高国有旅游投资公司的整体竞争力。

江西省旅游集团自2017年以来实施多级企业混改，帮助其激发动力、迸发活力、提升战力。短短几年时间，江西省旅游集团已成为中国旅游集团20强，营业收入增长了5倍，成为江西"旅游强省"的尖兵企业。

（二）改革趋势

"十四五"期间，混合所有制改革仍是重要的改革方向，改革的焦点可能从"混"转向"改"。而随着旅游产业不断涌现出新形式、新方向、新需求，仅有多元资本和模式的"混"远远不够，只有加大"改"这一核心力度，进一步调动投资者带来的市场要素和社会资本这些活力之源，才能真正激发用户群精细化、景区项目创新化、游玩主题创新化的旅游产业发展潜力。

正略咨询预计，"十四五"期间，混合所有制改革中的产权转让、增资扩股、投资并购、出资新设、上市重组（包括首发上市和上市公司资产重组、发行证券、资产注入、吸收合并）、员工激励等措施的重点都将落在"改"上。

（三）改革要点

1. 分层分类推进混合所有制改革

"十四五"期间，"改"将成为重点，国有旅游投资公司需采取分层分类模式推进混合所有制改革，进一步重视股权结构的合理设计与调整。例如，引入高匹配度、高认同感、高协同性的战略投资者，探索建立科学高效的差异化管控模式，推进深度转化经营机制，充分发挥非国有股东的积极作用，从而实现"国企要聚焦主责主业，健全市场化经营机制，提高核心竞争力"的改革要求。

2. 挑选合适的外部投资者

混合所有制改革除了需要引入资金支持，还将涉及投资方文化与模式的融合、技术与管理的支持。因此，国有旅游投资公司在"十四五"期间的改革过程中，需将挑选合适外部投资者的任务放在首要位置，结合国家出台的政策文件和上级要求，综合软硬实力及自身的发展战略与方向挑选合适的外部投资者，完成改革。

2017 年，江西省旅游集团与阳光保险集团、建银国际控股公司、上海积厚资产管理有限公司等战略投资者签约，聚集多元社会资本力量，谋求实现量质双提升、双发展。

3. 加强经济协作

虽然大多数国有企业进行了混合所有制改革，但在很多企业中，国有持股仍"一股独大"，国有资本牢牢掌握着企业重要发言权，忽略了其他资本的声音。企业运营思路受到限制，导致改革后的发展不进反退。对此，"十四五"期间，国有旅游投资公司可以采用各方加强经济协作的方式，避免话语权与分红的失衡，充分利用各资本方的产业资源，真正激发混合所有制的核心优势。

二、治理结构改革

（一）治理结构改革的意义

目前，很多国有旅游投资公司仍存在不少弊端，如权责不清、约束不够、缺乏制衡、董事会形同虚设等，这些弊端可以归结为治理结构不健全、治理机制扭曲等。"十四五"期间，旅游行业将进入高速发展阶段，市场变革加快，竞争加大。面对这一发展趋势，以前的治理结构将无法适应发展要求，只有进一步健全各司其职、各负其责、协调运转、有效制衡的治理结构，国有旅游投资公司才能解决以上的难点、痛点，保证公司在市场中站稳脚跟并实现快速发展。

（二）"十四五"期间改革趋势

"十四五"期间，国家将进一步深化国有企业改革，加快完善国有企业法人治理结构和市场化经营机制，建立有别于国有独资、全资公司的治理机制和监管制度。其中，法人治理结构的改革颇为重要，这也将成为"十四五"时期改革的一大重心。

（三）改革要点

2017 年，国务院办公厅印发的《关于进一步完善国有企业法人治理结构的指导意见》中提到，进一步提升国有企业运行效率，进一步健全各司其职、各负其责、协调运转、有效制衡的国有企业法人治理结构。结合中央顶层设计要求，国有旅游投资公司在"十四五"期间进一步完善法人治理结构的流程可以分为五步：理顺出资人职责、加强董事会建设、完善经理层管理、加强监事会建设、落实党组织领导。

1. 理顺出资人职责

股东会是公司的权力机构，出资人机构根据本级人民政府授权对国家出资企业依法享有股东权利。对于国有独资公司，公司不设股东会，由出资人机构依法行使股东会职权；对于国有全资公司、国有控股企业，出资人机构主要依据股权份额履行职责，除法律法规或公司章程另有规定外，不得干预企业自主经营活动。国有旅游投资公司在"十四五"期间，需理顺出资人职责，加强公司管理。

2. 加强董事会建设

公司治理中最重要的机构之一就是董事会。董事会是公司的决策机构，要对股东会负责，执行股东会决定，根据公司的长远发展目标合理协调各方利益、承担责任与风险，依照法定程序和公司章程授权决定发展中的重大问题，管理监督经理层。国有旅游投资公司需优化董事会组成结构，规范董事会议事规则，加强董事队伍建设。

3. 完善经理层管理

经理层是公司的执行机构，对董事会负责，接受董事会管理和监事会监督。国有旅游投资公司应建立规范的经理层授权管理制度，对经理层成员实行与选任方式相匹配、与企业功能性质相适应、与经营业绩相挂钩的差异化薪酬分配制度，积极探索推行职业经理人制度，实行内部培养和外部引进相结合策略，疏通企业经理层成员与职业经理人的身份转换通道。

4. 加强监事会建设

监事会作为公司的监督机构，依法对董事会、经理层成员的职务行为进行监督。国有旅游投资公司应充分认识加强监事会建设的重要意义，提高专职监事比例，增强监事会的独立性和权威性，推进监事会工作规范化、制度化。

5. 落实党组织领导

"十四五"期间，落实党组织领导将成为新的改革重心。国有旅游投资公司属于国有企业，要充分发挥党组织的领导核心和政治核心作用，支持董事会、监事会、经理层依法履行职责，保证党和国家方针政策的贯彻执行，同时要充分发挥纪检监察、巡视、审计等监督作用，积极探索将党管干部原则与董事会选聘经营管理人员有机结合的方法。

三、监督体系改革

（一）监督体系改革的意义

"十四五"期间，随着旅游产业发展步伐加快，各种创新层出不穷。国有旅游投资公司作为紧跟旅游市场变化与发展方向的投资者，需借助监督体系，促进公司协调各方、整合资源、一齐发力，确保公司内部秩序及各类项目风险得到妥善管控，真正实现稳定发展、提能增效。完善监督体系是国有旅游投资公司在"十四五"期间提高运行效率与质量的重要保障。

（二）"十四五"改革趋势

完善监督体系仍是"十四五"期间改革的重要要求。结合混合所有制改革的要点，国家将进一步探索建立有别于国有独资、国有全资公司的治理机制和监管制度，同时推动对国有资本不再绝对控股的混合所有制企业探索实施更加灵活高效的监管制度。

（三）改革要点

1. 善用信息科技手段

"十四五"期间，各项科技创新将发展成熟，国有旅游投资公司要善于将信息科技与监督体系相结合。其一，各类业务资料信息化、电子化，各项监管手续自动化、程序化，便于随时审阅，降低人力、物力，实现 PDCA 管理模式。其二，提高公司自我管控、精准自查的频率，提升风险预警能力。

2. 加强监督体系建设

"十四五"期间，国有旅游投资公司要落实完善监督体系建设。其一，加大内部监督力度。例如，运用执纪问责"四种形态"，在各环节，对各负责人落实内部监督要求，明确过程可追踪、人员可认责，不摆虚架子，不喊虚口号。其二，将监督与考评相结合，对监督结果进行评审、公示，突出关键人、关键事，量化考核标准，奖罚分明，以提升员工积极性，规范员工行为。其三，不同监督体系明确职权，协同一致，相互补充、相互协调落实监督要求。

四、三项制度改革

（一）三项制度改革的意义

国企的三项制度改革是针对劳动、人事、分配制度的调整革新，目的是通过实现"员工能进能出、干部能上能下、收入能增能减"来提高企业选人用人的效率，增强企业的内部动力，从而推动企业高效、长远发展。旅游业日新月异，国有旅游投资公司的发展依赖于公司精确的投资眼光、缜密的战略思维、完善的人员体系，而这些都与选人用人息息相关。"十四五"期间，通过以人为主线的三项制度改革，国有旅游投资公司将进一步提升市场竞争力，紧跟旅游业变革热点，实现发展跃进。

（二）"十四五"改革趋势

"十四五"期间，三项制度改革仍将持续助力战略规划落地，推动企业快速健康发展。结合改革经验和发展趋势，人事改革将会倾向于竞争驱动，加强市场化竞争；劳动改革将会倾向于价值驱动，综合考虑市场价值、岗位价值和员工价值；分配制度改革将会倾向于市场驱动，强化市场资源配置作用，设置灵活多样的激励方式。

（三）改革要点

1. 推行市场化选人用人

高质量人才是公司发展的基础，员工各展其长是公司高效运行的前提。

"十四五"期间，国有旅游投资公司应摒弃传统的选人限制，打破身份约束，推动人员选拔的市场化竞争，公开招聘制度、明确招聘目标，留用优秀人才并根据个人特长分配工作；保持一定的人员流动，根据员工的个人贡献及能力进行岗位调整，对不符合任职要求的员工依法解除劳动合同。通过"按需用工、灵活配置、优胜劣汰、进出通畅"的市场化用工模式，国有旅游投资公司就可以打造高效的人力资源管理体系。

2. 深化薪酬分配体制改革

薪酬分配体制会影响人员的流动及个人能力的激发。重庆旅游投资集团有限公司进行薪酬分配体制改革后，更好地调动、激发了员工的积极性，实现了快速发展。

"十四五"期间，国有旅游投资公司需深化薪酬分配体制改革，以激发人才活力、推动企业发展。首先，完善整体薪酬管理分配体系，优化内部收入调整机制，形成完整的薪酬框架；其次，采用分层分类的考核机制，将考核结果与薪酬相结合；最后，推行切实有效的中长期激励机制，对高层人员推行持股分红制度，将产业发展与个人成就相结合，激发个人潜能。

五、职业经理人改革

（一）职业经理人改革的意义

随着民营旅游经济进入市场红利驱动第二阶段，旅游易入门、高收益的特点吸引了大批企业和资本加入。"十四五"期间，旅游行业的市场竞争日益激烈，经营管理也日渐复杂。许多国有旅游投资公司面对激烈的竞争，无法适应复杂的经营管理要求，亟须推行职业经理人制度，由专业的管理人才带动发展。《关于深化国有企业改革的指导意见》中也明确提出了要合理增加市场化选聘职业经理人的比例。推动职业经理人改革，这项工作一方面提升了公司决策执行的效率，另一方面促进了公司运营管理的专业化，推动完成国有旅游投资公司的效益增长及可持续发展。

（二）"十四五"改革趋势

职业经理人制度在过去的改革中激发了公司的活力、推动了公司的长远发展，不难推测，"十四五"期间，国家会进一步加快建立职业经理人制度，大力推行经理层任期制和契约化管理。

（三）改革要点

1. 推行任期制和契约化管理

职业经理人任用模式一般有三种，即聘用制、责任制和任期制。其中，任期制限制了任期期限，明确了岗位权责。契约化管理明确了契约关系、相应的考核内容及奖惩。"十四五"期间，任期制和契约化管理的结合将会完善国有旅游投资公司领导人员分类分层管理制度，提高职业经理人的任用效率。

2. 加强职业经理人监督管理

国家鼓励公司针对"三个区分开来"要求，按照公私分明、尽职合规免责原则，建立健全并细化相关工作机制，形成可落实、可操作的制度安排。"十四五"期间，国有旅游投资公司应对职业经理人严格限制任期，不随意延长时限；建立健全监督体系，明确职能分工，做好履职监督工作；明确责任，若在经营投资中造成国有资产损失或其他严重不良后果的，应严肃追究责任。

六、总结

一方面，随着 5G 时代的到来，增强现实（Augment Reality，AR）、虚拟现实（Virtual Reality，VR）技术日趋成熟，在线旅行社（Online Travel Agency，OTA）平台迅速扩张，冰雪游、定制游、夜间游、旅居生活等旅游新形式不断出现及成熟，推动了旅游产业的变革，提高了对国有旅游投资公司的发展要求。另一方面，国家出台了许多促进旅游产业发展和深化国企改革的相关政策，为国有旅游投资公司深化改革提供了指引与支持。

"十四五"期间，国有旅游投资公司要顺应旅游产业发展趋势和要求，把握时代机遇与挑战，结合混合所有制改革、治理结构改革、监督体系改革、三项制度改革与职业经理人改革等方面，思考、选择最适合的深化改革的路径，在新的发展阶段实现持续稳步发展。

第三章

企业变革

1. 产业新趋势下汽车经销商的转型变革之道

▶ **正略战略实施研究中心**

在汽车产业智能化、电动化、网联化及共享化的"新四化"大趋势下，汽车经销商产业不断发生新的变革，在市场空间、竞争态势、商业模式、客群结构、技术应用等层面展现出新的发展态势。

为兼顾外部环境的变化及内部发展的需求，汽车经销商可以通过对服务的三大维度——空间、渠道、内容进行延展，提升自身的服务质量、运营效率与经营效益，重塑企业竞争力。

一、变革之上——汽车经销商转型的动因

（一）转型源自消费的变化

1. 市场态势的变化

根据中国汽车工业协会的数据，2021 年乘用车产量和销量分别为 2 140.8 万台和 2 148.2 万台，分别同比增长 7.1% 和 6.5%，是继 2017 年连续三年下滑以来，首次呈现站稳回升态势。

"十三五"期间，国内乘用车销售规模总体呈现下降趋势，自 2017 年的峰值 2 471.8 万台至 2020 年已累计下滑近 20%。虽然从 2020 年开始下降态势有所放缓，且在 2021 年重回上升通道，但行业的整体结构及发展趋势却在不断发生变化，这直接增加了汽车经销商的经营挑战与风险，加剧了行业内竞争。根据行业数据，2020 财年，在整体市场受新冠肺炎疫情影响的大环境下，汽车经销商平均收入下滑 12%，从 2019 财年的 1.75 亿元降至 1.54 亿元。但受益于厂商及时调整商务策略，缓解经销商库存压力和在新车销售返利上给予支持等举措，汽车经销商的平均利润水平有所提升。未来国内乘用车市场的年均增速预计为 2%~4%，呈微增长态势。

在这一发展态势中，汽车经销商仅定位于汽车销售环节已不合时宜，应当更多地着眼于服务环节，把汽车销售视作服务的起点与入口，将客户转化为门店、品牌、存货以外的重要无形资产。

未来，汽车经销商与客户之间的交易关系不再是"一锤子买卖"，而是会形成长期服务关系。以客户数据运营为基础的长尾价值挖掘将成为下一阶段汽车经销商的重要价值来源，汽车经销商将建立起汽车营销全生命周期，建立包含品牌传播、产品体验、新车销售、汽车金融、二手车、售后维修、数字化消费、移动出行、车生活等环节的管理体系。

2. 商品结构的变化

虽然 2020 年的国内经济受到了新冠肺炎疫情的影响，但政策上的支持仍使得乘用车销量下降速度有所放缓。得益于对新冠肺炎疫情采取的有效控制手段，我国经济平稳发展之态势不会改变，居民收入及生活水平也在稳步提升。

在收入提升带来的消费升级趋势下，我国居民对汽车的消费偏好在不断改变。

在品牌方面，对于驾驶体验、舒适度及品牌内涵的追求使我国豪华品牌汽车的渗透率不断提升，这在人均 GDP 及可支配收入较高的省区市体现得尤为明显。相较于整体表现低迷的乘用车市场，豪华车近年来销量保持较快增长，2019 年销量增速达 8.6%。同年，豪华品牌汽车经销商网点新增率和停业率分别为 7.9% 和 3.1%，表明豪华品牌汽车经销商运营的稳定性较好。

在车型方面，由于商品短板改善、生育政策推动、消费观念驱动等因素，运动型多功能汽车（Sport Utility Vehicle，SUV）在乘用车中的销售占比正逐步提升，并且即使在受到新冠肺炎疫情影响的 2020 年仍获得了销量增长。2015 年，SUV 占乘用车的销售比例约为 30%，至 2020 年该比例达到 47% 左右。SUV 从传统的大尺寸、高油耗形式逐渐朝着小尺寸、低油耗的形式变化，小型 SUV 的市场占比不断增长，表现出更加快速的增长态势。

3. 消费模式的变化

新零售趋势下，汽车营销与服务也在发生着改变，在选车、购车及用车三大环节上均演化出了新的形态。

在选车上，客户的品牌感知、外观感受、价格残值等信息的来源不仅限于线下门店，线上渠道特别是非垂直领域的渠道信息来源占比近年来增速较快；"Z 世代"（1995—2009 年出生的人群）更倾向于线上搜索，购车决策依据中垂直网站占比在 45% 以上。

在购车上，客户对 4S 店渠道仍保持了较高的意向度，绝大部分客户以 4S 店作为首选的购车渠道，但购车人群年轻化为线上新兴平台带来了发展契机。随着"Z 世代"逐渐主导消费市场，线上新兴平台越来越活跃，尤其是"00 后"客户对新兴平台的接受度已达到 11%。未来随着线上渠道完善、购车人群年轻化、客户熟悉程度提升，线上购车渠道将成为汽车经销商重要的销售渠道。

在用车上，汽车经销商的后续服务链条在不断延伸，车主社交平台及品牌服务正在持续发挥着聚客、保客的作用。在购车之后，客户十分关心厂商提供的品牌活动信息，希望能够从品牌 App 获知或者由门店工作人员直接告知。在活动内容方面，客户更希望获取新车上市、换购活动类的内容推送。另外，越来越多的客户愿意寻求多元化的用车方式，汽车租赁及共享服务的消费意愿正在稳步提升，其中平均收入水平较高的家庭对汽车租赁服务的接受程度较高。

（二）转型源自发展的需求

发展过程中的内部挑战也在不断驱使汽车经销商进行转型变革。在经营过程中，汽车经销商可能会由于客户运营体系、管理管控机制、信息化建设等方面的短板，面临包括基盘客户流失、运营费用高企、业务协同不足、营收增长乏力、品牌影响缺失在内的多个问题与挑战。

同时，随着挤压式竞争日趋激烈，各方势力在各细分领域争夺市场，倒逼内部转型变革，从而对汽车经销商的服务创新、渠道整合、精准营销、多维增效等方面提出了更高的要求。

二、变革之中——汽车经销商服务的"三向升维"

（一）"新零售"服务空间的升维

通过智慧门店升级及门店职能转型，汽车经销商将不断提升资产运营效率及服务能力、质量与效益。

1. 智慧门店升级

数字化智能技术正在不断渗透汽车营销与服务的各个环节。在客户认知、考虑与购买的关键环节中，立足于智慧门店的数字化技术（包括 AR/VR、人工智能、大数据、物联网等）是数字化互动、个性化接待与体验、定制化优惠等服务的重要推手。

汽车经销商应当从服务、运营管理和营销三大维度上全面实现智慧门店的升级。

- 通过全流程的数字化体系、无缝连接 C 端线上综合服务平台来打造服务智慧化体系。在此过程中强调数字化工具的利用，即利用数字化工具完成原本在线下由人工负责的流程，如潜客电销、客户回访等；利用数字化工具提升原有服务的客户体验，如试驾注册、售后预约等；利用数字化工具满足客户未被激发的需求，如违章提醒、透明车间等。

- 通过数字化的考核及运营数据监控系统、标准化的服务管理流程来打造运营管理智慧化体系。在此过程中强调数据闭环的联通，通过将门店运营信息化系统与集团管理运营信息化系统、其他各二级公司或门店数据系统联通，搭建具备客户数据沉淀能力的数据池，强化智慧门店作为流量及数据入口的定位；打通客户从购车前、购车中到购车后涉及的数据链条，确保所累积的有关人口、消费、行为等数据有所归属、有所管理。

- 通过精准进行客户画像与营销、客户全生命周期管理来打造营销智慧化体系。在此过程中强调销售关系的重塑，利用数字化手段建立标准化服务模型，提供更加高效、优质的服务；通过分析后端数据池沉淀的数据得出的结果，引导线下智慧门店对到店客户进行更加精准的营销。

2. 门店职能转型

传统 4S 门店模式将不再是线下汽车销售渠道的唯一选择。通过拆解、重组、新增各模块功能服务，未来以门店为依托的销售场景将更加丰富多样，

1S、2S、3S、4S、5S［4S+ Second-hand（二手车交易）］及 6S［4S+ Sale by amount（团购汽车）+Self hold（个性化售车）］等模式将会因地制宜地铺开。

门店模式与职能的转型对于中端品牌尤为重要，主要原因为中端品牌客户的价格敏感性比高端及豪华品牌客户更强，售后业务容易陷入与连锁汽修店及街边店的竞争当中，严重影响 4S 门店售后业务毛利率及客户返厂频次。另外，随着新能源汽车销售量与保有量占比不断提升，未来新能源产品属性差异将导致售后业务发生结构性的改变，4S 门店的售后服务业务将进一步受到冲击。

因此，对 4S 门店来说，引入包括城市展厅、汽修 2S 门店在内的多元化模式将有利于其构筑更加有效的经营模式。

对城市展厅、汽修 2S 门店而言，它们将承担新车销售、客户体验、精品销售及其他后服务业务入口的角色。通过运营轻模式的城市展厅，汽车经销商可以更加灵活地布局销售网点，摆脱以往 4S 门店倾向于城市外围的传统布局模式，从而提升客户到店数量与品牌曝光度。汽车经销商也可以此为据点向城市内居民、品牌车主提供便利的移动出行服务。

对独立品牌的汽修 2S 门店而言，在摆脱新车销售展厅等模块的影响后，其布局将更加灵活，可以进一步深入社区贴近客户群体，从根本上提升客户的返厂意愿，打造高辨识度、高标准化、自主性强、服务能力强的后市场服务品牌连锁门店。

另外，通过切入多元化的品牌经营，汽修 2S 门店将进一步提升其产能利用率，甚至通过切入高端、豪华品牌维保业务来提升赢利能力。

同时，由于汽修后服务的可持续、可赢利的商业模式，其吸引社会资本的难度将显著降低，这对减少汽车经销商资金占用与经营风险有着重要作用。

然而，传统汽车经销商在开展相关维保后服务业务时，应当重点关注运营团队的培养，逐步构建科学、有效的管理机制，因此前期可以考虑与行业领先企业建立战略合作关系。另外，目前相关市场竞争相对激烈，部分领先企业已在行业内深耕多年，后发劣势也是汽车经销商需要考虑的问题。

（二）"新渠道"服务渠道的升维

以数字化技术打造精准营销体系和线上化的综合服务平台，汽车经销商可以持续拓宽营销与服务渠道。

1. 打造数字化精准营销

近年来，购车客群呈现年轻化的发展趋势，线上化营销与品牌宣传对提升产品认知、拓宽营收和获客来源而言愈发重要。同时，客户由于随时可能被"种草"，其购车决策过程也逐步从线性化结构向网状化结构过渡，即决策链条并非单向地由建立认知到感兴趣、深入了解、到店拜访，最后至购车成交，而是可能出现从不同节点出发直接跨越至到店拜访甚至购车成交的情况。未来的汽车营销方式将更加多元化、深度化、立体化和内容化，从而实现多触点传播、沉浸式体验。

在这个趋势中，汽车经销商应利用数字化技术围绕客户、生态和数据构建起具有自身特色的数字化营销体系，以大数据驱动的数字营销平台实现对客户流量、体验与价值的管理。

数字化营销体系应当根据客户画像进行细分，制定针对性的营销策略，不断跟踪效果，持续优化体系。目前，面对竞争激烈的市场环境，汽车经销商及车企纷纷开拓新型营销渠道，多数主流品牌均开始尝试大规模线上售车，通过汽车资讯平台、短视频平台和电商平台进行"带货"，并提供在线看车、上门试驾、在线购车、上门交车和保养等服务。在一定程度上，这些新的营销渠道和手段的探索促进了汽车新零售的发展。

2. 构建线上化综合服务平台

汽车经销商构建线上化综合服务平台有利于为客户提供更加便捷的汽车服务，提升各服务业务单元间的流量共享与价值创造能力，从而加强对客户全生命周期中长尾价值的把握能力。汽车经销商可以与外部数智科技公司建立合作关系，或在集团内部孵化相关业务部门及子公司，负责搭建线上化的综合服务平台并持续提供客户数据抓取、分析及营销线索转化服务，从而支持线下服务场景中城市展厅及汽修 2S 门店开展精准营销与服务。

综合服务平台包含两大模块——服务模块与社交模块。

在服务模块，汽车经销商可以将其旗下有关选车、购车及用车的信息与服务纳入其中，如线上展厅、线上客服、二手车业务、汽车金融保险、出行服务等，构建一个完整的汽车服务矩阵，从线下服务场景中获取的客户流量将在该模块中实现价值变现、流量共享。

在社交模块，汽车经销商可以为客户开辟具有社交属性的交流板块，并提供车友会、车友论坛、车友活动等一系列延伸服务，通过社交关系增强客户对平台与经销商品牌的黏性。

线上化综合服务平台应当在针对客户的不同环节聚焦解决不同类型的问题。

在获取客户环节，线下服务场景的城市展厅与汽修 2S 门店应当注重线上引导，包括成交客户引导、维保改装服务客户引导等，同时需要关注总注册客户数及新增客户数。在提高活跃度环节，平台应当促进注册客户完成首次服务体验与评价，通过品牌、区域性的活动提升客户的消费意愿，同时需要关注客户服务周期、活跃程度等指标。在提高留存率环节，平台应当确保与客户交流信息的渠道畅通，关注客户参与后服务的频次，对于显著低于平均水平的客户应采取唤醒措施，同时需要关注客户流失率、反馈建议等。在获取收入环节，平台与各服务业务单元应当向客户提供优质的一站式服务，提升客户单次售后服务的消费金额、消费频次，同时促进各业务单元的流量共享。在自传播环节，汽车经销商应当通过优质的服务不断提升品牌力和经销商品牌在车主群体中的认知度。

（三）"新服务"服务内容的升维

1. 塑造未来移动出行服务

随着客户用车方式的多元化发展，移动出行行业近年来获得了快速发展，其中经营性长、短期租赁市场规模预计至 2023 年达到约 1 300 亿元。未来汽车经销商可依托线下服务场景，建立起满足多元化车型、时段、场景需求的移动出行服务体系。

移动出行服务体系应当采用智能化的技术打造线上化、自助化的业务模式，为客户在用车前、用车中、用车后的各环节提供高效、便捷的服务。

在用车前，移动出行服务体系应当提供包括官网、App、小程序、微信公众号等多样化的便捷线上入口，为客户提供账户注册、信息验证、车辆与配套服务选择等功能。在用车中，移动出行服务体系应当重点关注客户的用车体验。对于车辆运行过程中可能出现的问题及事故，移动出行服务体系应当提供线上化的处理端口，并配置充足的、可及时为客户提供解决路径的服务人员。在用车后，移动出行服务体系应当推动客户完成在线评价，为服务体系的优化提供宝贵意见。

同时，移动出行服务体系对资产管理、运营效率及智能化技术的要求较高，开拓该服务体系的汽车经销商应当注重相关领域的能力培养与人才团队的建设。

在资产端，除了自有车辆外，自建、维护充电设备进一步加大了汽车经销商的资产投入；同时充电桩、停车场为稀缺型资源，涉及城市规划和公共空间占用，对汽车经销商与政府方面协调的能力提出了新的要求。

在运营端，车辆调度、车辆故障检修维护需要人工完成，城市展厅需协同汽修 2S 门店进行车辆维护保养，其中人车管理比是评估业务运营能力的关键指标。另外，由于该服务体系为新兴服务板块，客户规模较小，因此业务流量增长需要依靠汽车经销商与线上服务平台强运营。

在技术端，汽车经销商需要应用车联网技术实现服务平台前端与后端、客户与车辆、行为与数据的互通机制连接，通过数据算法使业务运营成本更低、效率更高。

2. 创新 "汽车 +" 异业合作

依托多元化的服务场景，汽车经销商应加强异业间的合作，为客户创造汽车生态圈以外的价值，同时获取更高的经营效益。

通过与商品定位契合的行业品牌企业合作，汽车经销商可以构建更加完备的服务生态，同时以数据、流量共享为抓手，勾勒出更加清晰的客户画像，为自己的精准营销体系赋能。

以广汇汽车为例，通过异业联盟形成资源互补，广汇汽车与平安集团的战略合作将充分发挥各自在渠道、场景、客户、资金、数据等方面的优势，以客户为中心，彼此赋能、创造价值，打造全新业态下的数字化车生活生态圈。

三、变革之下——汽车经销商转型的支撑体系

（一）完善管理体系

汽车经销商通过提升精细管理能力、协同工作能力及客户运营能力来打造效率更高的管理体系，赋能整体转型变革。

- 在精细管理能力上，汽车经销商应利用信息化系统构建各业务经营主体以数字化信息数据为基础的精细化管理体系。
- 在协同工作能力上，汽车经销商需通过组织机构、制度建设、激励考核、平台建设等措施提升集团化的资源共享与协同工作能力。
- 在客户运营能力上，汽车经销商应以数字化、智能化技术为抓手，以实现客户价值为目标，不断提升各业务领域的客户运营能力。

（二）发展人才梯队

汽车经销商在转型变革中应当注重人才梯队的建设，尤其着重培养多元化业务的管理能力及结构化的服务思维。汽车经销商应以战略为指引，围绕业务发展，深入研究人力资源的需求状况，明确人才选用目标，有序开展人才梯队建设工作，使企业人才结构与发展需要相匹配。

随着转型不断深入，汽车经销商的单一销售角色将彻底转换为多元服务角色，其中业务协同问题对汽车经销商管理人员和服务人员的固有模式提出了新的挑战。

在以多元服务为内核的汽车经销商生态服务体系中，管理人员应当具备运营、统筹、监控等多项业务的管理能力，构建协调机制以保证服务体系高效运转；而服务人员应当具备结构化的服务思维，不应仅着眼于自己所属的业务板块，而是应当具备从客户角度出发提出一站式服务解决方案的能力。

（三）链接数智赋能

除了基础的企业信息化建设外，汽车经销商在转型过程中应当构建以数据治理、数据评估、数据运营及数据服务为核心的数据管理体系。

- 对内数据管理体系塑造业务共享平台，打造集团内各业务主体间、子

公司与总部间的数据共享体系与机制；同时为营销、服务、采购、财务、人力等各环节、各部门间的数据输出、流转提供统一的数据标准和信息化、数字化平台。

- 对外数据管理体系通过与主机厂、车辆、客户、合作机构、市场信息等外部数据进行交互，不断提升数据的深度与广度，由外至内赋能经销商的营销与服务数字化体系。

- 坚持数据资产是从客户中来，到客户中去，在构建和理解整体数字化框架、规划与执行数字化转型变革活动中坚持对准客户需求，以为客户创造价值为根本目标，贯彻以客户为本的核心思想，打造全生命周期智慧服务。

2. 燃气企业的数字化转型分析

▶ 正略能源研究中心

本文专门就燃气企业的数字化转型进行深入研究和探讨，从价值链构建数字化转型出发，内容主要包括生产数字化、供应链数字化、营销服务数字化及运营管理数字化四个部分，以期提供有意义的参考。

一、数字化转型的背景

近年来，以云计算、大数据、物联网、移动互联网、人工智能为代表的新一波数字技术浪潮席卷各行各业，数字经济正开启一次重大的时代转型；工业技术与信息技术的深度融合创新生产组织方式和运行方式，引发产业变革和传统产业转型升级，新产业、新业态和新模式不断涌现。

我国政府适时提出，世界经济数字化转型是大势所趋，要抓住数字产业化、产业数字化赋予的机遇，引导数字经济和实体经济深度融合，推动经济高质量发展。

燃气企业应把数字化转型纳入企业的目标体系，大力推动互联网、大数据、人工智能等与燃气业务的融合应用，着力培育新的增长点，加快形成新动能，驱动企业高质量发展。燃气企业应在数字企业、数字服务和数字产业建设上用劲发力，实现向智能燃气网运营商、能源产业价值链整合商、能源生态系统服务商转型，加快建设具有全球竞争力的世界一流企业，助力构建清洁低碳、安全高效的现代能源体系。

二、数字化转型的主要方向

数字化转型不同于信息化，信息化的关键在于线上，即所有的业务在线上打通，工具属性比较明显；而数字化转型涉及业务、组织、思想等层面的转化，信息化只是数字化转型的一个部分。数字化转型不是一个简单的工具，而是一种从业务开始的深层变革。

对燃气企业而言，实施数字化转型要将数字技术融入燃气全产业链中，推动企业生产数字化、供应链数字化、营销服务数字化、运营管理数字化等方面的变革，打造个性化服务、智能化生产、网络化协同等新能力，开创基于客户、数据、创新驱动的新产业生态。

数字化转型的主要方向如图 1 所示。

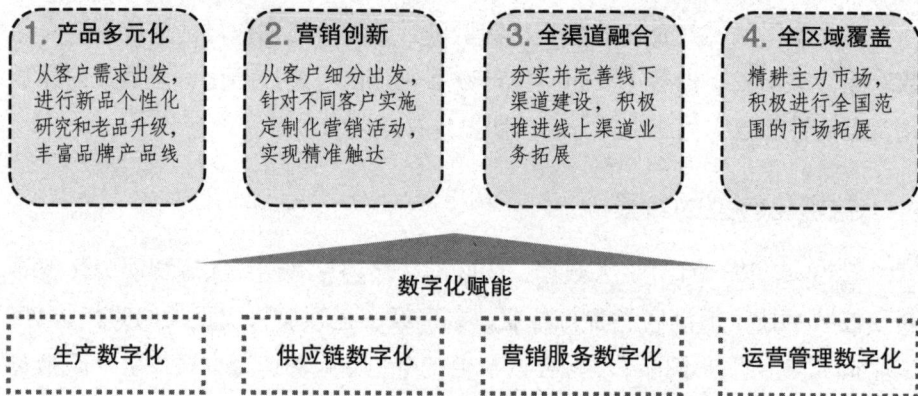

图 1　数字化转型的主要方向

三、生产数字化

城市燃气行业的主要经营模式是城市燃气运营商通过市场竞争取得特许经营权，通过长输管道和门站取得气源，并投资建设输配售中低压管网体系，通过管网将燃气输送至终端客户；给终端客户安装仪表，根据国家发展和改革委员会（以下简称国家发展改革委）等相关部门核定的范围及与供气方协商确定的气价，向终端客户售气。

目前，生产环节主要包括燃气管网建设与运营、接驳业务。生产数字化，即围绕城市燃气生产环节提质增效，利用数字化技术实现数据全面采集和生产过程实时感知，以及管道运营过程中的数据集成共享，为生产经营赋能。生产数字化主要措施如下所述。

（一）搭建物联网平台，实现全产业链数据连通

燃气企业可以搭建物联网平台，通过传感器采集管压、管网调度、燃气表等在线检测数据，实时感知城市燃气系统的运行状态，采用可视化的方式整合燃气管道等设施，通过物联网平台对下端设备聚合、管控，联合各类基于平台搭建的业务应用系统，实现复杂管道网的设计、规划和建设，高效协同作业人员、机器、设备、工具、物料及基础设施，达到更有效的协调管理和控制。物联网技术的融合与物联网平台的打造，无疑是推动智慧燃气、智能炼化、智能管线、智能销售等燃气行业数字革命的先决条件。

（二）利用大数据资源分析，提升管道运输协同能力

燃气企业通过已搭建的物联网平台，进一步实现所有运营设备的接入与数据的汇聚，形成大数据资源。毋庸置疑，燃气数字化的发展方向将是数据分析和处理技术。例如，重点提升城市燃气企业从采购到调度的感知能力、分析优化能力、预测能力及协同能力，构建以高效供应链、精益化运营、安全化监控、互联化运维为特色的智能生产新模式。

（三）引入人工智能深度学习，优化作业方案提质增效

人工智能将是数字化在燃气领域的高级应用。人工智能可以利用大数据挖掘清晰的结果进行深度机器学习，从而自主分析采购方案的优劣，识别燃气接驳过程中的各项数据并自动生成优化改进后的实施方案。人工智能可以用于建立更优质的接驳模型，帮助作业者快速识别和避免作业过程中的安全隐患，提升接驳效率。

企业案例 1：北京燃气集团作为一家公共服务企业，目前面临一些新的挑战。例如，客户的消费习惯与使用工具出现变化，他们希望更多地使用互联网应用；城市燃气企业气源多样化、输配网络复杂，需要优化调度、降低成本。无论客户体验还是企业内部管理，都要求北京燃气集团进行数字化转型。

北京燃气集团的重要业务是管道气的销售，包括管网规划、设计、施工和运营，核心要求是保证供应、保证安全。其智能管网的大数据应用分为三个阶段：数据采集、数据分析与建模、为智能决策提供支撑。

一是基于大数据技术进行设备故障预警与自诊断。北京燃气集团使用"物联网＋北斗"终端设备，加强数据采集与融合能力，充分利用大数据分析技术，完备故障自诊断系统，提高管网预警管理水平，为科学制订检修计划、减少过度维修、提高劳动生产率、减少安全隐患和设备故障发生率提供必要的技术保障。

二是基于大数据技术进行管网气量预测。北京燃气集团综合多种大数据技术手段，研发管网预测系统，实现供应系统总用气量预测，月、周、次日、未来某段时间内气量预测，高峰日、小时气量预测等，为管网规划、建设、运行提供依据。

三是基于大数据技术构建管网风险预警模型：北京燃气集团以历史燃气管网安全事件为核心样本，采集各种燃气安全风险要素相关内外部数据，充分利用大数据分析技术，开发和应用基于燃气风险的大数据预警模型。

企业案例 2：广州发展集团旗下的燃气集团与通信商达成战略合作，共同研发投放物联网智能燃气表。该种燃气表采用中国电信提供的窄带物联网（Narrow Band Internet of Things，NB-IOT）技术，远程实现数据自动传输，构成物联网智能燃气抄表系统，完成了传统人工抄表向智能无线远程抄表的升级。

该种燃气表实现了网络抄表、远程控制、网络缴费、故障检测、阶梯计费等功能，精准实时、减少误差、解放人力、提高效率，有效地提升了管理水平与服务质量。该燃气集团大力推进物联网智能燃气系统创新试点应用，在打造智慧燃气城市、实现高质量发展方面走在全国前列，目前已在广州市部署投放物联网智能燃气表超过 100 万台，数量规模居全球第一。

与此同时，双方还签订了 5G 智慧能源战略合作协议，充分研讨 5G 先进技术在能源行业的应用现况及前景展望，探索新时代智慧能源管理模式，助力粤港澳大湾区智慧化、数字化建设，其中包含 5G+4K+AI 智慧工地、AR 远程协作、无人机巡检等。

四、供应链数字化

天然气的供应链及长远关系的维护在燃气行业内有着举足轻重的地位。面对当前形势及未来发展的需要，燃气企业的供应链管理必须通过数字化转型进行优化处理，以确保天然气供应链的效益和安全，推动天然气运输的稳步提升，优化天然气运输方式和科学调度，确保智能化处理天然气供应链的全部任务。燃气企业利用数字化技术实时监测分析数据，可以让天然气供应链运行过程更高效，同时避免许多安全隐患。供应链数字化包括图 2 所示的三个方面。

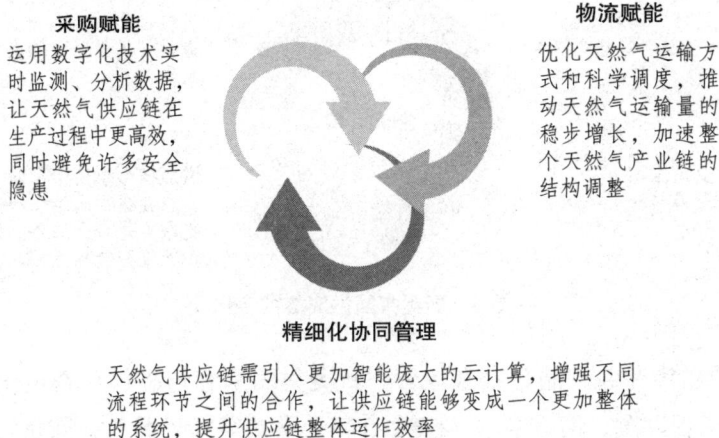

采购赋能
运用数字化技术实时监测、分析数据，让天然气供应链在生产过程中更高效，同时避免许多安全隐患

物流赋能
优化天然气运输方式和科学调度，推动天然气运输量的稳步增长，加速整个天然气产业链的结构调整

精细化协同管理
天然气供应链需引入更加智能庞大的云计算，增强不同流程环节之间的合作，让供应链能够变成一个更加整体的系统，提升供应链整体运作效率

图 2 供应链数字化

首先是采购赋能，燃气企业可以建立数字化系统，汇集各种数据到总部，以便对材料和设备的消耗进行精准估量和集中采购，跟供应商统一议价，大幅度降低采购成本。例如，对每年新装客户达到五六百万的中国燃气来说，对应的材料与设备采购等各种投资每年有两三百亿元。在建设数字化系统之后，其物料采购更集中化，价格也更透明、低廉。

其次是物流赋能，采购运输全方位、一体化。燃气企业运用互联网信息化技术，可以实现精细管理数据、协同推进业务、智能调度车辆、全景洞察进程的天然气供应链服务，为客户提供天然气一站式运贸解决方案。

最后是精细化协同管理。基于我国互联网发展新环境，天然气供应链必须引入更加智能庞大的云计算，以增强不同流程环节之间的合作，让供应链变成一个更加整体的系统，提升供应链整体运作效率，从而真正地让我国天然气在全局实施的过程中提质增效。

企业案例：新奥集团作为一家深耕能源行业 30 余年的大型企业，针对燃气物资的采购，创建了自己的燃气物资交易平台——阳光 e 购，并且引入了其他供应商和采购商，解决了采购中的烦琐流程，提高了采购效率（见图 3）。在新冠肺炎疫情期间，这个交易平台的作用更加凸显。阳光 e 购团队从四个方面入手，为客户提供解决方案和服务。

在线商务产品与安全运营
提供免费电子合同云签、3D 工程勘测、高效巡检、NFC 卡和云缴费等场景服务

全品类寻货比价
依托覆盖 5.7 万余种物料的供应链体系，为企业客户提供"采供通"物资查询系统

阳光 e 购

供应链交付保障
平台广泛连接社会物流资源，共享各厂家库存

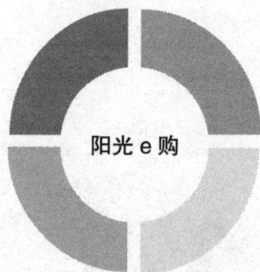

供应链金融资金保障
为企业提供采购、存货应收融资等金融服务，解决企业资金流痛点问题

图 3　新奥集团供应链数字化

一是在线商务产品与安全运营。新奥集团为客户提供免费电子合同云签、3D 工程勘测、高效巡检、NFC 卡和云缴费等场景服务，满足客户的远程合同快速安全签署、远程勘测工程现场、远程缴费等需求。

二是全品类寻货比价。新奥集团依托覆盖 5.7 万余种物料的供应链体系，为企业客户提供"采供通"物资查询系统，在特殊时期让企业客户随时随地寻源比价，提供质优、实惠的货物，24 小时随需响应。

三是供应链交付保障。平台广泛连接社会物流资源，共享各厂家库存，根据各参与方需求，通过分拨中心、超市、干支线运输、物流平台等供应链服务组合落地，实现高效的供应链交付保障。

四是供应链金融资金保障。平台上的"帮你采""库存池融资"等金融产品背后连接的是 40 多家金融机构。这些机构为企业提供采购、存货应收融资等金融服务，解决企业资金流痛点问题，助力企业渡过难关。

五、营销服务数字化

在数字化时代，随着互联网在能源产业的加速渗透和前沿科技的创新发展，传统燃气行业的运营模式越来越难以满足客户的需求，传统客户服务模

式与逐渐普及的客户数字化体验之间的矛盾尤为突出，燃气企业的营销服务数字化转型迫在眉睫，主要包含以下四个方面。

（一）能源数字服务，解放客户自由发展的用能需要

燃气企业应建设互联网统一客户服务平台，深化互联网服务应用，大力建设线上智慧营业厅，打造数字化客户旅程，实现智能燃气表全覆盖，为客户提供精细化用气分析、漏气主动告警和实时安全监测等多层次、高质量、个性化用气服务，切实增强客户的获得感、幸福感和安全感。燃气企业还应打造前、中、后台现代组织架构，依托数字平台，建设以"服务客户、获取市场"为关键的敏捷前台、以"资源共享、能力复用"为关键的高效中台和以"系统支持、全面保障"为关键的坚强后台，建立灵活高效的客户需求响应机制，全方位提升客户体验。

（二）注重深耕客户，拓展增值业务

与其他行业一样，城市燃气行业在追求数字化转型中要注重深耕客户，拓展增值业务，这也是数字化转型内容中的重要部分。燃气企业除了要继续坚持做强管道天然气销售外，还要加快发展综合能源服务和增值业务，即燃气企业在为客户提供更好的服务基础上发展燃气周边的业务，如燃气具、燃气保险销售等。

（三）打通全渠道新零售，提供体验式服务

客户体验主要指沿着客户全互动旅程带给客户的便利性和感受舒适度，包括线上和线下。线上通过用户界面（User Interface，UI）/用户体验（User Experience，UX）设计，线下通过特定场景/店面的全流程互动设计，打造无缝综合客户体验。在实践中，燃气企业要注重从整合、客户洞察视角打造优质客户体验，避免聚焦于单点的客户体验设计。创新的客户参与模式能够增强灵活性和个性化体验，为燃气运营商带来全新机遇，从而为客户交付新型服务。

（四）搭建天然气交易平台，提高客户用气便利性

2019 年成立的国家管网集团担任了托运商的角色，类似于商品贸易中的

快递公司。未来，客户购买天然气必然涉及商品市场、管容市场和衍生品市场，从客户的便利性来考虑，这三个市场肯定要融合成一体。最终的交易会融合在一个平台，天然气交易平台、管容交易平台和期货交易平台可以集成为类比淘宝网、京东这样的平台，既要销售又要运输，还能锁定价格。

企业案例 1： 为提升客户服务体验，从 2015 年年底开始，武汉天然气借助微信公众号积极推动数字化升级，目前服务客户数超过 270 万个，已有 80% 的客户在线上完成充值缴费。依托微信支付生态，武汉天然气从一家燃气供应商转型为一家燃气综合服务商，持续打造更完善的数字化燃气智慧服务体系。

武汉天然气利用数字化技术进行服务升级，借助微信公众号、微信小程序，一键轻松实现线上支付缴费，优化了客户体验；推出"线上缴费 + 线下圈存"的新充值模式，客户可以通过微信支付平台进行线上缴费，然后至线下进行圈存。目前，全市已设置圈存点超过 1 700 个，其中 80% 的圈存点设置在社区或物业，基本覆盖武汉天然气供气区域内客户 1 公里生活圈，同时研发出了新型智能燃气表——NB 表。客户通过该表进行微信线上充值后，无须圈存、无须插卡，更为便民。

企业案例 2： 燃气企业用数字化技术为老百姓提供更便捷、更有温度的燃气服务。例如，中国燃气推出了"中燃慧生活"App。在"中燃慧生活"App 上，客户不仅可以缴燃气费、申请检修服务，还可以享受到中国燃气优质的线下服务。中国燃气新零售社区平台发挥独特优势，通过"同心战疫保障民生"行动，针对客户的应急之需，平价上架各种防疫产品，有效沟通附近城乡供需，服务客户涵盖 500 多个城市和地区，既缓解了城镇社区百姓的困难，又带动了特色农产品的线上销售。

在 2019—2020 财年，中国燃气的各项增值业务仍大幅度增长，实现销售壁挂炉和厨房燃气具系列产品 124 万台，销量同比增长 49.4%。同时，中国燃气通过创新的网格化市场布局和应用新零售平台，开展各类线上线下融合的市场促销活动和具有特色的客户服务，如网格服务、会员服务、售后服务等。

企业案例 3： 燃气企业在加快市场拓展、增加天然气销售收入的同时，还应不断延伸下游产业链，推动增值业务发展。例如，华润燃气继续采用灵

活的市场化手段，深度挖掘客户价值，大力推进增值业务，全年实现营收
12.4 亿元。其中燃气保险业务收入为 1.5 亿元，同比增长 111%。

企业案例 4：新奥集团借助企业品牌影响力，围绕农村煤改气、城市老
旧小区改造和新房配套工程开展的契机，利用企业线上和线下平台推广灶
具、采暖炉、热水器、抽油烟机、消毒柜等燃气器具产品，全年共销售 34 万
件，销量同比增长 49%，带动销售收入增长至 4.35 亿元，在城市燃气器具市
场上逐渐占据一席之地。

华润燃气和新奥集团都重视向二次能源布局，通过收购或者签署协议的
方式，两家企业都成立了售电公司，布局未来交通充电网络及居民终端售电
网络。在储存和技术环节，两家企业都在研发氢能、固态电池和燃料电池。

六、运营管理数字化

面对数字化变革给城市燃气行业在生产经营、运营管理及客户服务等方
面带来的重重挑战，传统燃气行业应在立足自身原有资源与总结已有经验的
同时，运用大数据等新技术优势，推动新技术与传统业务的深度融合，将大
数据思维、能力融入企业的所有环节中，养成用数据管理、用数据决策、用
数据创新的习惯，真正实现用新技术为传统业务赋能（见图 4）。

一是经营平台一体化。企业经营平台一体化在同一平台构建系统应用，
采用具有统一标准的、安全成熟的技术平台，为企业搭建一套企业管理平
台，打破传统的 ERP 割裂状态，为企业提供更大的价值。

二是业务财务一体化。实现业务与财务模块整合，财务部能直接读取营
收模块中的相关数据及报表，后续供应链平台的销存数据、工程、设备都需
要与财务模块整合，形成业务财务一体化。

三是项目建设运营一体化。燃气工程建设系统要与项目建成后（燃气
站、管网）的运营业务系统，如 GIS 系统、EAM 系统、财务系统、人力资
源系统、供应链系统之间形成一体化。

四是运营服务一体化。在客户服务与应急抢修过程中，涉及呼叫中心、
工单管理、维修安检管理、物资管理、设备管理、GIS 系统、固定资产及财
务系统等运营一体化。

01 经营平台一体化

采用具有统一标准的、安全成熟的技术平台，为企业搭建一套企业管理平台，打破传统的 ERP[①] 割裂状态

业务财务一体化 02

实现业务与财务模块整合，财务部能直接读取营收模块中的相关数据及报表

03 项目建设运营一体化

燃气工程建设系统要与项目建成后（燃气站、管网）的运营业务系统，如 GIS[②] 系统、EAM[③] 系统、财务系统、人力资源系统、供应链系统之间形成一体化

运营服务一体化 04

呼叫中心、工单管理、维修安检管理、物资管理、设备管理、GIS 系统、固定资产及财务系统等运营一体化

05 打造多元数字化人才梯队

现阶段支撑燃气企业打造数字化能力的人才可分成两类——数字化信息技术人才和数字化工业营销人才

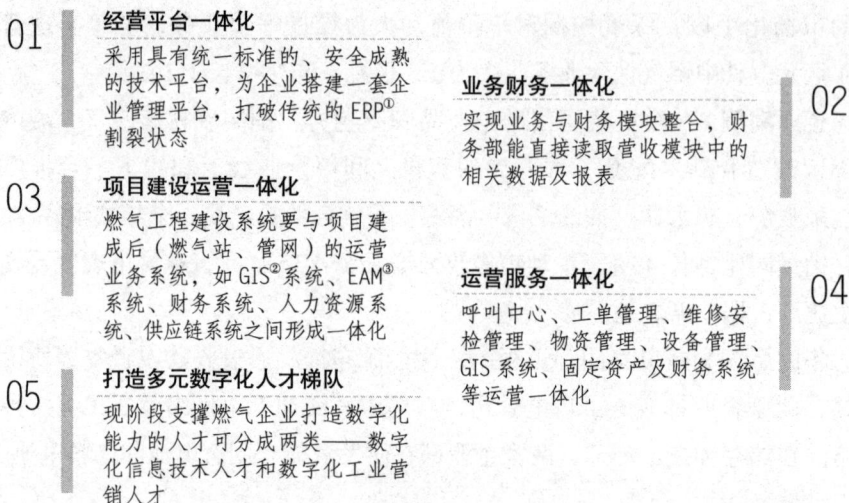

图 4　运营管理数字化

五是打造多元数字化人才梯队。在企业数字化转型过程中，数字化人才的打造尤为重要。现阶段支撑燃气企业打造数字化能力的人才可分成两类：以信息技术、软件开发、业务分析为代表的数字化信息技术人才，以电子商务、数字营销为代表的数字化工业营销人才。

企业案例：燃气行业传统模式普遍存在作业效率低、现场管控弱、运营成本高等难题和痛点，深圳燃气与腾讯云的合作基于腾讯在社交平台、企业微信平台等方面的产品和技术优势，提升其连接和办公效率，同时通过搭建混合云平台，加速深圳燃气基础平台信息化管理水平，从根本上实现降本增效。

在业务流程管理和创新层面，依托腾讯的大数据可视化和人工交互层面的经验，深圳燃气可以建设全方位、全周期的可视化智能交互管理系统，从而应用于深圳燃气"数字化管道"，推动数字化管道向智能管道、智慧管网转型。另外，双方也会在人工智能与燃气行业深度融合方面加强合作，支持

---

① ERP 即 Enterprise Resource Planning 的缩写，译为企业资源计划。

② GIS 即 Geographic Information System 的缩写，译为地理信息系统。

③ EAM 即 Enterprise Asset Management 的缩写，译为企业资产管理。

深圳燃气人工智能平台建设，并推动其在各业务领域应用场景落地。

港华燃气是我国较具规模的城市燃气供应商之一，引入国内首个基于面向服务架构的"燃气客户信息管理系统"——TCIS2.0。该系统基于面向服务的体系结构（Service-Oriented Architecture，SOA），使用开发和应用平台，确保了该系统具备模块化、流程化、产品化等特点，并能够与其他系统进行无缝集成。该系统助力燃气企业进行数字化转型，提高运营效率、降低运维成本，为客户提供更加卓越的服务。

港华燃气从"全渠道服务""数字化业务""智能化决策"三个方面对客户服务系统进行顶层设计和整体规划，运用"智能 +""互联网 +"技术将各数据平台互联互通，重新设计打造成集先进性、科学性、主动性于一体的全新客户服务智慧平台。新系统为企业管理提速和服务能力提升提供了全面、精准的数据分析支撑，可以实现企业智能化感知客户需求、客户动态化感知企业服务，由被动变为主动，实现线上业务随时申办、线下业务"一站式"办理，让客户"一次办好""零跑腿"（见图 5）。

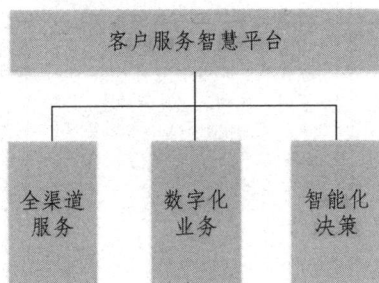

图 5　港华燃气客户服务智慧平台

七、数字化转型的难点和解决方式

过去，传统燃气行业对数据不够重视，系统分散建设，数据共享存在困难。面对数字化变革给城市燃气行业在生产经营、运营管理及客户服务等方面带来的重重挑战，传统燃气行业应在立足自身原有资源与总结已有经验的同时，努力推动数字化转型。

在推动数字化转型过程中，燃气企业面临各种由于技能不足和机制不足交织在一起形成的固有难点。常见的困难包括以下五种。

（1）对数字化转型的概念理解不一。

（2）难以制定数字化转型的目标和评估数字化带来的实际业务价值。

（3）可选项过多，每个业务和职能部门都有很多想法，但缺乏清晰的路径。

（4）缺乏数字化人才。

（5）传统燃气企业的工作机制不适合推动数字化这种跨部门、求创新的变革。

面对这些难点，燃气企业需要统一思想、统筹规划，并建立与企业数字化成熟度相匹配的推进机制，具体内容如图6所示。

统一思想	选择路径	建立推进机制
企业数字化转型定义：企业综合利用各种数字技术，与业务模式转型相结合，为企业解决问题、创造价值、提升企业业绩的持续性过程。数字化转型包括信息化，也包括业务模式转型。企业可以对数字化转型有不同的定义，重要的是了解数字化、信息化和业务模式转型三者之间的关系。不论怎么定义，底层的业务逻辑、系统架构、业务与系统之间的衔接要流畅	建议企业同时采纳自上而下的顶层规划和自下而上的局部尝试。当不同的局部尝试发生冲突时，应遵循与直接客户相关的解决方案优先、客户体验优先，以及IT架构前瞻性优先原则。在切入点的考虑上，优先考虑推进企业业务和管理的线上化，以充分培养客户习惯	依据企业对数字化转型的不同应用程度，数字化推进可采用"探索式""协调式""集中式""嵌入式"四种方式。数字化转型初期，企业尚未确立整体推进方案，但具备局部试点的条件，这时采取探索式。随着企业对数字化的应用加深，跨部门的协调需求加剧，这时向着协调式、集中式过渡。最终企业实现的是嵌入式管理，即全企业在顶层规划下的数字化转型

图6　数字化转型推进机制

3. IPO 前夜的适配与改革

▶ 正略战略实施研究中心

随着我国法制化进程的不断推进，证券法规体系的持续优化，以及国有企业中国特色现代企业法人治理结构的不断深化，国有企业上市过程中在保持商业模式、核心竞争力和增长前景等基本逻辑不变的情况下，在上市的资产范围、集团管控及合规管理等方面呈现出新特征。本文将以某国有大型企业（以下简称 A 集团）改制上市为例，探讨国有企业上市不变的核心逻辑及新时代国有企业上市的新特征。

A 集团是大型国有企业，其主营业务属商业服务业，具备两大主业及六项细分业务。A 集团经过多年的深耕布局成就了行业龙头地位，但在发展过程中逐渐暴露出业务不均衡、区域不均衡的问题，同时当前的管控模式和业务组织架构难以适应未来核心资产上市的发展需求。因此，A 集团推动改制上市一方面是为了推动业务转型升级，转变过往内涵式发展模式，实现多元化的商业模式；另一方面是为了提升管理能力，破解发展不平衡、管控不合理等问题。

一、定上市资产

当前国资委基于国有企业的定位、国有资产流失的防控要求，并不鼓励国有企业推动整体上市，结合证券法规中对上市公司及其控股股东业务、资产、机构、人员和财务"五分开"的原则，控股母公司与其上市主体需进行业务切割，以避免母公司与子公司之间的同业竞争。

因此，当前国有企业在推动改制上市的过程中，一方面需进行充分的资产盘点，以市场为导向，基于市场前景、行业逻辑、业务组合和企业核心竞争力等维度，筛选具备上市前景的资产；另一方面需保证上市资产与非上市资产之间不存在同业竞争的问题。

　　A 集团在内部上市管理机构的牵头下，借助券商、律所和咨询公司等第三方机构对集团核心资产进行充分调研和论证，对集团各子行业的行业增长率、市场规模、行业集中度和竞争对手等进行分析论证后，经过反复研讨和沟通，最终确认了上市核心资产。在整个上市核心资产确定的过程中，联合项目组从市场吸引力、A 集团竞争力两大维度进行深入分析，从商业模式创新、科技赋能创新、内部协同创新三大维度进行细化研究，从而确定了 A 集团上市主体应当承载和应当重点突破的业务领域。

　　在确定上市核心资产的过程中，A 集团必须坚持以发展的眼光看问题，既要看到拟上市公司现有的业务优势，也要看到拟上市公司未来增量业务的方向，为公司上市后的资本运作提供明晰的方向。

二、定业务逻辑

　　对资本市场而言，上市公司的商业模式、业务逻辑和企业竞争力是不可回避的问题。

　　在数字经济蓬勃发展的当下，产业数字化转型成为资本追逐的热点，其核心逻辑在于数字化赋能传统产业，促进行业变革升级、优化行业商业模式、提升企业竞争力、构建平台化的生态新模式。数字经济在推动传统经济转型升级的过程中，优先在金融、零售、旅游等现代服务业中展开。在数字经济深度融合发展的过程中，企业能否把握数字化发展趋势，是否将数字技术融入企业的业务和管理中，是否将数字化融入企业的发展战略中，是企业能否保持新一轮发展竞争力的关键。A 集团以商业服务为主业，在其行业中连年处于龙头地位，在融合数字经济、引领行业变革方面具有刻不容缓的责任和时不我待的需求。

　　因此，A 集团在梳理上市核心业务逻辑的过程中推进数字化发展战略，将数字化技术融入当前的业务发展中，服务产品研发端，拟引入数字化产品经理角色，推动产品研发与数字技术融合，研发数字化服务产品组合，打造"技术＋服务"相结合的全新产品形态；营销端打造一站式"产品商城"，引入服务产品货架概念，方便用户通过产品集成网站全面了解公司的服务产品体系；服务端强调线上化和集成化，公司全面推广统一的服务平台，让"平台＋服务"成为公司的核心竞争力，全面强化服务水平、服务质量和服务效率，降低各大区公司的服务成本。

A集团经过多年的发展和积累，具备庞大体量的C端资源基础，贴合数字化的发展趋势。A集团可以将庞大的数据资源进行充分整合、梳理和设计，形成全新的商业模式。长期以来，A集团都是以B端企业为导向的服务型企业，企业在发展过程中虽然积累了大量的C端资源和信息，但未从商业变现或流量变现的角度出发，深度挖掘现有的资源基础，使之成为拓宽商业模式、强化业务壁垒、全面提升核心竞争力的关键。在此次业务逻辑梳理过程中，项目组提出了"ToB+ToC"[①]的全新商业模式。B端是A集团拟上市公司的立足之本，是公司发展的基石，同时也是公司新商业模式拓展的基础。C端是拟上市公司的业务模式延伸和商业模式补充，公司通过B端业务积累C端资源，再通过产品的设计、营销的介入打破C端的需求壁垒，将C端资源转化为公司未来的业务增长点。

数字化时代最主要的特征是平台化，平台聚集主导方和参与方，各参与主体是协作、共创、共生的存在，过往的市场竞争思维将不再适用平台发展的逻辑，合作共生的逻辑将成为主导。数字化时代的平台主导者将成为行业变革、生态建设和合作共赢的关键。A集团所处的服务业走过了你死我活的竞争时代，正逐步走向平台化的合作共赢时代。作为行业龙头企业，A集团所处上市公司板块毫无疑问地成为行业平台建设的主导方，围绕客户服务创新打造产业生态圈是其适应下一轮增长的不二之选。A集团上市主体在自有核心业务的基础上，要以客户一站式、全链条的服务需求为导向，通过平台的搭建、服务资源的汇聚，形成面向客户的全天候服务生态，为行业革新注入全新动力。

三、定管控模式

当前央企总部定位更加清晰，一方面更加聚焦战略型主导的管控模式，另一方面不断优化总部职能、精简总部机构，进一步发挥总部的"大脑"功能。以战略型为主导的管控模式成为央企管控的主流趋势，这一趋势也逐步

---

① 　ToB 即 To Business，是面向企业用户；ToC 即 To Consumer，是面向个人用户。

在地方国有企业中发展。

A集团结合改制上市和国有企业总部的发展趋势确定了战略型管控的主导框架，同时结合分类管控理论，从战略重要性、市场化程度、业务成熟度、集团总部管理能力和资源匹配度五大维度开展综合评估，确定了各业务板块的分类管控模式。

基于战略型管控的要求，A集团对下属公司的管理和价值贡献需体现在战略控制、资源配置、资本运作、风险控制和协同支持五个方面，以此明晰A集团的总部定位。其中，战略控制包括战略规划、战略执行、战略调整和组织绩效考核，资源配置包括子公司高级管理层的任免、人才流动与配置、融资与资金管理、重要资源获取与配置，资本运作包括收购并购、投资决策与管理、债权/股权融资管理，风险控制包括资金计划管理、预算控制、财务分析、风险管理体系建设、审计监察，协同支持包括党建管理、对外公共关系管理、企业文化与品牌建设、信息化和数字化建设。

A集团下属上市主体作为核心主业，结合战略发展及业务协同的发展需求，确立了运营型管控的主体框架。总部定位为战略管理中心、资本运营中心、风险控制中心、资源配置中心、协同支持中心和运营管理中心六大功能中心。

为改善区域发展不平衡、业务发展不平衡等问题，A集团推动下属上市主体开展区域整合，推动区域经营迈向新台阶。各大区中心不具备独立法人资格，在上市主体总部管控中按"虚拟大区"进行管理。各大区中心是上市主体总部管控职能的延伸平台、区域业务协同的枢纽平台、区域业务发展的支持平台。

（1）总部管控职能的延伸平台：各大区中心应依据上市公司总部授权，重点聚焦业务层面的管控职能，落实风险控制、经营管理、业务协同、人才培养等方面的管控。

（2）区域业务协同的枢纽平台：各大区中心应推动大区内各分支机构的资源整合和信息互联，推动跨区域协同发展；作为专业分支的前台，推动渠道资源、客户资源的共享，推动跨专业协同发展。

（3）区域业务发展的支持平台：各大区中心应聚焦区域市场份额提升、区域品牌价值提升，做好大区市场存量市场维护和增量市场获取工作。

以下属分支需求为出发点，借鉴区域管理优秀经验，项目组建议各大区中心聚焦业务协同、资源协调、区域经营三大功能。

（1）业务协同：各大区中心应统筹落实区域联席会议制度，推进区域内部渠道信息、市场信息的共享，促进区域分支之间、区域分支与专业分支之间的业务合作；协助下属各分支推进大客户开发工作，提升区域市场占有率。

（2）资源协调：各大区中心应做好区域高端资源对接工作，协助各下属分支维护好与大客户及政府的关系；推动大区内部的人员交流，促进大区中层管理团队和业务精英团队建设。

（3）区域经营：各大区中心应参与经营计划和监控，推动区域分支布局；指导下属分支业务管理和职能管理建设；督促下属分支落实上市主体总部下达的各项业务标准和管理规定。

四、定权责界面

与民营企业和外资企业不同，大型国有企业集团对下属上市公司的管控权责界面划分是目前业内的难点。

按照国资委的相关要求，国有企业总部需对下属企业的"三重一大"事项进行监管，降低经营风险，避免国有资产流失。但证监会的相关法规对上市公司独立性具有明确的要求，上市公司应具有独立的生产、供应和销售系统，具有直接面向市场的独立经营能力；同时上市公司与控股股东应当实行人员、资产、财务分开，机构、业务独立，各自独立核算，独立承担责任和风险。

在实际管理实践中，多数企业为了满足合规的要求，通常采用事前提案、前置决策、沟通知会等方式实现对下属上市公司的有效管理。

在实际推进过程中，A集团采用了市场上成熟的经验，实现了集团重点业务管理和合规性要求的有机统一。

在国企持续深化改革、法人治理结构不断完善的背景下，国有企业对下属上市公司的管理应当进一步合规化，尊重控股上市公司的独立法人地位，避免企业人格混同，应更多地通过派驻董事的形式加以实现。

五、定协同机制

（一）协同的管理模式

为推动区域内各分支的协同发展，A集团借鉴华润燃气区域无边界管理创新模式，推动公司无边界管理、职能无边界管理和人才无边界管理。

（1）公司无边界管理：A集团通过总部、大区总经理、下属分支总经理、大区职能助理四方会议制定并推进年度经营计划预算、对标管理、定期检讨、年终业绩评价，实现PDCA循环。

（2）职能无边界管理：A集团借鉴华润燃气区域无边界管理模式，打造大区职能工作组，打通区域下属分支机构的职能管理边界，推动跨区任务落地和区域职能提升。

（3）人才无边界管理：A集团以大区为单位，推动基于大区的人才借调和交流，在大区的基础上实现人才的优化配置。

（二）协同的组织模式

在组织机制设计方面，A集团为上市主体引入区域联席会议制度、联合营销小组机制和协同工作机制，为区域协同发展构建体系支撑。

在业务协同方面，A集团以大区为中心，建立区域联席会议制度及联合营销小组机制，由大区总经理统筹，协同助理提供支持，为专业分支及区域分支业务协同提供组织基础。

1. 区域联席会议制度

A集团由上市主体运营管理部指导，以大区为中心设立区域联席会议制度，定期召开以区域为主体的业务协同联席会议，推进各区域分支和专业分支之间的信息互通、业务协作。各专业公司设置专门的市场代表和业务代表参与区域联席会议，不驻场办事，同时通过区域联席会议下设的联合营销小组开展联合营销。这一策略适合专业公司业务体量小且处于培育期阶段的情况。

专业公司发展相对成熟后进行远期联合营销时，建议在大区总部所在地设置办事机构、共享办公空间，开展紧密的联合营销和业务协同。

2.联合营销小组机制

A集团在区域联席会议组织框架下，成立跨专业联合营销小组和多专业组合营销小组。跨专业联合营销小组为常设的跨专业联合营销机构，由协同助理牵头，主要负责推动跨专业的客户线索信息共享、交叉销售和联合营销执行工作；多专业组合营销小组为项目制、临时性组织，由大区协同助理牵头，针对具有多业务组合需求的大客户进行联合营销。

（三）协同的制度机制

A集团上市主体总部统筹制定业务协同的工作和激励机制，为区域内协同发展提供制度保障。

1.业务协同工作规范

一是制定区域联席会议管理制度，通过规范区域联席会议的设立目的、参与人员、沟通事项、汇报机制等内容，促进基于区域中心、区域分支、专业分支三方协同的工作机制。

二是制定区域联合营销管理制度，规定区域联合营销的组织形式、人员配置、工作机制、激励机制等内容，推动基于区域的跨专业联合营销和交叉销售。

2.业务协同工作考核

明确区域中心总经理、区域分支机构负责人在业务协同方面的评价方式与程序，将业务协同纳入相关责任人的绩效考核指标中，发挥绩效考核指挥棒作用，有效推动相关责任人推进业务协同工作。

3.业务协同工作机制

建立畅通的内部沟通渠道，通过分支代表业务与线索分享，建立健全内部协同沟通机制。

一是工作计划报送机制。为专业分支和区域分支选定一位协同责任人，该责任人以大区为中心，定期向大区协同助理报送重点工作计划，实现日常业务的信息互通。

二是线上平台交流机制。除日常例会外，搭建内部营销人员信息交流平台，有利于分支机构销售代表进行沟通交流和线索、信息共享，推动客户资源的共享。

（四）协同的数字化机制

A 集团通过数字化协同平台的建设和应用，建设信息高效互联、沟通及时顺畅的数字化协同平台，为上市主体业务协同提供全流程云上服务。

1. 数字化协同体系

建设涵盖平台、系统和终端应用在内的完整数字化协同体系闭环。

一是数字化云平台。A 集团以数字化云平台为基础，为业务协同的具体应用提供平台服务。

二是业务协同系统，包括客户协同管理系统和业务集成管理系统。客户协同管理系统为客户信息上传、管理、浏览、共享和分析提供支撑，业务集成管理系统是上市主体各战略业务条线、产品组合及解决方案的集中管理平台和对外展示平台。

三是应用终端，包括协同 App、网页、微信小程序和微信公众号等。协同 App 为员工内沟通、协作提供支持，网页、微信小程序和微信公众号则是对外展示窗口和客户画像采集端口。

2. 数字化协同应用

综合考虑各协同主体要求，各主体的系统界面和功能应用如表 1 所示。

表 1　数字化协同应用梳理

终端用户	系统／应用	主要功能描述
客户	网页（门户平台） 微信公众号 微信小程序	产品／服务详情介绍 服务进度查询 售后及评价通道
省级公司	客户协同管理系统 业务集成管理系统 协同 App	客户资源管理／查询 产品信息更新管理 协同流程申报／审批 内部沟通
专业公司		产品信息的更新 解决方案的更新 协同流程申报／审批 内部沟通

（续表）

终端用户	系统／应用	主要功能描述
大区总经理	客户协同管理系统 业务集成管理系统 协同 App	协同业务进度查看／审批 重要客户资源查阅 内部沟通
集团总部		协同业务进度查看／审批 重要客户资源查阅 内部沟通

第四章

组织建设

1. 如何基于价值链模型进行部门职能梳理

▶ 正略组织研究中心

近年来，随着互联网行业的快速兴起和发展，"价值""需求"成为热门词语。其中，"需求分析"不仅是产品经理的必备技能，还摇身一变，成为项目经理的"看家本领"。对产品经理来说，亨利·福特的"更快的马"的故事揭示了需求分析的三个层次：一是用户的观点和行为，二是用户的目标和动机，三是用户的人性价值观。而在管理学当中，马斯洛需求理论也广为流传。但不管是马斯洛需求理论，还是 A 方法论、B 理念，归根结底都只是思考框架和工具，要想把握需求、提炼需求，仍然需要在真实、客观的环境中多听、多看、多做。正略咨询在 30 年的管理实践中，基于客户需求分析，总结出了一套通过建立价值链模型梳理部门职能的工具和方法。

一、企业的需求分析

对企业来说，需求分析的三个层次应当是业务需求、用户需求、功能需求。一家企业只有对业务流程进行梳理，明白自己的业务需求，才能为产品打造奠定良好的根基，在市场化竞争中与用户更顺畅地进行互动。当前，为了适应经济全球化趋势及剧烈的竞争性环境，对市场的快速变化做出及时反应，各类企业均在组织结构上下功夫。组织结构的本质是为了实现企业战略目标而进行的分工与协作的安排，组织结构的设计受到内外部环境、发展战略、生命周期、技术特征、组织规模、人员素质等因素的影响，并且在不同的环境、不同的时期、不同的使命下有不同的组织结构模式。通过精简组织结构，企业可以压缩管理流程，从而达到节省组织资源、提高组织效率的目的。大多数更贴近市场的企业，正逐渐从传统垂直的职能部门组织结构转变为横向的、以业务需求和流程为基础的扁平化组织结构。

现代管理教育对扁平化组织结构的定义是，通过减少行政管理层次、裁减冗余人员，建立的一种紧凑、简洁的组织结构。具有扁平化组织结构的企业，能对市场环境做出更快速的反应和更迅速的决策，并通过精简而有弹性的组织层次保证信息传递的有效性，保持自身的市场竞争力，实现组织的发展壮大。与传统组织结构相比，扁平化组织结构的优点在于灵活、具有弹性，能减少官僚主义，加强内部沟通，并且有利于激发员工的创造性，能够更加迅速地对市场环境变化做出反应。

由于企业是由一系列为客户创造价值的活动和功能组成的，在扁平化组织结构中，部门的工作任务便需围绕企业的业务流程开展。实际上，在组织内划分不同的部门，自上而下看，其主要目的是明确各项任务的分配和责任的归属，确保分工合理，从而有效实现组织的整体目标；自下而上看，部门化使得管理者能将有限的精力用在更重要的事情上，将相对不重要的任务层层下派，有助于合理分配管理宽度。

二、组织部门化的划分依据

通常，组织部门化的划分依据如表 1 所示。

表 1　组织部门化的划分依据

划分依据	举例	备注
按照职能划分	绝大多数中小型组织	专业化分工：把相同的活动放在相同的部门中，同一部门的人员从事同样的活动
按照产品划分	制造型企业，如汽车制造企业有轿车事业部、卡车事业部、摩托车事业部等	—
按照客户类型划分	银行，如大客户部、零售部等	—
按照地域划分	跨区域企业，如华北部、华南部、西南部等	—
按照过程划分	如新产品研发部、市场公关部等	把企业从输入到输出的全过程活动集中在一起构成一个部门，有效避免了职能划分割裂所造成的影响，同部门的员工能为同一个目标共同协调工作

（续表）

划分依据	举例	备注
按照时间划分	工厂，如炼钢厂、化肥厂等连续性操作的组织	在一些企业中，技术设备的运转可以 24 小时不停机，因此需要根据时间划分成不同的班次
按照人数划分	军队，如古代约 100 人为一个单位，设置一个百夫长等	最古老、最传统的方式；在现代组织中，单纯按照人数来划分部门的方式使用得越来越少，这是因为在现代社会中，单纯依靠人力来决定绩效的场景变得越来越少

值得注意的是，企业在实际运营中，很难做到纯粹按照某一种依据进行部门划分。一般而言，一个特定的组织会按几种依据进行部门划分，通常表现为一种综合性的结构形式。例如，某组织一方面按照职能划分，形成后勤部门体系；另一方面又按照产品划分，组建前台部门体系；还有可能按照过程划分，形成中台部门体系；等等。

在各种划分形式中，目前占主流的是按照职能划分，其好处在于具有专业化分工的优势，有利于发挥规模经济的效益。但同时，企业只按职能划分部门，容易形成部门壁垒——一旦同类型的人在相同的部门中长期从事同样的工作活动，那么他们的思维会逐渐形成定式，变得狭隘，难以考虑横向协同的联系，也难以使灵感迸发不断创新创造。倘若企业中的每个部门都有壁垒，员工思想僵化，那么企业也就很难实现持续成长，完成发展目标。

价值链是哈佛大学商学院教授迈克尔·波特于 1985 年提出的概念。波特认为，企业的价值创造是通过一系列活动构成的，这些活动可分为基本活动和辅助活动两类。基本活动包括内部后勤、生产作业、外部后勤、市场和销售、服务等，辅助活动包括采购、技术开发、人力资源管理和企业基础设施等。这些互不相同但又相互关联的生产经营活动，构成了一个创造价值的动态过程，即价值链。

以价值链模型为基础进行部门划分，实际上结合了上述的职能、过程、产品等多种部门划分依据，通过形成具象化的价值链模型，简化了"综合性结构形式"的思考过程，这也成为在管理咨询的实践和应用中常用、易用、好用的工具和方法。

三、价值链模型在部门职能梳理中的应用

组织体系动态调整和岗位管理的推行，是现代企业管理发展的客观需求，也是企业在日益激烈的市场竞争中增强核心竞争力、不断提高管理水平，保持持续、快速发展的必要基础。在过去，管理部门职能的划分不够清晰明确，有些管理职能甚至相互重叠造成多头管理，而有些管理职能缺失造成无人管理，并且各职能部门之间常常缺乏有效的沟通协作。因此，定期开展部门职能梳理，明确部门职能划分，对企业实现高质量的可持续发展尤为必要。部门职能梳理的第一步是确定为实现组织目标而需要开展的业务活动。

彼得·德鲁克认为，"设计一个组织结构并不是第一步，而是最后一步。第一步是确定和组织一个组织结构的基本构造单位，即那些必须包含在最后结构之内，并承担已建成大厦的'结构负荷'的业务活动"。

由于企业的各项业务活动即为企业价值链各个环节的活动，在进行部门职能梳理时，企业便需要明确业务流程，对价值链进行分析和拆解，由此合理划分各部门的任务和职责，而后组成架构清晰的组织结构。

但在企业组建的过程中，由于种种原因，企业通常会先设立组织结构，明确部门数量及名称，然后再确定部门职能，这与我们在管理学课堂中学到的理论方法相悖。正略咨询在开发了基于价值链模型设立组织结构的工具和方法后，在实践过程中进一步扩展了这套工具的适用范围——价值链模型也可以用于部门职能的梳理。

基于价值链模型的部门职能梳理方法可以分为以下四步。

第一步，根据公司的业务流程，绘制出主价值链及支持主价值链顺畅运行的辅价值链，确定组织一级职能。

所谓一级职能，即本部门的主要业务和管理职能。比如，人力资源部的"一级职能"是"人力资源开发与管理"，财务部的"一级职能"是"财务决策"，市场部的"一级职能"是"市场管理"，诸如此类。

以 Z 公司为例，根据 Z 公司的战略定位、发展思想及组织结构的设置，其主要任务在于集结业内高端技术供应商、研发技术创新产品、统筹管理技

术的输出，完成上级集团公司的任务指标。

Z公司主价值链和辅价值链如图1所示，我们可由此确定Z公司的一级职能。

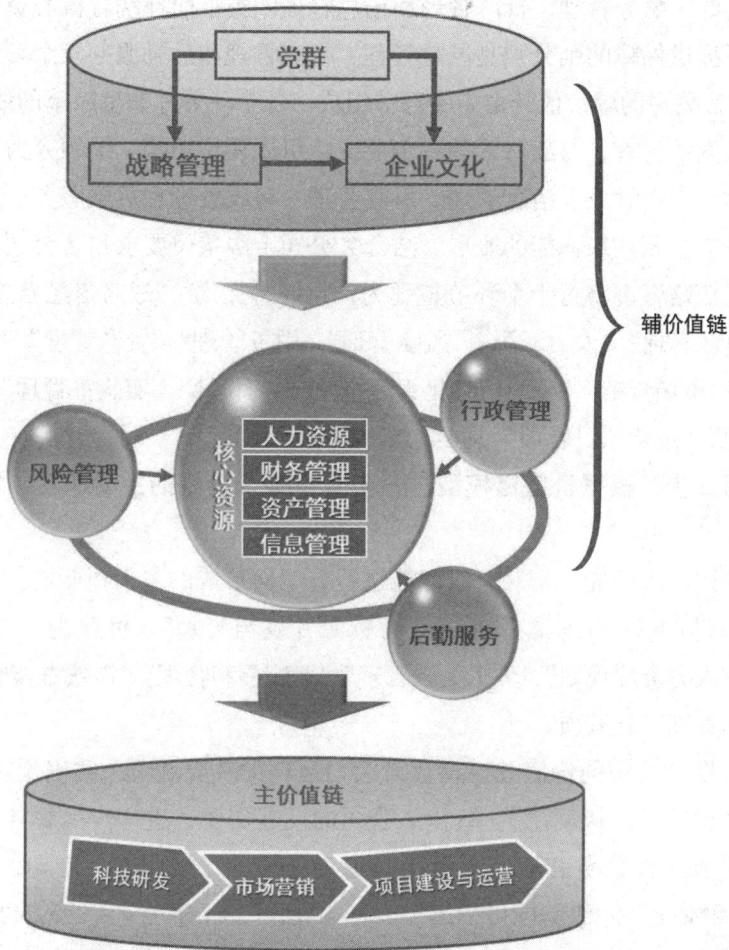

图1 Z公司主价值链和辅价值链

从价值链模型来看，Z公司的主价值链仅有三个环节，即科技研发、市场营销、项目建设与运营。主价值链呈环状，表示现有项目的市场营销及建设与运营可以推动产生新的科技研发项目，形成动态结构。主价值链的顺畅运行离不开辅价值链的支持。与主价值链相比，辅价值链的构成较为复杂。Z 公司是国有资本出资企业，其辅价值链的顶层是党群，在党的领导下开展战略规划、战略跟踪、战略执行、战略评价等一系列战略管理相关工作。在公司的顶层设计之下，是公司的核心资源及资源保障。Z 公司的核心资源为人力资源、财务管理、资产管理和信息管理四类；而环绕着核心资源，为核心资源提供保障的则分别是风险管理、行政管理和后勤服务三个环节。总体看来，Z 公司的辅价值链由十个环节组成，各个环节并非呈简单的线性关系，而是以党群为首，与战略管理和企业文化组成顶层架构，统领人力资源、财务管理、资产管理、信息管理、风险管理、行政管理和后勤服务。这十个环节就是 Z 公司一级职能的雏形。结合 Z 公司上级单位要求和 Z 公司实际发展需要，正略咨询将这十个环节整理为"党群和文化""战略与经营管理""行政及总务管理""人力资源""风险管理""财务管理""资产管理""公共关系管理""市场营销""公司信息化管理""规划与设计""实验室管理""建设项目管理""运营项目管理"共 14 个一级职能。

第二步，根据价值链模型进一步拆解每个模块的主要职责，提炼二级职能。

所谓二级职能，是对一级职能进行分解而形成的若干项职能。比如，人力资源部的"一级职能"是"人力资源开发与管理"，拆解为"二级职能"便是"人力资源规划""员工关系管理""薪酬福利管理""绩效考核管理""员工培训管理"共五项。

根据 Z 公司的价值链模型及 Z 公司运作的主要环节，共确定 14 个不同的功能模块（一级职能）。结合 Z 公司的发展需要，进一步拆解各个功能模块的主要工作任务和职责，由此确定 Z 公司的二级职能。比如，Z 公司的"党群和文化"一级职能可拆解为"基层建设""干部管理""统战群团""企业文化""纪检监察"等二级职能，其他一级职能也可相应拆解（见图 2）。需要说明的是，企业在生命周期的不同发展阶段，其二级职能可能会随着一级职能的调整（如增加、减少等）而发生改变，具体体现在二级职能的颗粒度、数量和内容上。

党群和文化	战略与经营管理	行政及总务管理	人力资源	风险管理	财务管理	资产管理
基层建设 干部管理 统战群团 企业文化 纪检监察 ……	战略规划 经营管理 组织绩效 对外统计 ……	会议管理 督察督办 文书管理 档案管理 ……	规划招聘 培训薪酬 ……	审计 法务 内控	预算管理 决算管理 财务核算 融资担保 ……	固定资产 无形资产

公共关系管理	市场营销	公司信息化管理	规划与设计	实验室管理	建设项目管理	运营项目管理
资源维护 危机公关 对外宣传	客户关系 品牌推广 市场活动 ……	产品规划 系统建设 权限管理 数据资产	技术研发 方案设计 技术资源 协会建设	实验室建设 日常管理 成果转化与拓展	招投标 供应商 过程管理 竣工验收	方案设计 运营监管 系统运维 售后服务

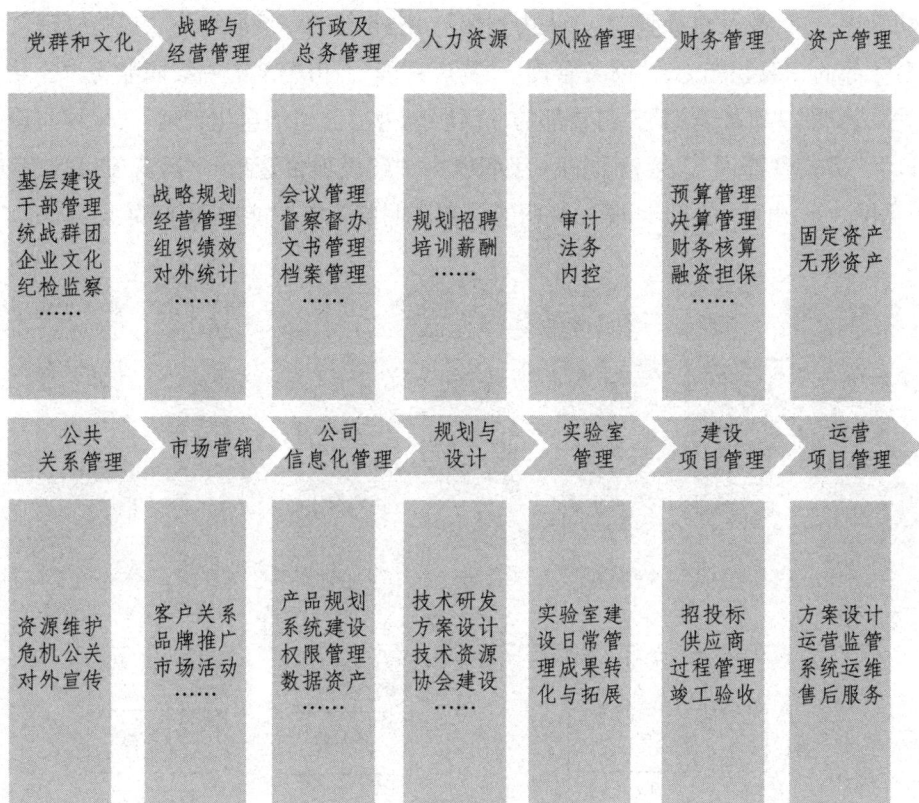

图2 Z公司二级职能

在二级职能下，还有三级职能。三级职能是二级职能的更进一步拆解，即细化到具体岗位上的岗位职责。比如，人力资源部的"二级职能"中的"员工关系管理"可拆解为员工招聘、员工录用、员工调转、员工晋升、员工考勤、员工信息管理、员工纪律管理、辞退、裁员等多个作业项目。

第三步，进行部门职能匹配，即确定各部门在二级职能中的职责范围。

在组织结构和部门名称已定的情况下，企业可以根据部门性质确定其应承担的具体二级职能，将部门与二级职能互相匹配，从而确定各部门在二级职能中需要负起主要责任的具体职能模块。比如，在梳理部门职能前，Z公司已通过党委会决议，共成立/划分综合部、法务部、财务部、市场部、科技部和运营部六个部门；在梳理部门职能时，可以基于对这六个部门性质的研判，将一级职能分别归类。综合部的一级职能为"党群和文化""战略与经

127

营管理""行政及总务管理""人力资源"，法务部的一级职能为"风险管理"，财务部的一级职能为，"财务管理""资产管理"，市场部的一级职能为"公共关系管理""市场营销"，科技部的一级职能为"公司信息化管理""规划与设计""实验室管理"，运营部的一级职能为"建设项目管理""运营项目管理"（见图 3）。由此可同步匹配二级职能，初步明确二级职能的责任部门。

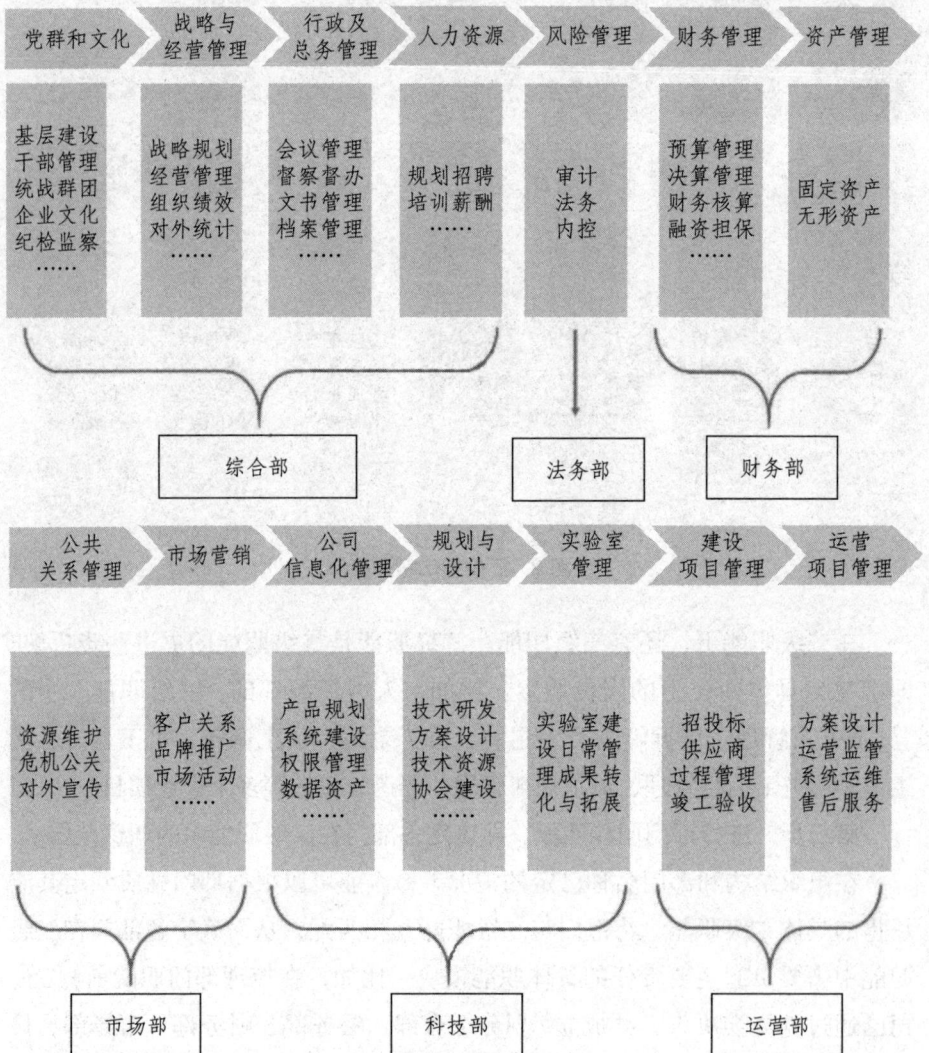

图 3　部门具体职能模块

考虑到在公司运营过程中，某些二级职能需要由多个部门协作完成，为了明确划分各部门职责，正略咨询对承担、组织、参与和配合四种行为做出定义。

承担表示该职能由对应部门全权负责，独立完成相关工作任务。为对应部门的日常工作，通常情况下与其他部门没有责任关联，但必要时仍可通过部门上级申请跨部门协作，与组织、参与、配合不同时出现。

组织表示该职能由对应部门牵头开展，为对应部门的日常主要工作。对应部门为该职能相关工作任务的第一责任部门，必须与参与同时出现，可以与配合同时出现。

参与表示该职能与对应部门有直接关系，需要协助完成，但并非对应部门的主要工作。对应部门对相关工作任务有连带责任，必须与组织同时出现，可以与配合同时出现。

配合表示该职能需要对应部门协助完成，但并非对应部门的主要工作。对应部门仅在相关工作任务的某个环节提供协助，必须与组织、参与同时出现。

基于对上述四种行为的定义，在确定各部门应负主责，即承担的职能后，Z公司通过对部门分管领导及骨干员工的结构性访谈，分析梳理需要跨部门协作的职能，明确各部门应组织、参与及配合责任的其他二级职能模块。

以Z公司项目建设及运营模块为例，"过程管理""运营监管""售后服务"专业性强，在正常情况下不需要跨部门合作，因此由运营部承担主责。"招投标"属于运营部的主要工作之一，但相关工作中涉及合同审查、风险管理等任务，需要法务部提供支持，因此由运营部组织、法务部参与。同理，"供应商"是运营部的主要工作之一，在评价供应商的过程中需要对供应商的技术水平及合法合规性进行专业评估，因此需要科技部和法务部提供支持；同时，供应商涉及供应商报价等与财务相关的事项，因此需要财务部在必要时提供支持。其具体职责分配为运营部组织，科技部、法务部参与，财务部配合。

值得注意的是，表2中"股权投资"职能并非由运营部承担主责或牵头，不在运营部的部门职能内，而是由市场部组织，综合部和法务部参与，财务部配合。这并非咨询公司笔误，与价值链模型梳理职能的方法也不存在相悖之处，而是受到 Z 公司的业务属性和团队配置影响，属于特殊情况。Z 公司尚处于成立初期，没有投资项目，一方面，其业务主要来源于上级单位的分配，而新项目也依赖于上级单位提供的资源，市场部作为对接上级单位的主要部门，有能力承担相关职责；另一方面，新成立公司的员工规模小、人才欠缺，运营部仅能承担较简单的招投标、供应商评价等工作，因此"股权投资"职能便暂时由市场部牵头负责，这样也避免了可能与上级单位多头对接的问题。待进入成长期后，Z 公司可以通过部门职能的动态优化或组织结构调整，重新分配"股权投资"职能的归属。

表 2　项目建设及运营模块

价值链功能模块	二级职能	综合部	财务部	法务部	市场部	科技部	运营部
项目建设及运营	招投标	—	—	参与	—	—	组织
	股权投资	参与	配合	参与	组织	—	—
	过程管理	—	—	—	—	—	承担
	运营监管	—	—	—	—	—	承担
	供应商	—	配合	参与	—	参与	组织
	售后服务	—	—	—	—	—	承担

第四步，拓展二级职能内容，将各部门需要承担、组织、配合、参与的三级职能补充完整，完成部门职能梳理。

Z 公司运营部的职能梳理最终结果如表 3 所示。

表 3　Z 公司运营部的职能梳理最终结果

部门二级职能	部门三级职能
招投标	制定招投标管理制度
	根据各部门需求组织招投标相关工作
过程管理	制定项目管理制度
	承担建设类项目的进度、质量、成本、安全管理工作
	承担运营类项目的监督、考核、评价管理工作
	承担项目的回款工作

（续表）

部门二级职能	部门三级职能
供应商	制定供应商管理制度
	组织供应商评价相关工作
售后服务	制定售后管理工作制度、售后服务工作流程及工作规范
	承担项目售后管理工作
其他工作	完成领导交办的其他工作
	配合综合部完成安全管理相关工作
	配合公司其他部门完成跨部门协同工作
部门管理	制定和实施本部门的工作计划及预算
	安排下属的工作任务，组织本部门的绩效管理工作
	组织完成本部门人员管理及内部培训工作

四、结语

　　Z公司的实例说明，在设计组织结构或进行部门职能梳理时，可以从价值链分析着手，先分析组织的价值链及其业务活动，根据价值链得出二级职能，再确定相应的匹配部门及部门的具体职能。如果缺乏价值链分析，仅凭对组织职能的简单理解填充部门职能，很可能会出现部门职责或职能缺省，或在企业实际运作的过程中出现某些职能活动没有相应部门承接的情况。

　　此外，基于价值链梳理部门职能，为部门设置及部门分工提供了依据，有助于避免一级职能与二级职能、二级职能与三级职能的错位。因此，使用价值链分析的部门职能梳理方法，使得该项工作更有依据和可操作性，也更有成效。

2. 创新驱动型生物医药企业组织能力建设

▶ 正略组织研究中心

近年来，生物医药产业作为国家重点支持的战略性产业，受到越来越多的关注，在资本和人才方面都呈现加速流入的态势。

在这样的大背景下，有许多新企业加入赛道，也有一些老企业转型进入生物医药领域。正略咨询认为，不论新企业还是老企业，或多或少都会在战略落地的过程中出现组织能力不足的现象。

组织能力到底是什么？它究竟有多重要？

组织能力，即一个组织能够做成事情、达成目标的能力，并非指某个人或者某几个人的能力。组织能力不足，事情也就做不成、做不好，因此组织能力的重要性也就不言而喻了。企业的组织能力不足，最直接的结果就是经营业绩不达标，战略目标无法达成。在日趋激烈的市场竞争中，如果组织能力长期不足，就会威胁到企业的生存。

本文将以创新驱动型生物医药企业为研究对象，分析组织能力与企业战略的关系，探索创新驱动型生物医药企业组织能力建设的路径及方法，为创新驱动型生物医药企业发展提供参考建议，帮助创新驱动型生物医药企业提升组织能力、增强市场竞争力，助力创新驱动型生物医药企业达成战略目标。

一、研究对象与研究内容

（一）创新驱动型生物医药企业

创新驱动型生物医药企业这个词有两个定语，一个是"创新驱动型"，另一个是"生物医药"，我们可以将这两个定语拆分开来理解。

1. 创新驱动型

创新驱动型发展以创新型经济为基础。创新型经济是指以信息革命和经济全球化为背景，以知识和人才为依托，以创新为主要推动力，持续、快速、健康发展的经济。

（1）不同于单纯依靠劳动力投入或资本的增加，以严重消耗资源作为代价的"增长型经济"，创新型经济是以现代科学技术为核心，以知识的生产、存储、分配和消费为主要因素的可持续发展的经济。

（2）不同于单纯依靠引进设备和技术，以照搬外来技术为主要推动力的"模仿型经济"，创新型经济是注重培育本国产业和研发机构的创新能力，发展拥有自主知识产权的新技术和新产品，以自主创新为目标和主要推动力的经济。

（3）创新型经济不仅强调企业和国民经济的发展，而且重视创新带来的居民生活水平的改善，追求社会效益与经济效益的和谐统一。

2. 生物医药产业

生物医药产业由生物技术产业与医药产业共同组成。

生物技术是以现代生命科学理论为基础，利用生物体及其细胞、亚细胞和分子的组成部分，结合工程学、信息学等手段开展研究及制造产品或改造动物、植物、微生物等，使其具有所期望的品质、特性，进而为社会提供产品和服务手段的综合性技术体系。

生物技术产业涉及医药、能源、化工等多个领域，应用生物技术生产出相应的产品，这类产品在市场上形成一定的规模后才能形成产业。因此，生物技术产业的内涵应包括生物技术产品研制、规模化生产和流通服务等。

制药产业与生物医学工程产业是现代医药产业的两大支柱。

3. 创新驱动型生物医药企业

根据上文中提到的创新型经济的定义和对生物医药产业的界定，我们对创新驱动型生物医药企业做简要描述：以知识和人才为依托，以创新为主要发展驱动力，主营业务为生物技术产品研制、规模化生产和流通服务的企业。

（二）组织能力

组织能力是什么？目前学界没有标准的答案，对组织能力的定义可谓百家争鸣。下面介绍目前引用度比较高的定义模型——杨三角模型和三明治模型，以及正略咨询梳理归纳的战略闭环－组织能力双螺旋模型。

1. 杨三角模型

在杨三角模型中，建构或改造企业的组织能力，需要同时在以下三个方面做出调整。

（1）员工的心态：牵涉员工愿不愿做、如何调整他们的态度、如何培养企业的文化等问题。

（2）员工的能力：有时员工即使愿意配合，但是却不具备足够的能力，这时企业就应该从提供训练、提升能力着手。

（3）员工的管理：即使员工有意愿也有能力向企业的目标迈进，但是企业的基础架构、流程及组织结构却让员工的努力大打折扣，甚至看不出效果，从而让他们失去动力。

建构企业的组织能力，要靠上述三个方面的相互配合、缺一不可，少了任何一个方面，都会使所有的努力白费。

2. 三明治模型

在三明治模型下，组织能力可以被分解为以下三个维度。

（1）组织价值观：即企业信仰什么、反对什么的理念共识，从广义上讲，包括企业的使命和愿景。

（2）组织规则：企业中形成的认可什么行为、不认可什么行为的规则共识，明确的规则或未明确的规则都可以，关键在于员工是否认可。

（3）组织知识：企业形成的制度、流程、方法论、模型、数据、基准等，这是企业从实践中累积的能够被全员分享的宝贵经验。

上述三个维度的成果存在递进影响：组织价值观是企业的底层逻辑，决定了员工的基础价值判断；在组织价值观的实践中，会达成关于行为的共识，这种共识会具象化为若干的组织规则；而基于组织规则的共同行动，会沉淀出各类组织知识。

3. 战略闭环 – 组织能力双螺旋模型

正略咨询认为，战略闭环包括战略规划、战略解码、战略实施、战略监控、战略复盘。虽然称之为战略闭环，但这些环节并不是在原地循环，而是呈螺旋式上升。

与战略闭环相匹配的组织能力包括战略规划能力、战略解码能力、战略实施能力、战略监控能力、战略复盘能力。

组织能力对企业战略起支撑作用，并且各项组织能力应与战略闭环的各环节相匹配。战略闭环各环节与各项组织能力就像 DNA 双螺旋结构的碱基对一样相互配对，任意一项组织能力缺失，战略闭环都无法完成。

二、战略闭环 – 组织能力双螺旋模型解析

（一）战略闭环 – 组织能力双螺旋模型中的战略闭环各环节

1. 战略规划

战略规划包括分析内外部环境，确立企业的使命、愿景、价值观，明确战略发展定位，设定战略目标，做业务发展战略规划和运营管控规划，制定相关战略举措。

2. 战略解码

战略规划完成后，高管团队或专业部门对企业战略规划进行解读，将战略规划转化成可以明确传达给所有部门和员工的目标和措施，并督导所有部门和员工制订相应工作目标计划。

3. 战略实施

各部门和员工根据已确定的工作目标计划，开展相应工作并反馈工作进程和工作结果，必要时应撰写工作报告。

4. 战略监控

各层级监控单位根据实际情况采用定期与随机相结合的方式，对工作目标计划的实施与达成情况进行监控，同时关注外部环境变化（包括但不限于政策和经济情况、市场情况、竞争对手情况等），评估战略实施情况，并给予各部门或员工必要的支持。

5. 战略复盘

组织通过对工作目标计划达成情况的分析，检视战略规划、战略解码、战略实施和战略监控的成绩和不足，保持各个环节的优点，改进各项问题，必要时及时调整战略规划，从而开始新一轮的战略闭环。

（二）战略闭环 – 组织能力双螺旋模型中的各项组织能力

1. 战略规划能力

战略规划能力是指需要具备清晰回答以下六个问题的能力。

（1）我们面对什么？运用科学的、系统的理论体系分析企业的外部环境。

（2）我们拥有什么？运营科学的工具、方法，客观、准确地分析企业的资源、禀赋。

（3）我们希望成为什么样的企业？确定企业的使命、愿景、价值观，树立企业文化导向。

（4）我们的阶段性目标是什么？制定企业未来一段时期的战略目标。

（5）我们如何实现战略目标？制定业务战略规划，确定细分市场、目标市场和市场定位，设计业务组合、产品组合，制定竞争策略，构建价值链。

（6）我们怎样保证战略落实？设计管控模式，构建组织机构，建设体制机制，规划流程，配备资源。

2. 战略解码能力

在充分理解企业战略规划（上述六个问题及答案）的基础上，企业可以运用科学、系统的理论体系，如平衡计分卡、业务战略执行模型（Business Execution Model，BEM）等工具，将企业战略规划在时间和结构两个维度上层层解码，最终构建与全面预算管理相结合的目标计划管理体系。

3. 战略实施能力

基于目标计划管理体系，企业应通过宣贯、讲解、沟通等方式，让企业内所有员工都充分理解和接受自己的目标计划；设计有效的考核与激励机制，让员工愿意为达成自己的目标计划而努力；建立培训、培养机制，让员工具备达成目标计划的能力；完善、优化各项制度流程，减少企业内部摩擦，减轻员工负担，提升员工工作输出效率和效果。

4. 战略监控能力

企业应基于目标计划管理体系、考核与激励机制，对标标杆企业，对目标计划达成情况进行评估和分析，对目标计划达成结果进行正向或负向激励，管控员工行为，促进目标计划达成。

5. 战略复盘能力

企业应检视战略闭环各环节实施情况，总结成功经验，强化企业优势，及时发现问题与不足并制定改进方案，进行战略规划反思，必要时更新战略规划。

三、创新驱动型全产业链生物医药企业组织能力建设

上文解释了战略闭环-组织能力双螺旋模型中各环节的内涵及战略闭环和组织能力的关系，但如何实现战略闭环、如何拥有或强化组织能力尚不够直观。

接下来，我们将该模型嵌入具体的企业中，以一家中等规模的创新驱动型全产业链生物医药企业为例做更具象的探究。该企业以研发、生产、销售肿瘤治疗药物为主营业务。

（一）创新驱动型全产业链生物医药企业组织能力

1. 战略规划能力

（1）外部环境分析。分析我国和世界肿瘤治疗药物市场情况，包括相关政策、市场需求、技术水平、经济情况等内容。

（2）内部环境分析。分析企业的技术实力、人才储备、软硬件资源、资金来源等情况。

（3）企业文化。确立适合创新驱动型全产业链生物医药企业的企业文化，建立尊重人才、鼓励创新的价值导向，塑造、培养员工勇于创新的思维模式。

（4）战略目标。制定未来三年或其他周期的战略目标，例如，实现营业收入情况、营业利润情况、研发投入情况，技术水平达到什么程度，强化产业链的哪个环节，等等。

（5）业务战略规划。锚定治疗药物细分市场，聚焦肿瘤药物目标市场，

强化创新生物药品市场定位，采用学术营销模式，主要服务中高端市场，提供优质售前及售后服务，塑造专业品牌形象，等等。

（6）战略保障。对分 / 子公司采取操作型管控模式，将组织结构设计为企业治理层（董事会、监事会）、经营管理层（高管团队）、研发体系、生产体系、营销体系、职能体系，建立权力制衡、利益协同的管理和激励机制。

2. 战略解码能力

利用平衡计分卡模型，将企业战略规划分解到财务、客户、流程、学习成长四个层面，完成一级解码；将一级解码后的目标和指标与全面预算相结合，转化为各体系、各部门的工作目标计划，完成二级解码；将二级解码后的目标计划落实到各岗位，完成三级解码。

将各级解码后的目标、指标制订成公司级、部门级、员工级的年度、季度、月度目标计划；如有必要，员工的目标计划可以细化到每周甚至每天，建立企业目标计划管理体系。图4为一级解码示例。

3. 战略实施能力

基于目标计划管理体系，各层级管理人员与团队成员充分沟通，使团队成员充分理解和接受自己的目标计划；建立考核与激励机制，开展人才测评，建立职级体系，规划晋升通道，为员工落实目标计划提供重要驱动力，塑造企业绩效文化；建立培训、培养机制，为员工培训、培养提供平台；规划、梳理、诊断、优化各项流程，建立健全各项规章制度，明确权责，在有效控制风险的基础上简化流程、提高效率、达成效果。

4. 战略监控能力

运用工作报告、业绩报表、办公会议等工具、手段对目标计划达成情况进行监控；对标标杆企业，客观评估目标计划达成情况；落实考核与激励机制、员工晋升机制等，对员工进行及时、有效的正向激励。

5. 战略复盘能力

建立经营管理体系，定期召开经营分析会议，通报各体系、各部门目标计划达成情况，分析成绩与不足，制定解决策略，推动改进、提升与落实；盘点企业内外部环境变化情况，为战略更新提供依据。

股东价值最大化

收入增长	现有产品销售收入	研发产品商业化
成本控制	生产成本	销售成本	研发成本
无形资产增值	新增IND①或FIH②数量	新增临床II/III期数量	新增DNA③项目数量
市值增长	提升市值

财务

客户开发	提升市场占有率
合作伙伴关系：精细化招商与管理	下层代理商开发（县级医院/社区医院）	代理商成本控制	销售商合规管理
其他利益相关者	**维系良好关系**	政府关系维护	银企关系维护	券商关系维护	媒介关系维护

客户

运营管理流程	新客户开发（医院）	现有客户维系和上量	维持稳定生产	管控生产成本	增强质量能力	完善体系建设	防止系统风险
客户管理流程	完成销售目标	探索数字化	搭建学术推广	降低销售费用	制定营销战略	销售合规管理
创新管理流程	推进在研产品研发	压缩研发周期	管控研发成本	商业化	管理研发组合
职能管理流程	打造服务型职能体系	建立目标计划管理体系

流程

强化人才队伍建设	保障各体系人才招聘	完善员工职业发展体系建设	优化人才培养体系
推进信息化建设	研发项目管理信息化建设	人力资源管理信息化建设

学习成长

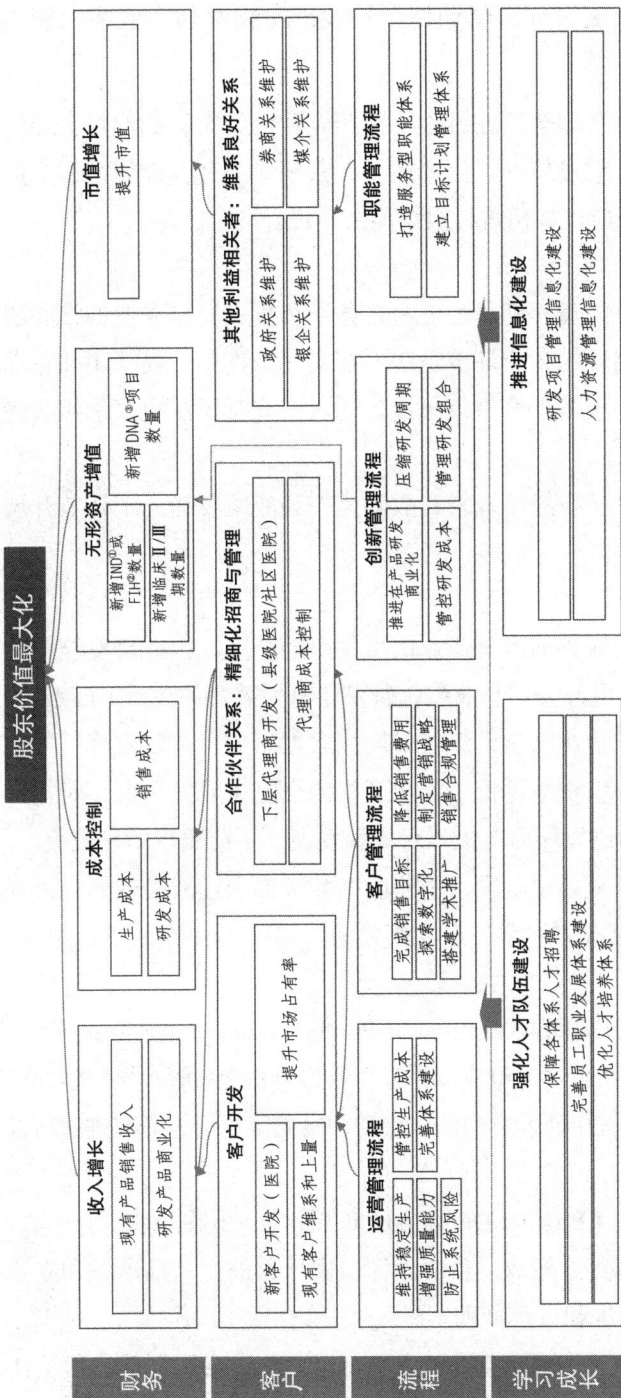

图4 一级解码示例

---

① IND 是 Investigational New Drug 的缩写，即新药研究申请。

② FIH 是 First in Human 的缩写，即首次在人类（临床试验）。

③ DNA 是 DeoxyriboNucleic Acid 的缩写，即脱氧核糖核酸。

（二）从组织结构角度看创新驱动型全产业链生物医药企业组织能力建设

基于中等规模创新驱动型全产业链生物医药企业的设定，我们将企业的组织结构分为高管团队、研发体系、生产体系、营销体系和职能体系五个部分。下面探讨这五个部分应该如何进行组织能力建设。

1. 高管团队

高管团队通常包括总经理、副总经理和各体系负责人，是企业的核心团队，理论上应该对战略闭环的各个环节负责。在实际工作中，高管团队负责组织编制战略规划方案并报董事会审议批准。同时，高管团队也要承担战略监控和战略复盘的职责。

因此，高管团队至少应在战略规划、战略监控和战略复盘三个环节开展组织能力建设。

2. 研发体系

企业的市场定位是创新驱动型全产业链生物医药企业，因此研发能力是企业核心竞争力的重要组成部分。企业强化研发竞争力需要关注以下四点。

（1）研发平台建设。企业已建设涵盖早期探索性研究、药物发现、工艺开发、中试放大、临床前生物学评价、临床开发的全链条研发平台，对标行业领先水平，各个阶段的研发能力应该相对均衡发展，不应出现明显短板。

（2）研发立项。在研发立项阶段，企业应综合考虑企业战略规划、市场需求、技术水平、研发成本等因素，建立跨体系、跨部门协作的柔性组织，如 C-PMT、PDT 和 SPT。

C-PMT 为企业组合管理团队（Corporate-Portfolio Management Team），由研发体系负责人、营销体系负责人组成。作为企业的研发立项管理层，C-PMT负责梳理企业研发方向，提出研发方向的设立和调整方案，组织研究进入新领域的可行性。

PDT 为产品研发团队（Product Development Team），由临床前研究中心、临床研究中心相关部门负责人组成，负责具体研发项目的立项前准备和立项工作，以及研发项目的推进和过程管理。

SPT 为规划策划团队（System Planning Team），由战略规划部、营销体系市场部和医学部部门负责人组成，负责为企业产品研发方向的确立、调整提供市场信息支持，为产品立项提供市场印证，为产品上市提供市场策略。

董事会为研发立项的最高决策层，负责决定企业研发产品组合战略，决定企业产品研发方向的设立和调整。

（3）研发项目管理。研发项目管理的两个核心指标是研发效率和产品效果，要想实现对于研发效率和产品效果的管控，除了专业的项目管理团队、配套的体制机制和科学的管理方法外，研发信息化和成本管理是两个关键抓手。

研发信息化要从基础的项目信息化管理逐步升级到覆盖研发工作全流程的医药研发一体化云平台建设。有些企业强调生物医药研发的创新性，却忽视了成本管理。其实成本管理与研发创新并不矛盾，不计成本的研发创新并非企业应该做的事情。这里的成本管理不仅包含资金的投入管理，还包含时间、人员的投入管理，即成本管理要求企业关注研发的投入和产出。

（4）人才队伍建设。创新型生物医药研发涉及的环节较多，这里特别强调企业人才队伍的完整性，即不存在某个环节人才严重缺失、缺位的情况，否则企业就会受到木桶理论短板效应的影响。

3. 生产体系

创新驱动型全产业链生物医药企业在生产体系的组织能力建设上至少应该关注以下三方面内容。

（1）产销联动机制。建立产销联动机制是创新驱动型全产业链生物医药企业在战略保障方面建立权力制衡、利益协同机制的重要工作之一，同时也是战略实施能力中确保企业运营效率和效果的重要手段之一。

产销联动的目的是通过控制产销平衡来实现生产效益最大化。产销联动机制并非营销和生产两个体系点对点联结，而是通过企业的经营管理进行分析决策，对整个价值链的各个环节进行把控，并监控各种保障机制顺畅执行。

（2）卓越生产。卓越生产应从管理体系、运营系统、认知与能力三个方面一体化推进，缺一不可。推进过程一般分为四个步骤：一是明确目标，统一认知；二是精准对标，计划翔实；三是分步实施，逐步强化；四是总体效益，考核激励。以上内容中，各级员工的能力提升也是重点之一。

（3）质量文化。建立卓越生产体系离不开质量文化的支持，质量文化的建立是个相对漫长的过程，企业可以通过一些具体的措施逐步实现。例如，企业可以将纠正和预防措施（Corrective Action & Prevention Action，CAPA）管理提升作为抓手，通过质量管理自动化、质量嵌入、重点预防、文化宣贯等措施，提高质量管理成熟度，促进质量表现提升，推动质量文化养成。

4. 营销体系

创新驱动型全产业链生物医药企业在营销体系的组织能力建设上可以关注以下三个方面。

（1）业务战略规划。企业应明确目标市场，运用科学的方法、工具制定企业整体营销战略规划，并将营销战略目标分解到年度工作计划中，做目标计划的 PDCA 闭环管理。

（2）学术营销能力。学术营销能力建设应以专业产品知识提炼为核心，抓住营销队伍建设和专业沟通渠道/工具设计这两个关键点，从而实现专业推广表现。

其中，媒体学术推广应关注广度，会议学术推广应关注深度，营销人员学术推广应关注精度，在临床环节培养医生和患者的忠诚度，进而提升企业的品牌价值。

（3）数字化营销能力。企业应明确数字化营销的定位与作用，将数字化营销打造成一线人员赋能的工具，而非管理工具。

根据企业的实际情况，数字化营销能力可以逐步提升，先利用数字化渠道（如微信文章、博客、线上研讨会等）触达医生与患者，再逐步发展成智能化营销，即利用人工智能技术对数据和信息进行分析、学习，从而优化对医药代表的建议。

5. 职能体系

创新驱动型全产业链生物医药企业的职能体系根据企业性质的不同，在部门设置上也会有所区别，但是一般都会有人力资源、财务、行政等部门。当企业达到一定规模时，也会设立战略管理部、企管部、信息管理部、审计部等。下面我们主要探讨一般企业都会涉及的人力资源和财务两个方面的组织能力建设。

（1）人力资源。人力资源的组织能力建设，主要为企业的战略闭环服务，要与企业的业务发展阶段相匹配。不论采用"三支柱"模式、传统的六大模块模式还是其他模式，企业都应该建立战略人力资源管理体系，强化人才梯队建设能力。

战略人力资源管理体系应参与战略闭环管理的每个环节，将战略规划、战略解码、战略实施、战略监控和战略复盘与人力资源工作贯穿、打通，形成整体规划。

战略人力资源管理体系尤其需要参与到战略解码、战略实施和战略监控的过程中，运用人力资源专业能力为企业体制机制建设提供支持，如组织结构设计、部门职责、岗位职责、绩效激励等。人才梯队建设能力要求企业做人才梯队顶层设计，包括人才发展规划、人才引进与保留、人才培养体系、人才晋升通道等内容。

（2）财务。财务的组织能力建设至少应该抓住两点，一是全面预算管理，二是成本管控。财务部一般是全面预算管理的统筹管理部门，全面预算承接战略解码后的各层面目标，具备规划、监控、评估、沟通协调的功能，从而起到资源配置和绩效评价支持的作用，并且全面预算应该与目标计划管理体系相结合，这样才能更好地为企业经营管理服务。

全面预算管理与成本管控相辅相成，贯穿战略闭环管理的各个环节，涉及的内容基本涵盖企业经营管理的全部范畴。创新驱动型全产业链生物医药企业应该重点关注营销成本、研发成本、生产成本和管理成本的管理。

四、总结

组织能力建设的方法和路径之所以很多，其根本原因并非研究人员的思想迥异，而是当今社会涌现出越来越多不同类型的企业。因此，很难有哪个理论或模型能够放之四海而皆准，即使有，该理论或模型也可能与企业的经营管理结合不深，不能为企业的发展提供翔实的指导意见。

因此，企业要想切实提升自身的组织能力，就需要结合自身的实际情况做有针对性的设计和规划，建设与企业发展阶段相匹配的组织能力。这样才能真正为企业的发展提供源源不断的动力，助力企业实现战略目标，在激烈的市场竞争中基业长青。

第五章

人力资源管理

1. 高科技行业的激励机制研究及案例分析

▶ 正略人力资源研究中心

与传统行业相比，高科技行业属于典型的知识、技术和人才密集型行业，并以创新为企业发展的核心驱动因素。该类企业的迅猛发展得益于知识创新、技术创新和管理创新，而这种创新的主体和本源在于掌握知识和探索知识的"人"。所以，知识型人才是高科技企业实现成长战略和创新战略的关键要素。因此，如何利用有效的激励机制激发高素质、高智力人才的创造力，发挥其创新潜能，对高科技企业的生存和发展至关重要。

本文从高科技行业的特点入手，分析高科技行业激励机制发展现状，探讨高科技行业激励机制的发展趋势，并以华为技术有限公司（以下简称华为）为例，就高科技行业的薪酬激励机制展开讨论。

一、高科技行业的特点、人员特点与激励策略

（一）高科技行业的特点

高科技行业作为国家科技实力的重要体现，受到越来越多人的关注。在分析高科技企业的激励机制之前，我们首先应思考高科技行业具有哪些特点和特殊性。根据正略咨询多年的实践，高科技行业的特点主要有以下四个。

（1）**从人员属性来看**，高科技行业是知识密集型行业，技术人才占比大，对技术人才的依赖程度高，技术人才是行业发展的核心驱动和中坚力量。对高科技行业而言，人既是最主要的资本，也可能是最大的成本对象。

（2）**从投入产出来看**，高科技行业具有极大的不确定性，投资风险较高。投资一旦成功，由于其产品或服务的附加值高，投资回报率也相当可观。

（3）**从企业文化来看**，高科技行业要具有创新驱动的工程师文化、试错

容错文化、精益求精的匠人精神。

（4）**从组织属性来看**，高科技行业内的大量企业采取"项目制"和"多维矩阵"的组织模式，这对企业的组织管理能力、人员的激励机制提出了极高的要求。

（二）高科技行业的人员特点

高科技行业拥有大量高素质的知识型研发、管理及营销人才，他们拥有系统化的知识体系和较高的技术水平，具有丰富的相关领域实践经验，在个人特质、心理需求、价值观念及工作方式等方面体现出以下五个特征。

（1）把高薪酬看作个人成就和地位的象征。他们的物质生活层次相对较高，一般不会为生计发愁；获得高回报被看作一种公平的待遇。

（2）重视自身知识的获取与提高，追求终身就业能力而非终身就业"饭碗"，对职业的忠诚度高于对企业的忠诚度。

（3）追求自我价值的实现，成就欲望较强，更愿意承担具有挑战性的工作，同时要求工作中有较大的自主权和决定权。

（4）具有独立的价值观念、独立的价值评判体系和判断标准，对企业文化的认同程度将深深影响其在企业中的工作态度、能力的发挥及贡献的大小。

（5）较强的危机意识与流动倾向。如果工作没有足够的吸引力，抑或缺乏实现自我与社会价值的平台，他们往往倾向于寻求新的发展机会。

（三）高科技行业的激励策略

高科技行业的人员特点决定了高科技行业的激励机制更加注重对人员的正向激励，尤其是对知识型研发人员。常见的激励策略有"内在激励"被引进激励管理系统，按照岗位类别管理绩效薪酬，薪酬战略支持企业创新成长战略，采用"高激励"和"高保健"结合的双高薪酬结构，向关键人力资本提供中长期激励等。

1."内在激励"被引进激励管理系统

"外在激励"主要指为员工提供的可量化的货币性价值，如基本工资、奖金等短期激励，股票期权、股份奖励等长期激励，退休金、医疗保险等货币性福利，以及企业支付给员工的其他货币性开支。"内在激励"则是指给员工提供的不能以量化的货币形式表现的各种奖励价值，如培训机会、发展机会、优秀的企业文化、良好的人际关系、相互配合的工作环境及企业对个人的表彰等。

高科技企业员工除了在意外在激励外，对内在激励也有很高的要求。因此高科技企业对员工的激励不能仅仅考虑外在薪酬，而应以人才的发展、成就、成长为导向，强调外在激励和内在激励的综合运用。

2.按照岗位类别管理绩效薪酬

绩效薪酬的类型应根据岗位类别进行划分，以满足不同层级员工的需求，达到绩效薪酬激励的有效性。绩效薪酬一般被看作短期激励形式。高科技企业一般采用奖金、佣金、年终分红、特别奖励等绩效薪酬形式对员工进行短期激励。奖金主要用于激励中层员工和基层员工；高提取比例的佣金用于激励销售人员，因为销售工作往往无法监督，所以佣金制是按照销售额的一定比例确定销售人员的绩效薪酬；年终分红用于激励中高层管理人员和高级技术人员、研发人员，因为其工作绩效与企业整体绩效的相关度更大，所以绩效薪酬的份额也更大；特别奖励用于激励有特殊贡献的研发人员。

3.薪酬战略支持企业创新成长战略

良好的企业薪酬分配体系能够很好地支持企业实现战略目标，能够与其他各人力资源管理环节紧密相连，形成系统的激励效果。企业创新成长战略是一种关注市场开发、产品开发、创新及合并等内容的战略。对高科技行业而言，企业创新成长战略主要集中在产品的研发创新方面，包括产品的创新和产品生命周期的缩短等。采取这种战略的高科技企业往往强调风险承担和产品的推陈出新，并把缩短产品研发上市周期（即产品由设计到投放市场的时间）、促进上市后的产品销售目标达成等视为重要目标。

这类企业的薪酬分配体系往往会向产品创新、生产方法研究和技术创新等岗位倾斜，给予这些岗位足够的报酬或奖励，倡导与员工成果共享、风险共担。它实现了企业与员工的共同成长，使企业在发展壮大的同时，员工也能获得自身能力的提升和收入的增长。这类企业通常采用高绩效薪酬或股票期权收益的薪酬体系，使员工在与企业共同成长的同时也能够得到比较丰厚的回报。

4. 采用"高激励"和"高保健"结合的双高薪酬结构

"高激励"模式是指绩效薪酬所占的比重大，即浮动薪酬要远高于固定薪酬。这种高激励的薪酬结构意味着员工的绩效成果对所得薪酬的影响较大。"高激励"模式更易调动知识型员工的积极性，激发员工的潜力。

"高保健"模式意味着高科技企业在员工福利保健方面的投入占员工总体薪酬的比重较大，企业一方面提供良好的福利以增加知识型员工的安全感和归属感，另一方面为员工提供舒适的工作环境以利于员工进行研发创新。"高保健"模式对于高科技企业留住关键人才具有重大意义，它能消除员工的后顾之忧，使员工全身心投入本职工作。

5. 向关键人力资本提供中长期激励

高科技企业的中长期激励可以采取多种形式，包括股票期权、虚拟股票期权、股票增值权、技术成果参与税后利润分配、技术成果入股、员工持股、高层收购、延期支付、各类虚拟股权等。企业需要根据行业特点、所处阶段、行业竞争情况、人才序列及层级特点等具体分析，出台具有针对性、差异化的中长期激励制度，最大限度地将人才的个人利益与企业的整体利益、长远利益结合起来，增强企业与人才之间的黏性，对人才起到很好的激励、约束作用。

（四）某高科技企业组织与激励项目案例

1. 诊断发现的问题

（1）该企业按"职能制"设置研发组织及岗位，无法确保重点产品线"研发责任明确、研发高效、客户响应及时且关系长期稳定"。

（2）该企业产品线与专业线的权责、利益分享机制不健全、不合理，导致协同不畅、效率不高。

（3）该企业当前的中长期激励采取岗位分红的模式，其规则不够明确，员工对个人分红结果缺乏预期；加之覆盖面过广，导致对核心人才的激励效果不明显。

（4）该企业当前各事业部的薪酬总额确定机制是基于员工人数进行设计的，容易导致人效难以提升，甚至持续下降。

（5）该企业考核激励虽然做到了按事业部核算，但是未建立以项目为单位的激励机制，不利于牵引"多上项目+干好项目"，基于项目的内部核算、管理会计等体系薄弱是关键原因。

（6）该企业部分绩效优、能力强的员工的薪酬标准低，存在"干得多、干得好的人"拿得比"资历老的员工"少的情形。

（7）该企业有些岗位的薪酬标准与市场脱节，导致离职率高、外部招聘难。

（8）该企业的福利体系未充分体现个性化需求，与个人业绩能力缺少关联，未能发挥有效的激励作用。

（9）该企业以职称代替员工能力等级评定，评聘一体，且员工职称"能上不能下""缺少横向流动机制"，不利于复合型专业人才及管理人才的持续培养。同时，还存在职称与薪酬激励挂钩力度小、对个人能力提升的牵引与激励作用不明显等问题。

2. 方案部分展示

（1）为提升研发效率，明晰各产品线业绩目标，促使经营压力向下传导，使各产品线形成你追我赶的竞争态势，正略咨询建议该企业将岗位按产品线形成"强矩阵制"管理。

（2）该企业应优化矩阵各主体的职责、权限，设计内部核算、结算机制，针对关键业务及相关部门建立"阿米巴机制与模式"，分解传导业绩压力到各组织的同时，有效促进跨组织协同。

（3）该企业应优化形成"基于虚拟股权的岗位分红"的中长期激励机制，使得激励对象筛选更加精准、聚焦，且分配机制更加科学、合理。

（4）该企业应建立基于"关键绩效指标（Key Performance Indicator, KPI）+行动方案"为导向的组织一次总额确定分配机制，并针对不同组织设计二次分配原则，以指导各组织内部的二次分配，充分体现"优劳优得"，适度拉开收入差距，以促进组织效能、人员效能的提升。

（5）该企业应建立完善的考核激励机制，设置项目绩效奖、超额利润分红等机制，促进项目的改善和提升。

（6）该企业应进行外部薪酬对标，创新内部岗位价值评估模型，设计科学的薪酬体系并实施薪酬套改，确保薪酬的内外部竞争力，提升薪酬体系对人才激励和保留的作用。

（7）该企业应建立基于积分制的弹性福利体系并完善现行荣誉体系，从保健因素的角度实现与绩效的挂钩，从而形成完善、系统化的综合激励机制，进一步提升人才激励的效果。

（8）该企业应优化职业发展与任职体系，具体包括以下五个方面。

- 优化职业发展通道，融合多套级别管理体系：明确哪些是"临时级别"，哪些是"终身级别"，哪些是"可变级别"；建立以"序列职级"为主线的"××级别管理体系"，明确各级别管理体系间的因果关系、级别对应关系。
- 优化任职资格标准。
- 制定职级评定管理办法。
- 制定管理办法，明确职级评定结果在薪酬、发展方面的应用。
- 建立基于职级体系的人才发展机制，促进人才能力提升。

（五）结论

高科技企业需要从行业的特殊性和知识型员工的特点入手，通过完善的薪酬管理方案与机制调动员工的工作积极性，将员工的个人利益和企业效益联系在一起，充分发挥薪酬管理的激励作用，提升企业的创新水平及市场竞争力，促进自身的可持续发展。

二、高科技行业薪酬激励机制的发展现状与发展趋势

（一）高科技行业薪酬激励机制的发展现状

高科技行业的薪酬激励机制在实际应用中存在诸多问题。

1. 薪酬水平缺少竞争性

企业设计薪酬时没有充分调查和考虑市场人才供需情况、竞争对手薪酬水平、企业自身竞争态势等因素，导致薪酬水平对优秀人才没有足够的吸引力。

2. 薪酬激励模式过于单一

各序列岗位采用统一的薪酬结构，知识型岗位未根据其岗位特点设置差异性薪酬结构，缺乏长期激励，无法调动知识型员工的工作积极性。

3. 激励无法与绩效有效挂钩

缺乏正确的激励理念，激励机制欠缺系统性，缺乏内容翔实且可实施的激励细则，绩效与最终收入无法有效挂钩。

4. 薪酬体系缺少持续改进机制，实施过程欠缺有效的动态纠偏机制

随着企业的不断发展，薪酬激励模式未进行及时有效的调整，造成知识型员工大量流失。

（二）高科技行业薪酬激励机制的发展趋势

对高科技企业而言，薪酬是一把双刃剑：使用得当能够吸引、激励并留住人才，可以卓有成效地提高企业的实力和竞争力；使用不当则会给企业带来危机。毫无疑问，建立全面、科学的薪酬激励机制，对于企业在知识经济时代培育核心竞争能力和竞争优势、维持可持续发展具有重要意义。目前，高科技行业的薪酬激励机制逐渐呈现出以下发展趋势。

1. 从经济性薪酬到"全面薪酬 + 全面认可 + 组织赋能"

目前，高科技企业的薪酬仍侧重经济性薪酬，但实际上，员工更希望得到全面的回报和奖励。有些国家已普遍推行全面薪酬，即不能把薪酬看作纯粹的经济性薪酬，还应包括非经济方面的激励和福利，如优越的工作条件、良好的工作氛围、晋升机会、培训机会等。随着薪酬的提高，非经济方面的激励和福利对知识型员工的激励作用将逐渐增大。

高科技企业要树立全面薪酬理念，将内在薪酬和外在薪酬结合、物质激励和精神激励并重，对员工进行全方位的激励。同时，随着不同背景、不同需求、不同个性、不同思维的新生代群体的加入，企业需要树立"全面认可激励"理念，在承认员工绩效贡献的基础上对员工的工作能力、工作态度给予特别关注，并对员工内在的心理需求给予认可和肯定。企业应正确认识员工的多层次需要，在传统物质激励、精神激励的基础上增加员工的个性化偏好激励方案，让员工参与激励方案的制定过程，以提高方案的激励程度。例如，谷歌公司、华为公司的荣誉体系，阿里巴巴集团、腾讯公司的福利体系等都是典型的成功案例。

全面认可激励模式是雇佣制下企业对员工的"全面认可"，意在激发员工的动力和热情，从而将员工的潜力发挥到最大。而在合伙制下，除了基于

一定规则进行利润分成或股份分红之外，合伙人之间既需要"全面认可"，也需要由认可转化而来的"自我赋能""组织赋能"。其中，"组织赋能"包括图1所示的三个方面。

图1 组织赋能

因此，进入数字经济时代，无论雇佣制、合伙制还是混合制，传统的薪酬激励机制都应进入"赋能时代"：全面薪酬＋全面认可＋组织赋能。

2. 从短期激励到短、中、长期相结合的激励机制

如何留住优秀的员工？如何更好地激励员工为企业的发展而努力工作？其中的关键就在于要从短期激励转向中长期激励。短期激励容易导致员工工作行为的短视化，尤其可能造成关键岗位上的优秀知识型员工流失，进而影响企业的可持续发展和长期发展战略的实现。

为了留住关键的人才和技术，稳定优秀的员工队伍，引导员工将关注重点放在企业发展的长远目标上，近年来，已经有越来越多的高科技企业在短期薪酬激励的基础上实施沉淀薪酬、业绩股票、股票增值权、虚拟股票计划、股票期权等中长期激励措施。

短期激励：薪酬＋绩效。短期激励的制定一般包括以下三个方面。一是确定薪酬类型，结合企业自身岗位特点进行设计，使不同类型的岗位享受不同的薪酬类型（如年薪制、业务提成制、等级工资制、计件工资制等）。二是设计薪酬结构，使各职位的固定薪酬与浮动薪酬的比例（固浮比）根据职位所处的等级和序列的不同而有所差异。一般而言，职位等级越高，固定薪酬占比越少、浮动薪酬占比越大。三是制定与考核结果挂钩的薪酬调整机制。一般来说，职位越高，公司层面的绩效指标占比越大，基层员工个人绩效考核要与部门的绩效挂钩，以牵引基层员工关注自身考核的同时关注部门绩效，加强内部沟通与合作。在此基础上，企业可以结合不同的薪酬结构和绩效考核结果，明确薪酬的发放标准、时间和方式。

中长期激励：奖金＋股权。高科技企业可以提取业绩激励基金，实施员工持股计划。业绩激励基金是指企业在完成每年特定业绩目标的情况下，根据既定的提取基数按一定的比例计提奖励基金的做法，一般分配给对企业整体业绩和中长期发展起到重要作用的核心人员。员工持股计划是指员工通过购买企业的部分股票（或股权）而拥有企业的部分产权，并获得相应的管理权，从而实现与企业的长期"绑定"、共同发展。员工持股计划的资金来源主要为员工获得的年度激励基金、员工自筹及员工以其他合法合规方式获得的资金等。

短期激励促收成，中长期激励促发展，通过打造短、中、长期相结合的激励机制，企业可以建立符合自身发展特点的激励体系。一方面，企业通过薪酬、绩效等短期激励改革稳定现有员工，激发员工的工作积极性。另一方面，企业通过构建业绩激励基金、员工持股计划等中长期激励模式，增强员工对实现企业持续、健康发展的责任感、使命感，促进业务的高速发展。因此，企业的激励体系建设必须将短期、中期、长期激励相结合，方能达到激励的目的。

3. 从等级工资到宽带型薪酬结构与扁平型组织结构相匹配

所谓宽带型薪酬结构，是指对多个薪酬等级及薪酬变动范围进行重新组合，使其演变为相对较少的薪酬等级及相应较宽的薪酬变动范围。这种薪酬结构与扁平型组织结构是相匹配的，主要特点是压缩不产生效益的、冗余的岗位级别，并将每个级别对应的薪酬范围拉大，从而形成一个新的薪酬体系，并辅以相应的操作流程，以适应新的竞争形势和业务发展需要。

与传统的基于职位的薪酬体系相比，基于岗位的宽带型薪酬结构更注重员工之间的专业能力差异，其实质是帮助企业解决激励体系问题。高科技企业引入宽带型薪酬结构，可以实现将知识型员工的个人收入与其对公司的贡献度直接挂钩，突出薪酬与业绩表现的正向关联。例如，在实行宽带型薪酬结构的企业里，一名绩效表现优秀的技术工人的收入有可能超过一名绩效表现一般的技术主管。

（三）结论

目前，我国高科技行业的人才薪酬激励机制存在一定的短板，未来需向实行"全面薪酬＋全面认可＋组织赋能"激励模式，建立短期、中期、长期相结合的激励机制，引入宽带型薪酬结构等方向发展，以便提振员工的工作积极性，促进业务的高速发展。

三、以华为为例，分析高科技行业的激励机制

（一）华为概况

华为成立于1987年，是一家由员工持股的高科技企业，专注于信息、通信、技术（Information，Communications，Technology，ICT）领域，在电信运营商、企业、终端和云计算等领域构筑了端到端的解决方案优势，为运营商客户、企业客户和消费者提供有竞争力的ICT解决方案、产品和服务。

华为拥有较大规模的研发团队，每年将不少于销售额10%的资金投入研发。华为在国内市场上占领了巨大的份额，并不断展开国际化发展的征程。

如果说华为第一次创业的成功源于具有超人胆略和远见卓识的企业家的奋力牵引，那么华为第二次创业的成功则源于对知识和人才的尊重，以及激励华为员工前进的价值分配政策和分配制度。

（二）华为激励机制分析

1. 华为价值链体系

华为价值链体系如图2所示：价值创造的核心是以客户为中心，价值评价的核心是以结果为导向，价值分配的核心是以奋斗者为本。

华为的薪酬管理思想是以贡献为准绳，向奋斗者倾斜，集中体现了华为的价值分配原则与形式。效率优先，兼顾公平，可持续发展，是华为价值分配的

基本原则，机会、职权、薪酬、福利、股权、红利等是华为价值分配的形式。

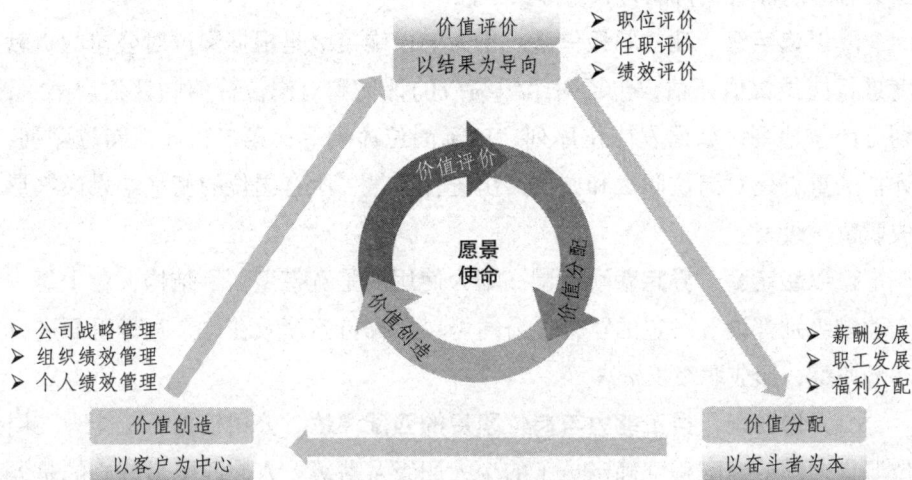

图 2 华为价值链体系

2. 华为薪酬福利体系

华为薪酬福利体系主要分为四块：固定薪酬＋短期激励＋中长期激励＋福利保障。

（1）固定薪酬——工资

总体来讲，我们可以用 16 个字来概括华为的薪酬管理——以岗定级、以级定薪、人岗匹配、易岗易薪（见图 3）。

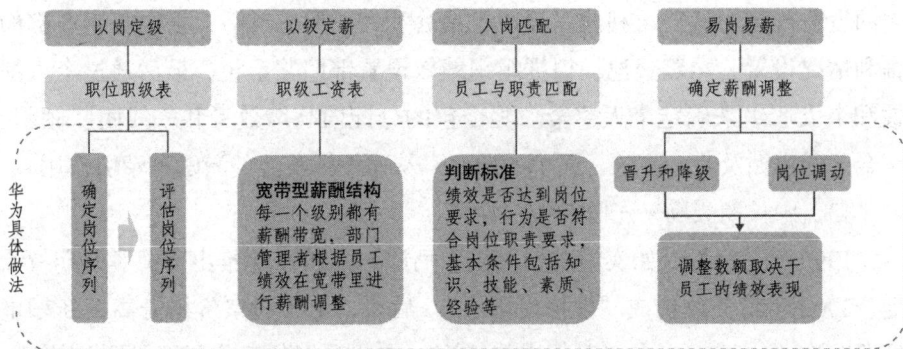

图 3 华为薪酬管理体系

对于每一个级别、每一个岗位工资的确定，华为既会考虑外部竞争性，也会考虑内部可支付能力和内部公平性。

a. **以岗定级，建立职级体系**。华为的以岗定级是根据岗位对公司的贡献度进行岗位价值评估，包括对组织绩效的评估和对岗位价值的评估。第一，划分岗位序列，如研发岗位序列、市场岗位序列等；第二，评估岗位序列，评估的重点是对岗位职责和岗位产出进行衡量，所有岗位的衡量结果最终形成职位职级表。

b. **以级定薪，界定薪酬范围**。华为使用的是宽带型薪酬结构：对于每一个薪酬级别都设置一定的宽带，公司可以根据员工绩效在这个宽带里面进行薪酬调整，形成职级工资表。

c. **人岗匹配，员工能力与岗位职责的匹配评估**。公司根据员工能力与岗位职责之间的匹配程度确定员工的个人职级及薪级。人岗匹配最核心的是评估员工绩效是否达到岗位的要求、员工行为是否符合岗位的要求；当然也包括一些基本条件，如知识、技能、素质、经验等。

d. **易岗易薪，关注职级和绩效**。易岗易薪是针对员工岗位发生变化的情况，一种是晋升和降级，另一种是岗位调动。岗位工资随员工岗位的变动而调整。

（2）短期激励——奖金

华为奖金管理的目标在于激活组织、激活员工、及时激励。公司奖金包生成机制是以公司达到基准赢利水平为前提，以促进公司的效益增长和经营改善为目标，并结合不同业务的发展阶段、业务发展等因素而制定的。奖金包的设置规则为从公司利润里提取盈余公积和股票分红后，根据各事业部的赢利情况设置公司奖金池，根据组织绩效设置部门奖金包，最后通过个人绩效和个人职级来确定个人奖金。奖金包的分配向高绩效者和一线团队倾斜，奖金分配遵循及时、高效、简单的原则，从而发挥奖金的激励和牵引作用。

（3）中长期激励——股票

1990 年，华为开始实施虚拟股权激励计划，2001 年推出虚拟股票期权计划，2003 年将其改造成"虚拟受限股"。后来，由于股票价格升高，新增虚拟股获取成本增加，内部退休人员增多，在职员工的工作积极性受到影响，此措施逐渐失去激励作用。华为于 2014 年推行时间单位计划（Time Unit

Plan，TUP）。

其中，"虚拟受限股"的操作办法是根据公司财务审计结果，确定年度新增发的虚拟受限股数量，根据部门绩效、个人绩效和个人饱和程度分配虚拟受限股。配股饱和度由职级确定，额度（股票现金数量）根据员工工龄每年调整，员工通过缴纳现金购买股票。虚拟受限股分红会控制在一定范围（30%～35%），并通过提升股价逐步降低分红比例。华为将离职员工的股份配给新人，并严格控制虚拟受限股数量，维持总股数基本不变。

TUP是华为从国外引进的一种模式，是一种奖励期权计划。TUP是现金奖励的递延分配，属于中长期激励模式，即预先授予员工获取收益的权利，但收益需在未来 N 年中逐步兑现。TUP的操作办法是根据部门绩效和个人绩效及配股饱和度每年分配TUP，TUP占饱和配股的额度与虚拟受限股享有同等分红权和增值权，有效期为五年，到期TUP分红与奖金一同发放，结算期后期权清零。

（4）福利保障

华为保障性福利管理遵循属地化管理、合法合规原则，在养老、医疗、生命保障等方面为员工提供基本保障和合理补偿。华为通过综合考虑，将保障性福利定位于所在国家和地区同行业的中间水平。华为非保障性福利管理以尊重当地实践和个性化设计为理念，在符合当地整体薪酬竞争性定位的基础上，将非保障性福利的成本纳入工资性薪酬包，作为刚性薪酬成本的一部分。

3. 华为激励管理机制

华为的激励管理主要通过薪酬福利制度、绩效考核制度、文化激励制度、荣誉激励制度这四个制度实现。按照马斯洛需求层次理论，管理者可以通过物质激励（薪酬福利制度和绩效考核制度）来满足员工的生理需求，通过创建良好的组织文化（文化激励制度）来满足员工的安全需求和情感需求，通过精神激励（荣誉激励制度）来满足员工的尊重需求和自我实现需求。

（1）薪酬福利制度

华为的薪酬福利制度即为上文提到的薪酬福利体系：固定薪酬＋短期激励＋中长期激励＋福利保障。其特点为：第一，领先型薪酬策略，以此保证薪酬对外具有竞争性；第二，公平、公正、透明的薪酬福利制度，依据员工对公司的贡献进行薪酬和奖金的分配，保证内部公平性，最大限度地激发员工的潜能；第三，简单高效的短期激励制度，充分发挥奖金的激励和牵引作用；第四，长期股权激励，实行股权激励、员工持股计划，让员工与公司共担风险、共享收益，极大地增强公司内部的凝聚力，以吸引和留住更多优秀人才。

（2）绩效考核制度

华为的绩效考核制度是基于职位职责、实际贡献和实现持续贡献的任职能力所构建的激励分配机制，该机制倡导团队合作，确保贡献者得到及时有效的回报和激励。

第一，团队绩效考核。首先，公司相关责任部门联合通过拆解公司整体战略，确定各部门3~5年的战略目标和当年的业务目标，并明确关键任务及可落地执行的措施。执行期间，监督部门会按月度和季度来审视目标的达成情况，并适时调整工作资源。团队的绩效考核原则是客观的"考"和主观的"评"相结合。"考"即通过一系列量化指标计算得分，"评"则是部门负责人述职评分，上级管理团队根据述职情况进行打分，最后根据评估结果确定团队绩效奖金包和分配规则，给予部门负责人及员工相应的激励。这一套考核制度可以确保管理团队高效运作。

第二，个人绩效考核。通过拆解部门目标，公司与员工沟通签署PBC①协议，确定个人目标。绩效执行过程中会有日常辅导、中期回顾、PBC刷新及关键事件记录。绩效评价阶段分为员工自评、主管上级评价和集体评价。个人绩效考核遵循公平、公正、公开、透明的原则，将更高的薪酬福利待遇向骨干员工倾斜，激励员工付出。

（3）文化激励制度

企业文化是企业的命脉，良好的企业文化可以增强企业内部的凝聚力。华为成立之初，文化激励发挥了巨大的作用。随着企业的壮大，华为创立并完善了符合自身特色的"企业文化"——学习、创新、获益、团结。它激励着华为员工进行集体奋斗。学习和创新代表敏锐的嗅觉，获益代表进攻精

---

① PBC 即 Personal Business Commitment 的缩写，译为个人业务承诺计划。

神，团结代表群体奋斗精神。同时，华为制定了相应的激励措施。例如，选派骨干员工进修以弥补管理空缺；采用末位淘汰法，每年按照约 5% 的比例淘汰落后者，建立良性的优胜劣汰机制以激活组织的战斗力；构建开放、包容、团结、互助的学习型组织文化以充分发挥员工的主观能动性，促进员工自主学习、自主提升、团结协作、持续创新。

（4）荣誉激励制度

华为有专门的荣誉部，主要负责对员工贡献度进行考核、评奖。荣誉部贯彻公司"小改进，大奖励"的精神，建立和不断完善荣誉奖管理制度，遵循"在合适的时间，利用合适的方式，奖励该奖励的事，奖励该奖励的人"的原则，推进各部门荣誉奖工作的开展，以激发员工的工作热情和创新思维。华为的荣誉奖项如图 4 所示。

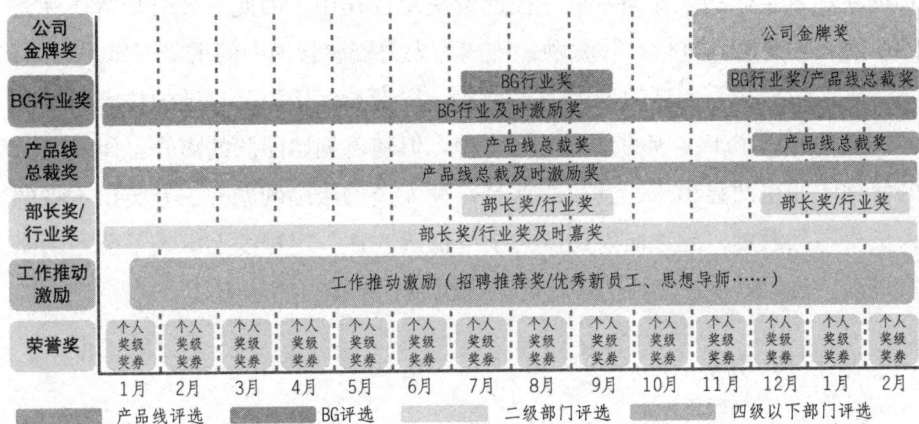

图 4 华为的荣誉奖项

（三）结论

华为公司能够在竞争激烈的通信市场中一步一步踏实发展并逐渐壮大，与其先进的管理理念、有效的激励措施、完善的晋升机制和合理的利益分配机制是分不开的。价值链体系打造了华为价值创造、价值评价与价值分配的闭环，薪酬福利体系激发了个体的积极性与能动性，而激励管理机制激活了华为团队的战斗力。这些多维度、多层次体系机制的竞合有效地助推了华为的发展。

2. 实业型企业如何高效激励研发团队——以 H 集团为例

▶ 正略人力资源研究中心

随着企业间的竞争日趋激烈，技术革新在提升企业核心竞争力中的作用愈发重要，相应的研发类员工在企业中的地位与作用也日益凸显。

特别是在以高新技术为核心竞争力的实业型企业中，研发人员的能力及其创新性对企业的生存与发展往往起着决定性作用。因此，吸引和留住优秀的研发人才并对其进行有效激励，已成为人力资源管理中的重要工作。

H 集团是某零配件领域的龙头企业，凭借其创始团队过硬的技术研发实力，公司经历了十多年的快速发展历程。但随着创始团队的离开，研发团队的管理问题也凸显出来，其核心就是研发人员的激励问题——有突出贡献的人员得不到激励，导致研发团队的士气低落，在一定程度上影响了公司的研发进度。公司亟须一套切实可行的激励机制，以提振团队士气。

一、现状与问题

通过深入了解发现，H 集团的研发体系存在研发人员类型多样、研发项目难易程度不一、工作内容差异明显等特点。高管对是否要激励及如何激励存在分歧，思想不统一，研发人员的积极性受到较大影响，研发项目延期情况比较普遍，导致客户投诉率居高不下。

当前公司对研发人员的考核更多以主观评价为主，激励形式主要是绩效工资，研发成果的差异对绩效结果的影响较小，因此激励作用微弱。

二、解决思路

考虑到研发人员类型多样、研发项目难易程度不一、工作内容差异明显等特点，正略咨询提出采用积分制的形式对研发人员进行激励，核心思路在于解决以下三个问题。

（一）区分研发人员

H集团的研发有设备研发、配件研发、技术迭代更新三类，相应的有三类研发人员。这三类研发人员的工作内容与模式各不相同，评价标准的差异也较大，因此要使用个性化的设计方案。

（二）项目级别评估

H集团的研发项目有大有小、有难有易，需要设计评估模型以确定项目级别，为不同级别的项目设定不同的积分标准。评估模型要把能影响到研发项目的核心因素考虑进去，如研发费用的投入多少、项目周期的长短、配备的研发工程师级别等。

（三）筛选评价指标

研发项目完成后，H集团需要对其效果进行评价，从而确定其最终积分。考虑到管理成本及实施的可操作性，指标宜少不宜多，且评价结果应是客观无异议和令人信服的。

积分制形式的最大亮点在于，它对各类研发人员的工作成果进行量化评估，一扫之前的主观评价结果较难令人信服、难落地的弊端。

三、方案设计

H集团首先要对研发项目进行评估，要把开发难易难度、项目周期及配备的研发工程师级别和人员规模都考虑进去。如此，所有项目的相对价值就能被评估出来，然后再给不同级别的项目赋予分值，不同分值对应不同奖励金额。不同级别项目的分值需要反复测算，避免出现同样的投入因项目不同而导致奖励不同的现象（见表1）。

表 1　配件研发类项目分级评估标准

评估要素	权重	评分标准	得分
开发难易 程度	50%	难度极大，需攻克 3 个以上技术难点。需要用创造性思维解决问题（$80 \leqslant f \leqslant 100$）	—
		难度大，需攻克 1 个以上技术难点，过程中的测试量较大（$60 \leqslant f < 80$）	
		通过现有技术积累即可实现（$f < 60$）	
项目周期	30%	2 年以上（$80 \leqslant f \leqslant 100$）	—
		1~2 年（$50 \leqslant f < 80$）	
		6~12 个月（$40 \leqslant f < 60$）	
		6 个月以内（$f < 40$）	
人员投入	20%	P7 级专家带队，7 人及以上（$80 \leqslant f \leqslant 100$）	—
		P5 级以上工程师带队，4~6 人（$60 \leqslant f < 80$）	
		P3 级以上工程师带队，4 人以内（$f < 60$）	

通常研发项目的周期较长，如果企业等项目结束后再给员工结算奖励，未免滞后，这也是员工抱怨比较多的地方。因此，正略咨询引入"里程碑奖励"的概念，根据研发阶段的达成情况进行考核，根据考核结果发放积分，根据积分兑换奖励（见表 2）。

表 2　研发里程碑奖励比例

研发里程碑 积分项	积分	立项	小试	中试	大试	量产	量产后 1 年
节点奖	60%	—	15%	30%	35%	20%	—
质量奖	40%	—	—	—	—	—	100%

在某个里程碑能否发放全部积分，要看员工在这个阶段的工作表现。具体地说，就是员工的研发成效怎么样，这就要求设定考核标准。

如果考核标准设置得过于复杂、透明度不高，那么员工的不公平感就会比较明显，激励作用也会大打折扣。正略咨询选择了一个考核指标，就是项目延期天数：项目按期完成得到全部积分，每超一天扣一定分数。这个考核标准是公开透明的，员工都能算清楚（见表 3）。

表3　研发项目节点考核规则

延期天数占总项目周期的百分比（D）	$D \leq 5\%$	$5\% < D \leq 10\%$	$10\% < D \leq 20\%$	$20\% < D \leq 40\%$	$D > 40\%$
节点考核系数	1	0.9	< 0.7	0.5	0

四、实施效果

（一）三少一多

方案实施后，最明显的效果就是研发团队的士气高涨，员工有了非常明确的奋斗目标。抱怨加班的少了，推托工作的少了，项目延期的少了，主动要求多做项目的多了。

（二）团队稳定，交期改善

原来研发团队的稳定性较差，研发人员离职率较高，人力资源部门的招聘压力较大；团队不稳定导致的比较明显的问题就是项目延期情况非常普遍，交货周期延误现象很多，客户投诉率居高不下。

新的激励方案实施后，团队明显稳定了，人员离职率大幅度下降，直接效果就是研发项目周期得到保障，客户对于交期的投诉也少了。

五、总结

在研发人员的激励方案构建过程中，企业要充分考虑研发人员的核心诉求，真正做到考虑研发人员的痛点；规则设定要公平且简单，写得明白、算得清楚，让研发人员把主要精力用在研发工作上，而无须在奖励等其他日常琐事上耗费精力。

3. 正略咨询助力 Y 公司人力资源体系优化与转型

▶正略人力资源研究中心

一、Y 公司人力资源体系优化项目背景

Y 公司是一家以服务业为主体业务的地方国企，公司经过多年发展，在细分行业中处于第一梯队。"十四五"期间，公司人力资源管理模式与机制面临转型。为进一步提升公司人力资源管理水平、成功实现企业转型，Y 公司展现出极大的改革意愿与魄力，敢于面对公司现状及问题，并与正略咨询建立合作，积极探索转型发展之路。

通过对内外部管理现状进行诊断与分析，正略咨询结合多年行业经验与人力资源体系优化经验，为 Y 公司岗位体系、绩效体系、薪酬体系、职级体系四个模块设计适配的优化方案，助力 Y 公司实现人力资源体系优化与转型。

二、Y 公司人力资源管理现状诊断

（一）管理诊断

正略咨询项目组对 Y 公司高层管理者、中层管理者与基层骨干进行了全方位访谈，运用问卷调查法、量表调查法、面谈调查法等多种方法对 Y 公司进行了全面调研诊断，重点对项目内容涉及的岗位体系、绩效体系、薪酬体系、职级体系四个人力资源管理模块进行研讨分析。

通常，人力资源管理诊断有定性诊断和定量诊断两种方式。

定性诊断是建立在诊断人员丰富的专业知识、多年的实践经历和精准的分析判断能力之上的，它通过对被诊断企业的调查研究，对该企业存在的问题做出系统性的判断。定性诊断不能单独开展，需与定量诊断工具相结合、与定量方法相补充。

定量诊断是指根据已经掌握的数据资料，运用量化方法对数据进行加工处理和分析，根据数据分析结果判断企业在人力资源管理中存在的问题。这种诊断方式相对客观。定量诊断工具和方法主要有以下五种。

1. 问卷调查法

问卷调查法是指通过设计问卷、发放问卷、回收问卷来了解员工的想法。诊断人员在使用该方法时要根据不同的调查目的、调查对象设计出不同的问卷，通过发放问卷和及时回收有效问卷、对问卷数据加工并进行统计分析来获得相应的结论。

问卷调查法是最常用的定量诊断方法之一，既可以诊断整个企业的运营状况，也可以针对某个部门进行调查。企业在设计问卷问题时要充分考虑答卷的效果、回收数据的可操作性和填写问卷的便捷性，必须最大限度地提高问卷的完整率和有效性。

2. 量表调查法

量表调查法可看作问卷调查法的一种，但它是通过组织测评、员工测评、自己测评等多种途径，对人员管理状况进行全面调查的方法。标准化的等级量表不同于问卷答卷，它对每个问题和选项都进行了数字量化处理，便于填写，其结果也便于统计和分析。

3. 面谈调查法

面谈调查法是指通过面对面访谈的方式获得组织运营状况、人力资源管理状况等信息，综合分析访谈者反映的问题并以此来判断企业在人力资源管理中存在的问题。通过面对面访谈，诊断人员可以获得有效的一手资料，直接了解员工的态度。

根据访谈对象层级、数量的不同，面谈调查法可以分为一对一面谈法和集体座谈法两种。一对一面谈法用时较多、费用较高，但是诊断人员可以有针对性地深入了解需要的信息；集体座谈法人数较多，可能导致发言人有所保留，但是集体座谈法效率高，能够从不同角度获取针对一个问题的信息。

面谈调查法一般分为三个阶段，分别是准备阶段、访谈阶段和总结分析阶段。在准备阶段，诊断人员需要确定访谈目标、访谈对象、访谈时间、访谈地点，拟定针对不同访谈对象的访谈提纲。访谈阶段通常采用一人提问、一人记录的方式，诊断人员通过营造友好的谈话氛围、明确提出问题、认真聆听来获得详细深入的信息。在总结分析阶段，诊断人员应趁热打铁，整理、归纳、提炼访谈要点和关键信息，形成访谈报告。

4. 客户资料研究法

客户资料研究法是指通过查阅客户的相关资料或由客户提供详细的内部资料，来获得企业信息和人力资源管理信息的方法。其优点是成本低、资料可轻易获得，但是这些资料有滞后性，并不能反映当下的状况。

客户资料研究法分为三个阶段——资料收集阶段、资料分析阶段和总结归纳阶段。在资料收集阶段，诊断人员要根据企业情况和管理提升需求提交资料需求清单，并交给客户方进行收集。在资料分析阶段，诊断人员要对资料的必要性、合理性、逻辑性、有效性等进行分析。在总结归纳阶段，诊断人员应根据资料分析情况给出专业意见和建议，形成总结分析报告。

5. 德尔菲专家法

这是一种专家研讨的诊断方法，其基本步骤为由多位专家获取并分析企业相关数据和资料，然后以几个主要问题为探究方向做出初步报告，再将可供选择的处理观点制成一览表，包括提供的反馈或不同意见，以及对诊断问题与解决方案的深入研讨结果。

（二）岗位体系主要问题

Y 公司的岗位体系主要存在以下三方面问题。

（1）岗位设置与职责不清晰，没有以部门职责和业务流程为基础分析、设置相应岗位。

（2）不同部门的岗位设置过于细化或粗化，与部门实际工作情况、员工分工与合作不匹配。

（3）岗位名称设置不够规范，部分岗位名称设置存在不完整、不具体、不精确的问题。

（三）绩效体系主要问题

Y 公司的绩效体系主要存在以下三方面问题。

（1）绩效指标的制定在规范性、可衡量性、准确性方面均存在不足。

（2）绩效考核措施不健全，激励性不足，员工干好干坏、干多干少的考核结果相差不大，不能调动员工的积极性。

（3）绩效辅导与反馈环节缺失，绩效管理未形成绩效指标制定、绩效考核实施、绩效辅导与反馈、绩效结果应用的完整闭环。

（四）薪酬体系主要问题

Y公司的薪酬体系主要存在以下四方面问题。

（1）尚未形成以岗位价值和绩效表现为分配核心、以关键岗位为倾斜重点的薪酬激励机制。

（2）尚未建立与外部市场对标的薪酬水平，同时未建立定期开展薪酬外部对标机制。

（3）薪酬体系与绩效体系的关联力度不足，目前虽然有关联，但是却无法发挥应有的激励效果，存在进一步改善激励性和员工活力的空间。

（4）薪酬内部公平性不足，缺乏合理的调薪机制和上涨空间；实现薪酬有效分配的基础管理工作存在较大优化空间，如岗位管理、任职资格管理等。

（五）职级体系主要问题

所谓职级体系，就是关于工作内容的最基本的分类分级。这一工作实在太过基础，以至于很多企业在进行其他方面的管理优化工作出现阻碍时，都不能意识到是这个最基础的分类分级工作没做好。职级体系大体上就是为其他管理工具提供阶梯和门槛依据的，如薪酬体系、员工职业发展规划、培训的组织、会议的组织等。这里需要说明，很多企业认为职级体系就是员工的职业发展通道，以至于只有在考虑员工的职业规划时，才会着手建立职级体系，这一观点是有待商榷的。

Y公司的职级体系主要存在以下三方面问题。

（1）职业发展通道不清晰，尚未搭建明确的员工晋升通道。

（2）员工晋升仅依靠直接上级的年度评价，没有建立合理的绩效体系、薪酬体系与职级体系的关联机制。

（3）缺乏明确的任职资格和评定认证措施。

三、Y 公司人力资源体系优化思路与方案设计

正略咨询项目组基于全面的调研诊断及外部调研与对标分析，立足 Y 公司历史因素、现状及战略发展目标，确立其岗位体系、绩效体系、薪酬体系、职级体系的优化思路，并设计适合 Y 公司的人力资源体系解决方案。

（一）岗位体系优化

正略咨询依据现代管理学的基本原理，基于 Y 公司的战略发展目标、业务发展规划，梳理其组织架构与部门职责，优化业务流程，建立岗位体系，实现合理设岗、明确岗位职责，并最终实现组织效率提升的目标。

岗位体系优化的意义如下。

一是角色感。员工明确了解本岗位职责及其他部门（岗位）职责，有利于了解团队的整体运作，知道自己工作的意义。

二是目标感。员工了解岗位职责与岗位目标，有利于认知自己与岗位要求的差距，明确学习成长的方向和目标，对于想要升任的岗位也有较明确的认知，进一步强化目标感。

三是成就感。技能资格体系的建立使员工有了成长目标，而资格等级的评定使能力各异的员工有了相对公正的评价。

四是招聘参考性。求职者能较明确地了解应征岗位的主要职责范围和资格要求，有利于吸引合适的候选人，筛选掉不能胜任的人员。

五是明确职责。岗位体系优化能使岗位间的组织关系和业务关联更明确，强化业务链。在梳理岗位、明确职责的过程中，企业能不断地发现存在的问题，改善业务流程中的不合理点。岗位体系优化规范了岗位的新增和删减，避免了管理的随意性，也避免了在此过程中造成的职责重叠和职责疏漏。

岗位体系设置的三大原则包括战略分解、因事设岗，颗粒度适宜、工作饱满，人岗结合、适应未来。

Y 公司与正略咨询项目组合作前已完成组织架构与部门职责的确定，并存在一定的业务流程基础。正略咨询项目组在此基础上，遵循岗位体系设置的三大原则，充分进行调研、分析与研讨，梳理出适合 Y 公司的岗位清单，并培训、指导 Y 公司各部门完成岗位说明书。下面介绍岗位管理的基本阶段。

1. 进行岗位盘点，建立岗位列表及职系、职族、职种体系

（1）部门充分交流，对作业内容和资格要求类似的岗位进行合并，对少量辅助性的岗位可主动忽略，以尽量简化公司的岗位体系。

（2）按重要程度对岗位进行简单的区分，例如：A类（关键岗位），需编制岗位说明书，并明确目前担任者的姓名；B类（一般岗位），只需进行基本职责的描述，描述控制在五条以内；C类（辅助岗位），只需列入岗位列表。

（3）确定岗位的归属。有些部门的组织机构比较复杂，甚至有职能交叉等现象，公司应尽量利用与部门沟通的机会进行梳理，明确该岗位在组织序列中的位置。

（4）确定岗位名称。岗位名称需简洁，需与岗位的任务、职责匹配。岗位名称十分重要，应能反映基本的岗位信息。

（5）确定岗位编号。Y公司要确定编号的标准，岗位编号应直观、简洁，具有唯一性。

（6）确定岗位基本职责。这时只是为了对各岗位进行区分和确认，所以尽量用简洁的语言进行描述。

（7）确定岗位人数。部分岗位没法准确定员，Y公司可以给出模糊性数据（或人数范围）；根据作业量进行人数浮动的岗位，Y公司可以列出单位标准。

2. 建立关键岗位的岗位说明书及一般岗位的职责描述

（1）与部门充分交流，甄别关键岗位。关键岗位的基本特性是：在业务流程中起到关键作用或重要的辅助作用，对公司的业务后果产生较直接、重大的影响，岗位相对固定，难以被其他岗位替代，或是专业性较强、难以招募的人才性岗位。

（2）确定岗位说明书的标准模板和实施流程。确定模板时，Y公司可以先在一两个有代表性的部门进行试操作，经反复交流后，确定既简单又有效的模板。

（3）对部门参与岗位说明书编制的人员进行培训，并形成岗位说明书编写指南之类的文件。

（4）在公司展开关键岗位的岗位说明书的编制，同时督促各部门编制一般岗位的职责描述。

3. 岗位说明书的保管与更新机制

（1）岗位说明书应以电子版形式保存在公司服务器上，并在各部门设置查询窗口和权限。

（2）建立岗位管理规范和岗位说明书变更流程，岗位有变更或职责、任职资格等主要项目有变化时，相关人员应及时更新服务器上的岗位说明书。

（3）在开展招聘、培训、考核等工作时，Y 公司要遵循岗位说明书的基本规范。

4. 实施标杆岗位的岗位价值评估

（1）在各业务领域选出具有代表性的岗位，作为岗位价值评估的标杆岗位。

（2）确定评估工具，成立岗位价值评估委员会，就评估工具的使用对委员会成员进行培训。

（3）岗位价值评估委员会先对一两个岗位进行试评估，并邀请该岗位任职者参与。

（4）根据评估过程中产生的问题，进一步细化评估标准，形成可操作的指导性文件。

（5）全面展开标杆岗位的岗位价值评估，并参照最终得分建立基本的薪酬曲线。

（6）参照标杆岗位情况，将其他岗位对应到薪酬曲线的相关位置。

（二）绩效体系优化

绩效体系设计的三大原则：战略导向性原则、考核全面性原则、公平公正性原则。

正略咨询项目组基于绩效体系设计原则，建立绩效体系优化模型。从公司战略出发，以绩效指标管理、绩效考核实施为两大支柱，以绩效结果应用为地基，共同承接公司战略并促进其落实（见图 5）。

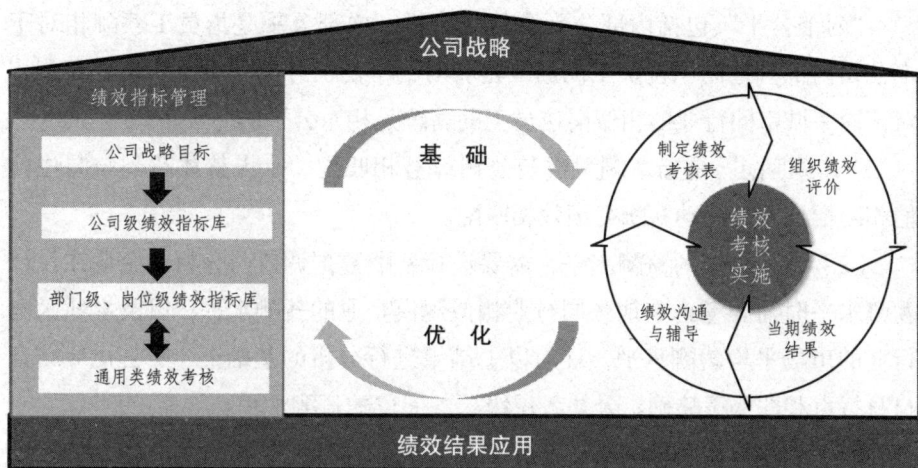

图 5　绩效结果应用

为帮助 Y 公司各部门制定科学合理的绩效指标，正略咨询项目组研读 Y 公司"十四五"战略发展规划，绘制战略地图并基于平衡计分卡的四个维度分解战略目标，最后培训、指导各部门建立绩效指标库。

正略咨询项目组重新梳理绩效考核流程，设计绩效激励方案，在绩效评价过程中引入绩效质询会、绩效评优会等机制，提升绩效考核的透明性、客观性、公正性。

强化绩效考核结果与薪酬体系的关联，合理设计绩效考核结果与季度绩效奖金、年度绩效奖金、职业晋升机制、年度调薪机制等内容的关联，使各层级员工的绩效考核结果最终能够体现出一定的区别，增强绩效体系的激励性。

（三）薪酬体系优化

一个相对公平合理、可行性强的薪酬体系可以对组织发展起到很好的激励效果。根据企业管理的要求、Y 公司的特点及存在的问题，正略咨询项目组优化了 Y 公司的薪酬体系。

（1）薪酬体系优化需要满足"一个前提"，确保"两个公平"，实现"三项匹配"。

"一个前提"是指满足 Y 公司的财务支付能力和上级单位的预算要求。

　　"两个公平"包括内部公平和外部公平。内部公平是指员工薪酬相对于本公司内部其他同岗位员工的薪酬是相对公平的，外部公平是指员工薪酬相对于同一城市同行业的相似岗位员工的薪酬是相对公平的。

　　"三项匹配"是指薪酬总额与公司效益相匹配、个人整体薪酬与岗位价值相匹配、个人浮动薪酬与绩效相匹配。

　　（2）设计合理的薪酬水平，需要进行薪酬数据调研与分析。企业在设计薪酬水平时需要考虑本地区同行业相似规模企业的薪酬水平，以及本地区同行业的市场平均薪酬水平。在对以上结果进行分析的基础上，Y公司应结合自身特点和薪酬策略确定公司各层级、各岗位的薪酬水平。

　　（3）企业内部不同岗位、不同人员之间的薪酬比较是薪酬内部公平性问题。岗位管理与岗位价值评估是现代薪酬体系设计的基础，也是从根本上解决薪酬内部公平性的关键。Y公司只有公平地评估不同岗位之间的相对价值等级，设计相对合理的薪酬差距，使薪酬制度既可以发挥激励先进的作用，又能被大部分人所接受，才能保障自身健康地发展。

　　岗位等级矩阵示例如表4所示。

表4　岗位等级矩阵示例

薪酬等级	某国企各部门岗位等级矩阵（示意）											
	总经办	企管部	人力部	财务部	技术部	质环部	审计部	物采部	市场部	设计部	仓储部	生产部
8					部长	部长			部长	所长		部长
7	主任	部长	部长	部长	副部长、主任工程师	副部长	部长	部长	副部长	副所长、主任工程师	部长	副部长
6	副主任	副部长	副部长	副部长			副部长	副部长			副部长	
5												工段长
4	……	……	……	……	……	……	……	……	……	……	……	……
3	……	……	……	……	……	……	……	……	……	……	……	……
2	……	……	……	……	……	……	……	……	……	……	……	……
1	……	……	……	……	……	……	……	……	……	……	……	……

（4）建立一个系统的、合理的薪酬与绩效挂钩的体系，是实现有效"传导压力、激发活力"的关键，也是实现"各层级员工能上能下、员工能进能出、收入能增能减"的深度改革的关键。该体系可以增强 Y 公司的企业活力和竞争力，推动公司进一步实现高质量、可持续发展。

（四）职级体系优化

既然职级体系是个分级分类的管理工具，那么肯定有关于分级和分类的描述。分级是需要规则的，分类一般来说没有特别正式的规则，但不同类别之间存在一定的关系，这种关系也是一种规则。另外，既然是职级体系，那么岗位／职位的命名肯定是逃不开的。实际上，很多企业在岗位／职位的命名上较为混乱。

职级体系可分为四个组成部分，即职位分类系统、职位排序系统、职位命名系统和职位流转系统，分别对应分类描述、分级描述、命名方法和分级分类标准。

（1）职位分类系统。顾名思义，这部分工作就是对岗位／职位进行分类，所谓职族、职类，不过是类别的名称罢了，与之相似的还有职群、职种、职门等。不同的文章会使用不同的名称，但这些名称并不重要，重要的是分类的方法和原则。

（2）职位排序系统。所谓排序，就是分级。与分类相比，其实多数人更关心的是分级。分级比分类麻烦得多，需要考虑企业中各种各样的分级需求，也因此出现了类似职等、职级、职层、层级、级、岗位层级、人力资源等级等各种各样的概念。

（3）职位命名系统。职位命名系统里的职位／岗位，有时只是头衔、称谓，它包含职责，但不完全是职责。组织结构里的岗位则不然，只要是列入了组织结构，一级一级的汇报关系是很清晰的。所以有的企业的高级经理是经理的上级，而有的企业的高级经理仍然等同于经理。从标准的角度来说，我们建议企业按照统一的规则进行岗位／职位的命名，尽量避免混乱。

（4）职位流转系统。流转包括纵向流转和横向流转。纵向流转即晋级降级，它是和任职资格体系相联系的。一个人晋级一定是符合了一定的条件，这个条件就是任职资格。而横向流转其实就是现在很多企业采用的轮岗机制。

四、结语

正略咨询与 Y 公司深度合作，助力 Y 公司实现了优化岗位体系、绩效体系、薪酬体系、职级体系的目标，提升了 Y 公司组织管理的科学性和激励性。

4. 建工企业境外人员薪酬激励体系设计思路

▶ 正略人力资源研究中心

一、发展背景

建工企业是我国基础设施建设的主力军，在城镇化的飞速发展中积累了丰富的技术和经验。作为劳动密集型企业，我国建工企业承担着吸纳人员就业的社会责任，而境外建筑项目工程不仅获取难、建设周期长，工作人员还面临着工作条件艰苦、文化差异、远离家乡等现实问题。因此，设计适宜且具有吸引力的境外人员薪酬激励体系，对境外项目的顺利开展具有重要意义。

二、薪酬设计思路

（一）基本思路

一般来说，跨多个地区的企业为平衡各地工作人员间的薪酬差异，多用"地区系数"进行调节。薪酬的地区系数反映了各地经济和物价水平的差异，适合作为各地区工作人员薪酬水平差异设计的依据。然而对跨国家（地区）工作的人员来讲，经济和物价水平不足以作为薪酬设计的依据，企业给予境外人员的薪酬还应该包含对于其长期离家、境外风险等的补偿。

目前，大部分国有建工企业采用境外人员与境内人员的薪酬呈倍数关系的方式确定境外人员的薪酬水平，即同一职级（岗级）的境外人员的薪酬一般是境内人员薪酬的 2.3~2.6 倍。

境内境外薪酬水平的倍数关系在不同企业有不同的应用方式，有些企业对所有境外工作人员采用同样的倍数，有些企业会向高职级人员倾斜，职级越高，倍数越高，也有一些企业根据发展需要对不同岗位有所侧重。

（二）不同地区津补贴设计

境外人员薪酬结构与一般薪酬结构设计基本一致，主要包括固定薪酬、浮动薪酬及津补贴。

境外人员一般采用同级境内人员薪酬总额的1倍作为固定薪酬，薪酬总额减去固定薪酬后的剩余部分作为浮动薪酬；浮动薪酬与绩效挂钩，通过考核确定，由此也能达到比较合理的固浮比。某国有建工企业境外风险评估表如表5所示。

表5　某国有建工企业境外风险评估表

序号	项目	评估维度	分数		地区			
			最优1分	最劣5分	A	B	C	……
1	气候	温度、湿度、温差等	气候宜人	气候恶劣，不适宜居住				……
2	灾害	地震、台风、海啸等	自然灾害少发地区	自然灾害高发地区				……
3	治安	政局变化、犯罪、暴力事件等	良好，犯罪率低	不稳定，境外人士常遇到危险				……
4	卫生	传染病、医疗条件	无传染病，医疗条件好	卫生条件恶劣，有致命传染病				……
5	生活条件	生活物资、水电网络、日常用品	物资充裕	非常缺乏必要生活物资				……

境外人员薪酬结构中比较特殊的一部分是津补贴。建工企业在境外的机构多为项目部，会为其工作人员提供基本的食宿，所以其津补贴不需要侧重生活日常，而更多的是对境外安全、卫生、属地环境等风险因素的补贴。在设计境外津补贴时，企业可以根据实际情况对不同国家（地区）风险进行评估，设计不同的津补贴金额，使工作人员在各个国家（地区）的薪酬达到相对公平。

（三）不同人群激励约束设计

建工企业在境外最重要的人员有两类，一类是成本中心人员即项目管理人员，另一类是营销中心人员即市场开发人员。

1. 项目管理人员

项目管理人员对工程时间、成本、质量的把控和运作水平，直接影响项目的赢利情况。项目管理人员若能与业主方进行密切沟通，进一步实现项目的二次经营，这对提升整体项目收益、开拓当地市场会有极大的促进作用。因此，项目管理人员的薪酬保障和激励作用就显得至关重要。

对于项目管理人员的薪酬激励，建工企业一般从以下两方面进行考虑。

一方面是以绩效考核约束项目管理的业绩水平。在绩效考核方面，项目部与其他机构最大的不同在于项目部的考核周期较长，一般以年度为周期进行考核。除此之外，项目部还增加对项目周期的考核，考核的关键点与项目管理的关键点要保持一致，考核内容以重要里程碑的达成情况、项目成本及费用控制、应收账款周转率，以及一些红线指标如安全生产、廉洁从业等为主。项目周期重点考核项目经营成果，如营业收入、利润额、利润率等。

另一方面是以专项奖金激励项目二次经营。奖金分配的核心依据是工作人员通过努力为企业创造的利润，企业可以通过奖金的形式进行利润的二次分配，给予工作人员一定的激励。项目管理人员的奖金可以设置为"超额利润奖"，以项目部成立之初签订的目标责任为标的；在目标利润之上，对于项目运作产生的超额利润部分，企业可以按一定比例进行激励分配。

2. 市场开发人员

建工企业的市场开发工作多为大客户营销、政府营销，具有开发周期长、金额大、难预测的特点。境外建设项目的开发需要团队作战，一般至少需要三类人员参与，即市场开发人员、商务合约人员、施工技术人员。随着项目"投—建—营"一体化的推进，未来投融资人才、运营人才都会参与项目开发环节。

针对市场开发人员的激励约束设计主要有三种模式：纯提成制、纯绩效制、绩效＋提成制。

纯提成制与项目的签单金额直接关联挂钩。该模式能充分激发敢闯敢拼的人员的积极性，让他们为潜在的巨大收益去奋斗，但是也隐藏着"竹篮打水一场空"的风险。由于薪酬既要起到激励作用也要起到保障作用，因此对建工企业的市场开发人员来讲，采用纯提成制会导致员工的收入非常不稳定，在境外市场不确定、风险较高的情况下，使用该模式会使企业难以留住优秀人才。

纯绩效制是通过绩效考核约束及规范员工在市场开发环节中的各个动作，只要完成这些营销动作，就能够实现项目签约。这种模式的优点在于员工收入稳定，缺点在于这种模式对项目开发的成果缺乏实际管控。

因此，绩效＋提成制的模式能较好地实现风险与收益的平衡，既能够关注过程，又能够管控结果。

（四）激励模式选择与设计

企业在实际管理中选择纯绩效制还是绩效＋提成制，需要根据企业的发展阶段、激励风格来决定。一般企业在境外市场拓展的初期阶段，亟须留住人才进行长期艰难的市场开发，更适合采用纯绩效制。到了市场成熟阶段，员工相对稳定、业务技能成熟，企业需要加强对员工的激励，因而更适用绩效＋提成制。绩效＋提成制模式的具体考核方法主要有以下两种。

1. 直接考核法

这种方法在绩效指标中直接考核业绩指标（也可以不考核业绩，只考核过程），业绩达成后，依据业绩完成情况进行提成激励。提成的"提点"需要企业根据历史业绩、市场情况进行测算，测算思路如下。

假设所有市场开发人员的能力相同、市场情况相同，按照人均产出测算提成比例：

浮动薪酬总额＝员工境外薪酬总额标准－固定工资总额

测算提成总额＝浮动薪酬总额－预计绩效工资总额

提成比例＝（所有市场人员测算提成总额 ÷ 平均年合同额）×100%

（注：也可以按预计利润额来测算，如果用预计利润额测算提成，提成比例就会相应提高）

假设境外市场开发人员薪酬按境内同级人员薪酬水平的 3 倍测算，一般可以将 1 倍作为固定工资、1 倍作为绩效工资、1 倍作为提成进行结构设计。企业也可以根据实际管理需要调节这三部分的比例，通常提成占比越高，薪酬的浮动性越强、激励性也就越强。

2. 混合考核法

这种方法的绩效考核指标包含业绩指标和工作计划指标，且也有以下两种设定思路。

（1）绩效考核设定业绩目标，目标之内不提成，达成即获得绩效工资，超过目标值部分进行提成激励。

（2）绩效考核设定业绩目标，同时提成也从"0"开始，达成绩效目标双重激励。这种思路下提点的测算原理与上一种相同，但对企业设定绩效目标有一定挑战，一般用于成熟市场上业绩目标可以合理预测的情况。

除上述几类人员外，其他参与市场开发的商务合约人员、施工技术人员等，其薪酬构成建议以"固定＋绩效"为主。有些企业为加强前后方的联动，也会为这些岗位设计少量的提成工资，其测算方法与市场开发人员的提成比例测算方法一致。

需要注意的是，一方面，薪酬结构中的提成比例不宜过高；另一方面，营销团队中所有人员的提成比例要有横向对比的公平性，合理体现各类人员的贡献程度。

总的来说，建工企业境外人员的薪酬激励设计策略，关键是要在确保公司利润与成本平衡的前提下，实现项目组内各类人员薪酬的内部公平，以及各类人员个人薪酬水平与岗位价值相匹配，进而为境外项目的顺利开展奠定坚实的人才队伍基础。

三、结论与建议

建工企业境外项目人员大多是家庭负担小的年轻人，"高薪"是吸引他们的重要因素之一。除此之外，职业发展的前景、企业的保障等方面也是他们关注的重点。所以企业要结合以上问题，建立健全境外员工的保障体系和措施：一方面，要在薪酬设计上激励年轻人敢于出境工作，给予他们较高的待遇和预期；另一方面，要建立完善的人才发展体系。企业应及时安排到一定年限、年龄的员工回乡，为他们提供职位交流、培养和晋升的机会，在内部人员晋升上侧重有境外经验的人，使其担任更重要的角色。同时为家庭情况特殊的员工制定回乡照顾政策，妥善安排这类员工，提供人性化的管理。

企业只有保障好、服务好员工，其人才队伍才能是"一池活水"。

5. 定编有方，用人如器——企业三定之定编分析

▶ 正略人力资源研究中心

企业的定编工作主要是根据企业的特点确定产品发展方向和其生产经营规模，并在一定时期内、在一定生产工艺技术和组织条件下，确定整个企业及其内部层次、部门、单位和岗位所需要的具有一定条件的劳动者人数。

企业的定编工作是企业人才组织设计的重要环节，直接关系着企业现有的人力资源水平和岗位与其所属职能的匹配程度，直接影响到企业对人力资源的总体规划、人才的引进及使用成本，以及企业的劳动生产率。

一、企业定编的依据

要使定编工作做到科学、合理、符合企业实际，企业需要进行整体分析，综合考虑行业现状、特性、发展趋势、企业发展阶段、战略、定位、人才需求等因素，力求做到人员数量与业务匹配、人员质量与行业匹配、人员结构与发展匹配。

完整的定编工作是一项系统工程，存在很多影响定编成效的因素。企业在这些因素的互相影响、互相作用下，制定定编的具体标准，进行全面的岗位分析，结合历史数据和行业相关数据进行研究，不仅要立足于企业现状，还要综合考虑企业未来发展的需要。

（一）岗位现状分析

通过对岗位设置、岗位职责分工与任务分派方式、人员素质与岗位任职资格要求等方面进行分析，企业可以重组组织和岗位体系，编制岗位职责，形成各岗位的岗位说明书。

在分析过程中，企业可以通过访谈、问卷调查和工作日志等调研数据，探索研究岗位设置中存在的问题，具体包括以下五个方面。

1. 岗位职责范围和岗位信息是否完全相符

岗位职责主体是在整个企业的发展进步过程中逐渐形成的。一方面，岗位职责主体主要是根据各岗位的核心任务来进行设置的；另一方面，随着企业经营管理发展各个阶段的变化，岗位职责范围也会发生变化。一个岗位的职责定位方式是否正确，取决于其职责范围和岗位信息是否相符。

2. 是否有职责重叠

职责重叠会造成工作中的推诿扯皮，影响工作效率和质量。例如，在某企业中，销售文员和项目经理的工作职责均包含项目付款，其直接后果可能是导致支付无效，但却无法界定由谁承担责任，支付的协调也无法进行。

3. 职责协调是否均衡

企业中的许多工作目标都是通过岗位之间的合作来实现的。在工作流程中，上下游之间有协调，横向岗位之间也有协调。如果协调职责不明确，不仅预期目标很难达成，甚至会影响整个工作闭环的形成。

4. 工作中是否有职责空白点

岗位是为了完成工作任务而设置的，企业在进行岗位分析时要找出职责空白点，这样每一项职责才能落实到具体岗位上。

5. 工作量是否饱和

企业在进行分析时需要考虑工作难度、工作周期、工作耗时、与他人协作情况等，如果岗位工作量不饱和，应该考虑将该岗位设为兼职。

企业通过岗位分析解决上述问题，可以使各岗位职责明确、工作任务分工合理。岗位设置只有科学合理，才能为配备企业人员工作提供良好的基础。

（二）历史数据分析

企业历史数据中的典型数据是企业业绩、员工素质、市场状况良好情况下的年度数据。只有这样，才能有合理的假设，从而真实地反映企业的投入产出状况。历史数据常见的分析指标如下。

一是经营指标，如人均销售收入、人均业务量、利润等。通过比较这些指标，可以确定企业的经营状况。

二是企业的人员规模与劳动力生产成本。随着企业的进步，人员规模扩大、人工费用上升是正常情况，企业需要分析的是在绝对成本上升的同时，相对成本是升还是降。企业发展趋势中的绝对成本一般都有所增加，但相对成本应持平或减少，即企业需要实现价值增值。

三是人均人工成本与人均销售收入的比值。自身资料和数据之间的对比可以体现出企业发展的变化趋势。比如，某企业2019年的投入产出比为3∶1，2020年为2∶1。从两年的统计资料的数据对比中可以发现，投入产出比有所下降。下降的原因有很多，在内部因素中，人工成本的上升可能是其直接原因。另外，创业激情远不如前、新市场开拓费用的小规模增长也可能导致投入产出比的大幅度下降。

企业在与自身历史数据相比时，若发现数据不如以前，则应该考虑控制人数甚至减少人员。

（三）行业数据分析

投入产出比要求企业在分析对比自身历史数据的基础上，再与行业的平均值进行比较。将个体数据放在行业中进行比较，能够直接反映一家企业的实际赢利能力。如果净资产价值高于行业平均水平，说明企业实现赢利的能力强；而如果净资产价值低于行业平均水平，就表示企业实现赢利的能力还有待加强。

若某企业在与自身的历史数据相比时，发现投入和产出都在下降，但放在行业中进行比较，发现整个行业的水平也在下降且下降幅度更大，那么从中可得知，该企业的赢利能力还算不错。这样企业就可以参考行业的配置情况进行定编工作。

（四）内外资源分析

通过大量历史数据分析及相关行业统计，企业对自己的产能已经有了明确的认知和定位，但是这些信息仅能作为配额分担方式的参照。在纵向对比（与历史数据进行对比）和横向对比（与行业统计数据进行对比）的基础上，企业还应综合分析影响定编配置的内外资源。企业的内外资源是影响企业定编的重要因素，主要包括以下三个方面。

1. 企业人力资源质量

企业人力资源质量有以下三个影响因素。

第一个是管理人员影响因素。管理人员的能力会直接影响到管理人员的数量。如果管理人员能力较强、综合素质也高，那么企业所需的管理人员就会减少。

第二个是员工影响因素。如果企业员工的技术水平很高、素质良好，那么企业对于管理人员和其他相应职位人员的需要就可能大大减少。

第三个是员工接受培训的状况。如果企业中的员工接受了良好的培训，技能熟练，那么企业所需的员工数量也能大大减少。

2. 岗位工作内容

企业首先要衡量岗位工作内容是否标准化或趋于相似：标准化或者相似度越高，企业所需人员就会越少；工作越复杂、不确定性越强，越需要上级来决策处理，则企业需要的管理人员数量越多。其次需要考虑岗位之间的关联程度：岗位之间的关联性越强，协调量就越大，企业对于管理人员的需求也就越多。

3. 技术和环境

对于技术和环境，企业应主要考虑三方面因素。其一是技术因素：专业技术水平高，企业的人员需求相对较小；专业技术水平低，则恰恰相反。其二是设备先进程度：先进的设备对于操作者的素质有很高的要求，相应的人员数量需求就会变小。其三是企业信息平台建设水平：企业信息平台建设成熟，则信息的传递速度快、效率高，因而企业对于信息传递者和管理人员的需求就会大大减少。

（五）未来发展分析

随着业务增长和规模壮大，企业需要预留发展性编制，且处于成长期、成熟期、衰退期的不同企业应预留不同的编制空间，力求做到"能上能下、能进能出"。

一般而言，处于成长期的企业，其业务增长基于人员的增加，同时需要为规范管理储备优秀人才。因此，成长期企业岗位编制的增加要基于劳动生产率不降低，这对人力资源规划提前布局提出了更高要求。其中，业务类人员需先于业务发展完成布局，职能类人员则应相对保持稳定。成长期企业标准化人员增长模型如图 6 所示。

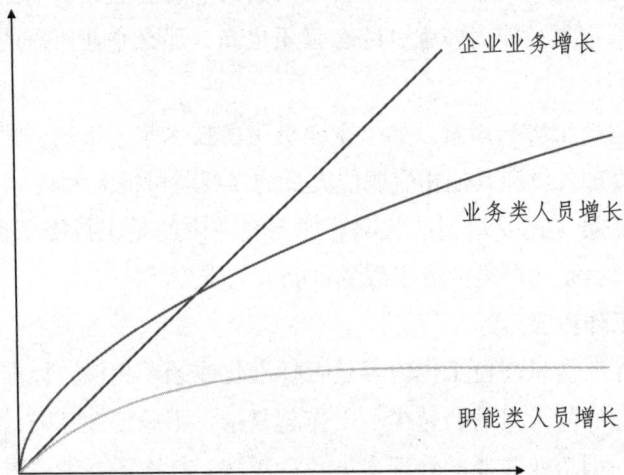

图6　成长期企业标准化人员增长模型

成熟期企业的业务规模稳定增长，人员（岗位编制）相对稳定。这类企业应注重流程优化，精简提效，同时注重岗位结构的优化。

衰退期企业的业务规模收缩，岗位编制也应相应地减少。

二、企业定编的步骤和方法

基础工作做好后，企业就可以开始进行定编了。企业定编有两种不同的途径，一种是自下而上的逐层逻辑汇总，另一种是自上而下的逐层逻辑分解。

根据以往的实践经验，自下而上的途径常因缺乏总体规模限制而虚夸定编，最后还是需要从高层进行压缩；而自上而下的途径从一开始就明确了企业整体规模并逐步进行分解，强调了企业整体规模和各部门总规模对于定编的限制，使各部门有意识地按照合理的水平进行定编。

同时，任何一家企业都可能存在对于员工规模进行整体限制的情况，其极限主要是根据企业盈亏平衡点来确定的，即人工费用占该企业整体销售额的比重。

（一）确定一线业务人员总数

由于一线业务人员直接为客户提供服务或制造产品，因此企业可以根据业务规模或产量等可量化的因素来直接确定配额，具体办法如下。

1. 根据设备配置

对于从事生产的企业，每台设备都有额定的看管或者操作岗。例如，纺织企业的纺织技术工人的数量可以根据对纺织机监管的定额标准水平来确定。其计算公式为：岗位定编 = 设备数量（套）÷ 监管定额（套 / 人）。其他生产企业可以根据生产线设计过程中额定的机位数量来确定相应的工作人员配额。例如，某印刷企业的某型号印机监督者额定为 3 人，即必须有 3 名工作人员才能保证机器正常运作。

2. 根据人员配比关系

对于服务类企业，工作人员与所服务的对象之间往往有着相对稳定的人员配比关系。以餐饮企业为例，用餐人数和服务人员之间有相对固定的比例，据此可以计算出所需的服务人员数量。

3. 根据劳动效率

按照企业的总设计生产数量和人均劳动效率，可以计算出生产所需人数。比如，在一些自动化水平较高的企业，存在人均生产指标，企业通过该指标可以很容易地计算出完成预计产量所需的生产人员数量。

4. 根据人工成本分摊

按照人工成本分摊定编的办法很好理解。比如，在某企业中，已知固定产量下的人工成本，企业据此可计算出所需人员数量。

一般来说，生产岗位定编是最方便量化计算的，也是最容易达成一致的。利用以上办法，企业可以直接计算出不同岗位生产人员的定编标准。

（二）确定管理人员总规模

管理人员数量和生产工作岗位数量之间存在一定的比例关系，且这一比例可能会因为行业不同而有所差别。但一般而言，劳动越密集，管理人员所占比例越低；而资本和智力越密集，管理人员所占比例则越高。每个行业都有合理的比例范围，企业可以根据行业中的标杆企业、平均水平和自身的实际情况来确定人员配比。

（1）在保留现有组织设置的基础上，根据管理幅度的要求，通常情况如下。

职能部门：部门正职管理幅度在10人以内，部门副职管理幅度在7人以内；以部门总人数为基础进行正副职定编。

业务部门：正副职管理幅度相对较大，根据分管业务的复杂程度和所管理人员数量等因素进行综合定编。

（2）总部管理部门员工占比实行总量控制，占全体员工人数的10%以下。

（3）极少数特殊情况按一事一议处理。

（三）合理分配管理编制

企业应按照各部门的岗位设置，合理分配管理编制，并根据组织结构确定部门设置，将管理人员名额合理分配到各部门中去。

分配的原则有以下几点：对于人力资源部门，可以根据人员数量比例来确定；对于财务部门，主要根据公司的业务量决定的财务工作量来确定；对于销售部门，可以根据销售模式或销售地区管理模式等来确定；对于行政部门，可以根据人员数量比例来确定；需要注意的是，研发部门特殊且独立，主要依靠研发策略和投入占比来确定。同时，企业在分配过程中还需注意各部门间的分配比例要合理。

（四）确定部门编制配置

企业应选择定编专家，成立委员会，用德尔菲专家法来适当调整部门配置总量。

专家主要包括企业管理层、各部门负责人和外部行业专家。企业将上述计算的过程和结果以简明的清单形式呈现给专家，让他们各自独立地对其进行适当调整，并注明调整原因。人力资源部门在收集意见后进行综合分析处理，再向专家汇报情况并进行第二轮意见征求。

依照达成共识的程度，一般征求两轮意见之后，企业可以组织面对面的座谈会。最后，组织专家进行公开讨论并商讨决议，敲定各部门定编总数。在核定配置人员总量时，企业要充分考虑员工的出勤率等因素，为员工正常休事假和病休假留有合理空间。具体的出勤情况可以参考企业的历史资料。

（五）各部门按照岗位设置将总定编分解为岗位定编

定编层层分解的过程，已逐渐为各部门的内部岗位分配勾勒出较为清晰的框架，各部门在此基础上确定岗位定编的难度并不大，具体方法如下。

（1）流程分析方法：根据岗位包含的流程总工作量，确定各岗位的人员配置。

（2）责任分析方法：根据岗位职责数量确定岗位定编。

虽然以上两种方法都是主观分析法，但在确定了部门定编目标的前提下，部门负责人完全可以根据流程和职责两个因素来合理确定岗位定编。如遇部门负责人不愿意合理地确定名额时，需考虑两种原因：一是部门总编制数是否存在严格的限制，如果总编制数没有受到限制，那么部门负责人可能抱有增加部门编制名额的博弈心态；二是考虑在部门层面有没有压缩成本的自我约束动机。

三、定编工作常见问题

1. 定编工作考虑过多人情，缺乏公平性和科学性

在推进编制改革的过程中，总会有部门提出缺人需求，要求增编增人，这就需要人力资源部门给出合理充分的定编依据。简要地说，就是从定性判定，包括部门职能的分解，岗位设置的依据与目的，岗位与部门职能、流程的匹配，到相对量化的判定，包括岗位职责的工作结构、工作量、工作强度分析的相关标准。定岗定编是所有部门的事，所有部门在人员方面都应具有自我约束、自我控制的意识，而不是只有一套硬性的定岗定编的规定。只靠人力资源部门进行单方面控制，而其他部门缺乏自我约束的做法往往难以奏效。

2. 岗位职责与工作量不匹配，影响实际人工效能

在进行岗位职责设计时，如果没有充分评估岗位工作量，就会导致实际工作量偏多或不饱和。同样的，在确定岗位编制的时候，如果没有对岗位各项职责的完成方式、时间与工作内容进行分析，就会导致实际工作量偏多或不饱和。尤其是企业片面压缩编制时，虽然编制减少了，但减编不合理也会

导致一些职责不能被充分履行，从而影响实际的工作效果。这样做虽然降低了显性的人工成本，但也降低了人工效能。

3. 岗位职责与岗位工作结构不匹配，岗位工作量不均衡

岗位工作结构主要是指企业在设计完岗位职责后，再将岗位职责按照日常性、阶段性和临时性工作进行划分，从而计算的各项工作的工作量占总工作量的比例。一般来讲，如果日常性工作占比低于 50%，就会使岗位工作量不稳定，出现时而饱和、时而不饱和的情况。并且，岗位的主要工作内容最好按照固定的流程展开，企业应减少临时性、阶段性和突发性的工作，使岗位工作量达到均衡。

4. 缺乏对企业核心岗位的识别与发展规划

岗位体系有不同层级和不同类别，企业在进行岗位体系设计和管理时，没有结合管理的二八原则对企业战略发展需求的核心岗位进行识别与发展规划，并基于核心岗位建立相应的核心人才的培养、储备与职业发展体系。

5. 岗位设置没有考虑内部风险控制原则

岗位设置与分工要考虑控制与不兼容原则，进行必要的职责分离与相互监督制约。例如，出纳岗不能从事记账工作，业务的审批人不能执行具体业务，采购人员不能负责货物的验收，资产、负债、财务和人员等重要事项的变动不能由一个人独自决定，特殊关键岗位应考虑采用定期或不定期的人员轮换和强制休假制度等。

按照以上详细步骤和定编方法，企业便可高效、合理地确定各岗位的编制数。

定岗定编的积极意义在于，它可以帮助企业进行人力资源规划、预测，以便更好地实现业务目标。在任何时候，定岗定编都不可能是绝对准确的，只能作为一种参考。科学、合理的定编还需要根据内外部环境的变化进行动态管理，随着市场变化、业务方向、业务模式、企业管理水平的提高，员工熟练程度和技能的提高而进行动态调整，保证劳动生产率始终能够被合理反映和有效控制。

6. 开发区绩效考核实操十大建议

▶ 正略开发园区研究中心

为了响应国家号召，深入贯彻落实《国务院办公厅关于促进开发区改革和创新发展的若干意见》（国办发〔2017〕7号）精神，全国各地开发区陆续拉开了开发区体制机制改革的序幕。

在一般情况下，开发区管委会的体制机制改革都包含绩效管理体系的升级和绩效考核的组织实施，以通过绩效考核的激励和导向作用，激发开发区员工的干劲，提升开发区整体业绩并实现战略发展目标。

然而，在绩效考核体系全面落地实施的过程中，往往会发现诸多问题。本文将围绕绩效管理的四个阶段——绩效计划阶段、绩效实施阶段、绩效考核阶段和绩效反馈阶段，并结合开发区绩效考核实施经验，提出开发区绩效考核实操十大建议。

一、绩效计划阶段

绩效计划阶段是绩效管理的起点和最重要的一个阶段。在这一阶段中，关键是要明确绩效的目标及绩效目标的考核方法与标准。

建议1：绩效指标的制定过程需是"自上而下"的目标分解过程。

绩效指标的来源不应该是各部门的凭空想象，也不应该仅仅是各部门的日常基础工作，而应该通过"自上而下"的目标分解得来。

具体来说，首先，每年年初各开发区要确定自身的年度发展目标，目标来源主要参考开发区的战略发展目标和上级政府的年度重要工作要求。同时，应将年度发展目标细化为整个开发区具体的年度考核指标。

其次，在总体年度考核指标确定后，开发区应将这些指标分解为各部门的年度量化经营指标或年度重点工作任务。

再次，开发区各部门承接了上级分解的年度量化经营指标或年度重点工作任务后，应结合本部门的工作职责和实际情况，编制更为细致的本部门的年度工作计划。

最后，根据各部门的年度工作计划，通过上下级的反复沟通，确认各部门的年度 KPI 考核表，并将年度 KPI 考核表分解到各考核周期。

"自上而下"的目标分解，可以保证将开发区的总体目标与各部门的组织目标及员工的个人目标紧密联系起来，引导员工朝着实现组织目标和开发区战略目标的方向努力，从而使全体员工的工作实现"战略制导"。

建议 2：考核者要敢于对下属提出具有挑战性的"高目标"，并在绩效计划阶段就考核标准与被考核者达成一致。

（1）考核者要敢于对下属提出具有挑战性的"高目标"。现如今，各开发区之间的竞争日趋激烈，开发区在面临竞争压力的情况下，也要敢于把这些压力向下传导给各部门和各员工。业绩是各部门和各员工积累起来的，只有对下属提出高目标，才能保证组织整体业绩目标的达成。因此，考核者要敢于对下属提出具有挑战性的"高目标"。

另外，绝大多数员工都有自驱力，都有向上发展的意愿。员工大多清楚地知道自己越向上发展，所要承担的任务目标就会越重，所要接受的工作也会越有挑战性。所以，绝大多数员工实际上并不惧怕"高目标"。只要考核者能够做到在考核开始之前与员工进行沟通交流，明确告知其对员工的"高要求"和事后的考核标准，员工通常就会愿意接受，并敢于挑战此目标。

因此，考核者既要敢于对下属提出具有挑战性的"高目标"，也要知道如何向员工提出这些"高目标"。

（2）绩效考核的目标和标准需要上下级共同制定，并达成一致。绩效考核的目标和标准不能由上级直接决定，否则容易产生偏差，或让下级不容易接受。绩效考核的目标和标准也不能由下级自己上报，否则容易导致标准过低，达不到上级的要求。绩效考核的目标和标准应该是上下级通过协商共同制定的，双方应就考核指标、标准、权重、考核方式等问题达成一致，使双方对考核的工作目标和标准做到心中有数。

具体来说，各部门负责人的考核目标和标准应该是管委会领导和各部门负责人共同沟通的结果，各部门员工的考核目标和标准应该是各部门负责人和各部门员工共同沟通的结果。

在此过程中，考核者应该深刻地理解，让被考核者在工作开始前就明确自己的工作目标和工作重点，并了解上级对其工作成果的期望，是自身不可推卸的责任。只有这样，在整个考核期内，被考核者才会有目标感且不迷茫，被考核者才会朝着考核者希望的方向前进。

建议 3：各类考核指标的选择和权重的制定要慎重。

在一般情况下，开发区各部门或各员工的考核指标会包含经济类指标、重点或难点工作类指标、共性指标和加减分指标。考核者在对不同部门或不同人员进行考核的时候，在考核指标的选择、权重的制定方面一定要慎重。

（1）不必追求指标类型和权重的"绝对一致性"。不同部门的性质和工作内容不同，因此考核指标需要根据部门特点来定，而不应该追求"绝对一致性"。如果考核者一味追求考核指标类型的一致或者考核指标权重的一致，而忽略了部门性质和工作内容的差异，就会使考核浮于表面、流于形式。

具体来说，对于那些对开发区经济类指标有重要影响的部门，如经济发展局、投资促进局等，其考核指标中的经济类指标应该重点考查，考核指标权重也应该加大。而对于辅助类部门，如群团工作部、社会事务局等，因为其对于完成开发区整体经济指标的作用相对较弱，所以其考核指标中的重点任务类指标可能权重更大，而经济类指标的权重较投资促进局等部门要小。

只有这样，才能做到绩效考核有的放矢，各部门和各人员才能围绕自己的主要工作内容开展工作，使绩效考核指标真正能够指导他们的日常工作和行动。

（2）共性指标的权重不宜过高。大部分实施体制机制改革的开发区，其最终目标还是要促进经济发展、实现争先进位、提升员工干劲，因此在绩效实施中要充分体现绩效考核的目标导向和业绩导向，即以鼓励设定高目标、完成高质量工作成果为导向，以完成工作目标和业绩实际贡献为绩效考核的评价依据。

基于此，在设计各部门或各员工绩效考核指标的时候，考核者要慎重确定共性指标和个性指标的权重。共性指标是开发区所有部门或所有员工统一考核的部分，个性指标主要考核部门或员工个人的主责主业。在实际绩效实施中，很多开发区将共性指标的权重比例设置得过高，如 40%。但由于个性指标权重不高，部门主责主业完成的好坏无法在最终考核结果中体现出差异，导致绩效结果拉不开差距，表现好的部门或员工无法得到正向激励，表现不好的部门或员工也没有得到警示，因此违背了绩效考核目标导向和业绩导向的基本原则。

如果最终的目标是实现业绩，那么个性指标，即各部门或员工个人体现战略和主责主业的绩效指标的权重要相对较高。

（3）加减分指标的选择要慎重。为了体现绩效考核的全面性，很多开发区在设计绩效指标体系的时候，设置了过多细致、分层的绩效加减分指标，但是在实际操作中往往会造成一定的"负担"。

例如，某些开发区设置"上级单位奖励或评比得奖"为一个加分指标，但是在实际操作中会发现，有些部门（如党群工作部）经常有上级单位评比的活动，因此经常可以获得此项加分；但有些部门（如政研室）可能很少有上级单位评比活动，往往得不到此项加分。因此，有些部门总有意见和不满，最终会让员工质疑绩效考核的公平性。

另外，如果加减分指标设置的标准不清晰，考核部门或人员往往会陷入不断澄清、算分等细枝末节的环节中，既无法提高绩效管理效率，也无法达到让各部门满意的效果。

考核者应慎重进行加减分指标的选择和设置，不要让绩效考核变成仅仅用来"计分"的工具。

二、绩效实施阶段

在确定了绩效考核目标之后，就进入了绩效实施阶段。在此阶段，考核者的工作重点是在目标实现过程中，对被考核者进行绩效辅导。

建议 4：各开发区一定要重视对全员，尤其是对考核者绩效管理理念的灌输。

绩效得分不是最终目的，绩效目标的实现才是开发区实施绩效考核的最终目标。因此，各开发区在绩效实施的过程中，一定不要忽视对全员，尤其是对考核者绩效管理理念的灌输，要让全员明白：绩效实施是一个自上而下的、全员参与的过程。

首先，要让管委会内部自上而下"动起来"：管委会领导、各部门分管领导及各部门负责人要对本部门内部员工的绩效实施的全过程负责。

其次，要强调绩效考核不仅仅是为了绩效打分和发奖金，绩效实施过程中的持续跟踪和辅导也需要各级领导重视和参与。不能认为绩效考核只是绩效考核部门或绩效考核者的责任，只需要"算算分"就行了，否则绩效考核就会流于形式。

建议5：通过狠抓过程监控，确保年度目标的实现。

绩效考核的过程监控不能仅满足于"考核周期"的限制，对绩效考核的过程监控越密集越好。

在一般情况下，考核者应尽量每月都对考核指标的完成情况进行一次检查和监督改进的操作。绩效管理的意义在于督促员工达成绩效目标，如果长时间不进行绩效检查和监督，不利于对被考核者的工作绩效进行及时评价和反馈，不利于被考核者及时改进工作。而缩短绩效检查和监督的周期，有利于绩效考核者及时发现问题，也有利于被考核者及时改进，以避免将问题长期积攒，造成不可挽回的后果。

管委会可以针对各部门组织召开月度业绩分析会，每月对各部门的实际工作完成情况进行检查和点评，对于表现好的部门及时表扬，对于工作成果或工作进度表现不佳的部门给予及时的关注，督促其及时调整。

各部门负责人也可以参照以上标准及时对本部门员工的业绩完成情况进行检查和督促。

建议6：在绩效实施阶段，管理者不能当"甩手掌柜"。

首先，管理者要深刻理解下属的绩效成果就是管理者本人的绩效成果。每一位员工的业绩支撑了部门的整体业绩，支撑了整个开发区的生存和发展，只有下属不断提供符合要求的工作成果，管理者才能完成自身的组织发展目标，才能完成其对开发区的承诺，也才能体现管理者自身的价值。

其次，管理者要始终紧盯下属的工作进度和业绩成果。在绩效实施过程中，管理者应定期与下属进行绩效面谈，及时了解下属的工作进展，或者通过定期的报告、报表和有关记录等，收集和积累下属的绩效数据。

再次，管理者要及时对下属偏离目标的行为进行纠正，以保证下属在正确的方向上努力。管理者要时刻关注下属工作的方向是否正确、下属已经完成的成果是否符合预期、下属执行任务的外部环境等是否有所变化、下属的任务目标或成果要求是否需要调整等。

最后，管理者要主动为下属提供指导帮助和资源支持，以提升下属实现目标的能力。管理者要注意观察，在必要时向下属提供工作思路的指导、工作技能的传授、所需资源的协调或提供，或者出面解决棘手问题，又或者在困难时刻鼓舞人心。

建议7：绩效沟通的力量不容忽视。

在绩效实施过程中，考核者要同被考核者进行定期的绩效沟通，这种沟通的力量是不容小觑的。

绩效沟通应成为考核者必须进行的一项日常管理工作，因为绩效沟通对于调动员工的积极性发挥着至关重要的作用。

一方面，前面提到，绝大多数员工都有自驱力，都有向上发展的意愿，因此员工渴望知道上级对自己的评价，渴望听到上级对自己的表扬，甚至渴望听到上级对自己的批评。而定期的绩效沟通就能满足下属的这种心理需求，能够不断鼓舞他们。

另一方面，绩效沟通也是一种很好的管理行为。通过鼓励或者批评，员工能够清晰、明确地知道自己的哪些行为是被上级鼓励的，哪些行为是上级所不能容忍的。通过不断的沟通、不断的表扬或批评，长期下来，员工的行为就会朝着管理者所期望的方向变化，好的行为会出现得越来越多，而不好的行为会逐渐减少。员工能够逐渐明确工作方向和工作标准，组织的目标也会更快、更好地实现。

绩效沟通也能够让员工感受到管理者的"参与"，让员工觉得自己受到了重视，更有助于提升部门整体的凝聚力。

三、绩效考核阶段

在绩效考核阶段，考核者需要依据绩效计划阶段制定的考核指标和标准对员工的阶段性绩效表现进行评价。

建议8：举办全员参与的绩效质询会。

很多管委会在进行绩效考核的时候，对于如何打分一筹莫展，或是担心部门或员工对考核结果不服而反复申诉，或是担心部门或员工质疑考核结果的不公平，导致绩效考核工作面临重重困难。针对这种情况，管委会可以在绩效考核的时候引入"绩效质询会"这一管理手段。

绩效考核的最终目的是实现组织战略目标，并激发全员的工作热情。管委会定期举办所有部门参与的部门绩效质询会，各部门定期举办全员参与的个人绩效质询会，所有被考核者把成绩拿出来"晒一晒"，大家互相比一比，是非常有实际操作意义的。

一方面，因为这个环节的存在，所有员工或部门都不敢忽视绩效考核，都会努力完成绩效目标，这样在绩效质询会上才不会"太丢脸"，也不会被"比下去"。另一方面，所有员工或部门把自己一个周期内的绩效成绩晒出来，大家互相比一比，谁好谁不好，一目了然。这样员工或部门对于最终的绩效结果和绩效等级的接受度就会更高，员工申诉率会比单独由领导打分或由绩效考核办公室打分时的申诉率低。

建议9：考核结果一定要能"区分"员工。

如果考核结果不能对业绩完成情况不同的员工加以区分，而是"吃大锅饭"，那么前面的一切努力就都白费了。

如果不对员工的考核结果进行区分，就会导致不合理的价值分配，其结果是优秀的员工要么流失，要么转化为"偷懒者"，从而导致整个组织中的"偷懒者"越来越多，"贡献者"越来越少，整个组织将陷入恶性循环。反之，如果对员工的考核结果进行有效区分，价值分配向真正为组织创造价值的员工倾斜，就更能激发员工的工作积极性和热情，组织内的"贡献者"才会越来越多，组织才会走向良性循环。因此，绩效考核只有赏罚分明，才能激发组织真正的战斗力。

然而在现实操作中，很多管委会的管理人员无法理解这些深层原因，或是不愿意、不好意思给表现不好的员工以惩罚，这对于整个开发区的发展造成的伤害将是不可估量的。管委会的高层管理人员一定要重视这种现象，加强对绩效管理人员的绩效管理意识的关注和引导。

四、绩效反馈阶段

绩效反馈阶段是绩效管理的最后一个阶段，也是考核者和被考核者共同回顾被考核者绩效表现的一个阶段。

建议10：绩效反馈阶段一定不能被忽视。

前面提到，员工渴望有所成就，渴望被关注。管理人员只有不断对员工进行绩效反馈，做得好及时表扬，做得不好及时批评和提出改进意见，员工才能感受到自己被重视，在得到满足感和成就感的同时，员工才能不断进行自我的提升。因此，绩效反馈阶段的重要性一定不能被忽视。

在绩效反馈阶段，被考核者和直接上级共同回顾被考核者在绩效考核期内的表现，就绩效评价结果达成一致；同时直接上级需要向被考核者讲明其优点和需改进的方面，最后双方共同制订被考核者的绩效改进计划和未来发展计划，帮助被考核者不断提高自身的绩效表现。

以上是开发区绩效考核实操的十大建议，希望对开发区实际的绩效考核操作有所裨益。

开发区在设计绩效考核方案的时候要明确考核的本质：考核的最终目的不是"算分数"或"算奖金"，而是通过绩效考核的激励和导向作用激发开发区员工的工作干劲，提升开发区整体业绩并实现战略发展目标。在此基础上，开发区也要充分考虑实际操作中可能会出现的种种情况和问题，以保证开发区绩效考核工作能够顺利实施。

第六章

项目管理

1. 风电建设项目激励"五定法"

▶正略人力资源研究中心

一、我国风电运行情况

随着经济和社会的不断发展，我国能源需求持续增长。增加能源供应、保障能源安全、保护生态环境、促进经济和社会可持续发展，是我国经济和社会发展的一项重大战略任务。优化能源结构，实现清洁低碳发展，是推动能源革命的本质要求，也是我国经济社会转型发展的迫切需要。风电作为重要的清洁能源，风电项目建设符合能源可持续发展需求和节能减排要求。

（一）风能资源储备情况

我国幅员辽阔、海岸线长，拥有丰富的风能资源。《2020 年中国风能太阳能资源年景公报》显示，2020 年，全国陆地 10 米高度层年平均风速较常年（2010—2019 年）偏小 1.55%，比 2019 年稍有减小，为正常略偏小年景；全国陆地 70 米高度层年平均风速约为 5.4m/s，年平均风功率密度约为 184.5W/m²；100 米高度层年平均风速约为 5.7m/s，年平均风功率密度约为 221.2W/m²。青海、山东、浙江、江苏、甘肃、上海、宁夏、河南、新疆、河北、安徽、湖北、陕西、北京风能资源偏小，福建、吉林、黑龙江、云南、广西风能资源偏大，其他地区接近常年。我国近海主要海区（16 个海区）70 米高度层年平均风速约为 8.1m/s，年平均风功率密度约为 572.6W/m²；100 米高度层年平均风速约为 8.3m/s，年平均风功率密度约为 832.2W/m²。台湾以东、渤海、黄海南部、南海中东部风能资源偏小，南海西北部、南海中西部偏大，北部湾风能资源明显偏大，其他海区接近常年。2020 年，影响我国的冷空气频次偏少、登陆的热带气旋偏少是全国平均风速正常略偏小的主要原因。

（二）风电装机情况

我国风电建设始于 20 世纪 50 年代后期。1986 年，我国第一座并网运行的风电场在山东荣成建成，自此并网运行的风电场建设进入了探索和示范阶段。在风电发展的初始阶段，我国风电场装机规模及单机容量都相对较小。1996 年，我国风电场进入扩大规模建设阶段，风电场装机规模及单机容量显著增长，最大装机容量达到 1 500kW。2003 年 9 月，国家发展改革委出台《风电特许权项目前期工作管理办法》，风电场建设进入规模化及国产化阶段。2006 年，我国实施《中华人民共和国可再生能源法》（以下简称《可再生能源法》），风电正式进入大规模开发应用的阶段。2010 年，经过多年爆发式增长，我国开始出现明显的弃风限电现象。自 2013 年起，弃风现象出现好转。2015 年，受风电标杆电价下调的影响，风电项目出现明显抢潮，新增装机规模上升明显。2008 年至 2021 年 11 月我国风电累计装机容量如图 1 所示。

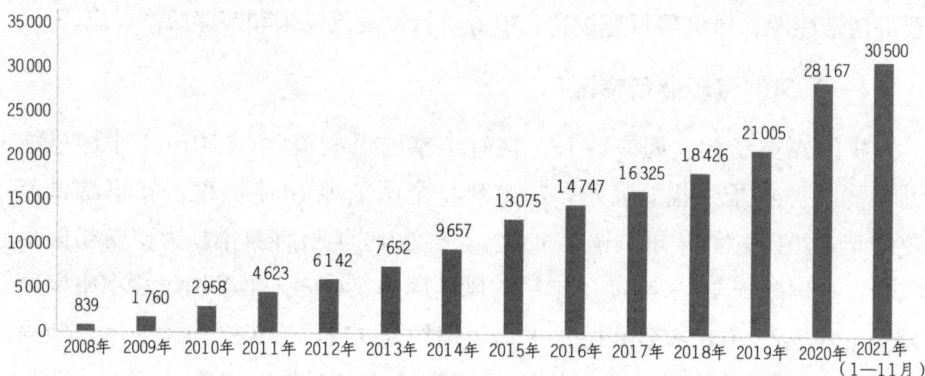

图 1　2008 年至 2021 年 11 月我国风电累计装机容量（单位：万千瓦时）

（三）风电发电情况

受装机容量迅速增长的影响，我国风力发电量增长显著。2008 年至 2020 年我国风电发电情况如图 2 所示。

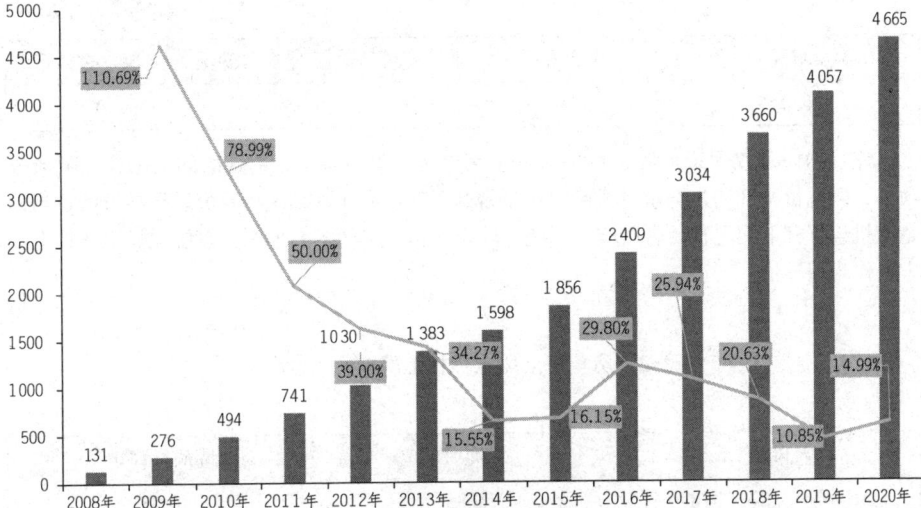

图2 2008年至2020年我国风电发电情况（单位：亿千瓦时）

（四）电价情况

随着风电规模化发展和技术快速进步，风电在资源优良、建设成本低、投资和市场条件好的地区，已基本具备与燃煤机组标杆上网电价平价（不需要国家补贴）的条件，平价上网成为趋势。

历年陆上风电标杆上网电价（含税）如表1所示，历年海上风电标杆上网电价（含税）如表2所示。

表1 历年陆上风电标杆上网电价（含税）

单位：元/千瓦时

日期	Ⅰ类资源区	Ⅱ类资源区	Ⅲ类资源区	Ⅳ类资源区
2009年8月至2014年	0.51	0.54	0.58	0.61
2015年	0.49	0.52	0.56	0.61
2016年	0.47	0.50	0.54	0.60
2017年	0.47	0.50	0.54	0.60
2018年至2019年6月	0.40	0.45	0.49	0.57
2019年7月至12月	0.34	0.39	0.43	0.52

（续表）

日期	Ⅰ类资源区	Ⅱ类资源区	Ⅲ类资源区	Ⅳ类资源区
2020 年	0.29	0.34	—	0.47

注：2019 年 7 月以后陆上风电标杆上网电价改为指导价，新核准的集中式陆上风电项目上网电价全部通过竞争方式确定，不得高于项目所在资源区指导价。指导价低于当地燃煤机组标杆上网电价（含脱硫、脱硝、除尘电价，下同）的地区，以燃煤机组标杆上网电价作为指导价。

表 2　历年海上风电标杆上网电价（含税）

单位：元 / 千瓦时

日期	近海风电	潮间带风电
2014 年 6 月至 2018 年	0.85	0.75
2019 年 7 月至 12 月	0.80	参考陆上风电指导价
2020 年	0.75	参考陆上风电指导价

注：2019 年 7 月以后海上风电标杆上网电价改为指导价，新核准海上风电项目全部通过竞争方式确定上网电价。

二、风电建设管理方式

我国风电建设多采用项目制管理方式，包括自主开发和合作并购。自主开发是指企业自主获取项目资源及取得核准 / 备案、自主建设的开发方式。合作并购是合作开发及并购的简称，指企业通过与第三方开展前期合作或兼并与收购项目公司控股权的方式，获取项目资源、取得项目核准或获取建成并网项目的开发方式。

（一）前期工作

自主开发项目前期工作包括签订资源开发协议、选址、测风、风资源评估、建设条件论证、项目开发申请、可行性研究、获得核准 / 备案、办理相关前期支持性文件及立项、投资决策等。

合作并购项目前期工作包括项目寻找、资源评估、现场踏勘、可行性分析、合作对价及模式商议、协议拟定，以及立项、投资决策、股权转让涉及的尽职调查、审计和资产评估等。

（二）工程建造

工程建造的主要流程包括相关部门或供应商进行工程设计、工程开工报审、工程验收（包含分部、分项、单位工程验收，分阶段质检验收，电网验收，启动试运行验收），向电网公司提交项目相关资料、启动试运行、项目竣工验收。企业将与电网公司签订购售电协议及并网调度协议，并按照相关要求按时办理电力业务许可证。

（三）项目运维

风力发电能源来源为自然界的风能。企业在遵守法律法规、确保安全和环保达标排放的基础上进行生产发电。在运维阶段，企业应制定电力生产设备管理、备品备件管理、运行管理等各项规章制度，保证机组的安全稳定运行。

（四）电能销售

根据《可再生能源法》，电网企业应当与按照可再生能源开发利用规划建设，依法取得行政许可或者报送备案的可再生能源发电企业签订并网协议，全额收购其电网覆盖范围内符合并网技术标准的可再生能源并网发电项目的上网电量。根据《电网企业全额收购可再生能源电量监管办法》，国家电力监管委员会及其派出机构依照本办法对电网企业全额收购其电网覆盖范围内可再生能源并网发电项目上网电量的情况实施监管。

受电力市场改革的政策影响，各省级行政区电力市场化进程各不相同，已投产项目所在省级行政区的售电模式也存在差异。在未参与市场化交易的区域，企业可以依据新能源发电项目核准时国家能源价格主管部门确定的区域电价或特许权投标电价与电网企业直接结算电费。在参与市场化交易的区域，售电模式为部分电能由电网企业采购，按项目批复电价结算；其余以参与市场化交易的方式实现消纳，按交易电价结算。参与的市场化交易按照交易周期不同可分为中长期交易管理和现货交易。未来随着电力市场改革的不断深入，市场化交易范围和规模可能不断扩大，新能源通过参与市场化交易销售电能将成为电能销售的主要方式。

三、风电建设项目收益影响因素分析

风电建设项目利润水平主要受上游设备及建造成本、下游上网电价及下游用电量的影响。

（一）上游设备及建造成本

风电建设项目的成本主要为风电电站的固定资产折旧费用。其中，风机设备的采购成本占电站全部投资比重最大，为 40%~60%，故风机组件的价格变动将直接影响项目效益。近年来，随着国家发展改革委和国家能源局积极出台一系列配套政策促进风电行业持续降本提效，风机组件价格保持持续下降趋势。在过去近 20 年，风机组件单位价格下降幅度约为 70%，风电场造价降幅达到 50%。

（二）下游上网电价

2019 年以来，《关于积极推进风电、光伏发电无补贴平价上网有关工作的通知》（发改能源〔2019〕19 号）、《关于完善风电上网电价政策的通知》（发改价格〔2019〕882 号）等文件进一步推进平价上网项目的建设，并下调了风力发电的指导价，未来新核准备案的风力发电项目原则上通过竞争方式确定上网电价。如果国家发展改革委或其他政府机构未来调低风电的上网电价，在发电量稳定的前提下，会在一定程度上降低新建风电项目的收入。

新能源发电行业具有低碳、环保等优点，是国家政策大力支持的行业。近年来，通过国家政策引导，新能源发电行业技术水平、制造水平、建设管理运维水平不断提高。这使得新能源发电行业总体发电成本不断降低，行业逐步成熟，进入规模化、商业化发展阶段，为国家补贴退坡及补贴的逐步退出创造了有利条件。2021 年 6 月，国家发展改革委发布的《关于2021 年新能源上网电价政策有关事项的通知》（发改价格〔2021〕833 号）强调，自 2021 年起，对新核准陆上风电项目，中央财政不再补贴。

（三）下游用电量

受宏观经济稳中向好、第二产业及服务业用电量快速增长、高新及战略性新兴产业不断发展的影响，我国全社会用电量由 2008 年度的 3.44 万亿

千瓦时增加至 2021 年度的 8.31 万亿千瓦时。全社会用电量需求增加有利于风电项目利润水平的提升。2008 年至 2021 年我国全社会用电量及增幅如图 3 所示。

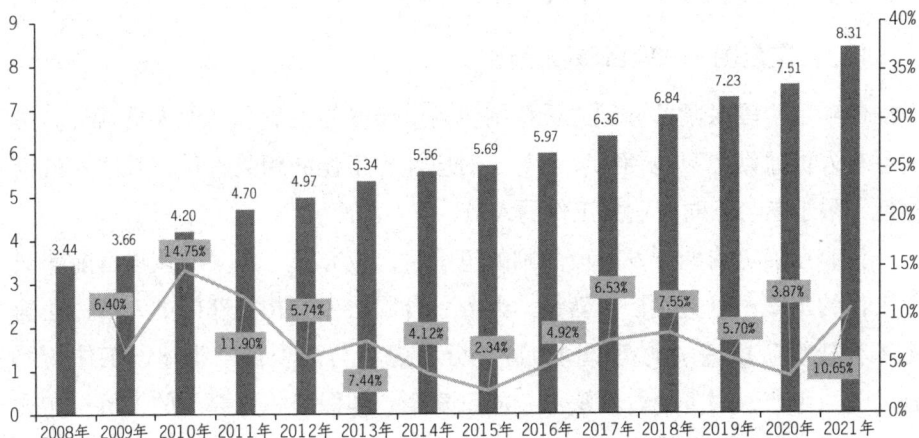

图3　2008 年至 2021 年我国全社会用电量及增幅（单位：万亿千瓦时）

综上所述，国家在积极推动平价上网和风电资源竞争性配置的背景下，对于风电建设项目管理提出了更高要求。为提高风电建设项目效益，企业应制定科学的项目制激励制度，激发项目人员活力，注重成本控制，提升项目管理水平。下面将从五个方面探讨如何对风电建设项目进行激励，以期为读者带来有价值的启发和参考。

四、风电建设项目激励方法

（一）定类别——项目奖金类别

根据项目所处的阶段不同，激励可大致分为前期开发阶段激励、工程建设阶段激励、电力运营阶段激励和电力营销阶段激励。

前期开发阶段激励是指当项目前期开发工作满足相应条件时给予的激励。工程建设阶段激励是指当项目工程建设工作满足相应条件时给予的激励。电力运营阶段激励是指项目已投运后满足相应条件而给予的激励。电力营销阶段激励是指项目通过营销手段主动作为，提高电力交易质量且满足相应条件而给予的激励。

此外，考虑到项目建设周期长，过程中可能会发生不确定的特定事项，为鼓励或制约某种情况的发生，企业可以设置定向激励类奖励，如成本节约奖、安全生产奖、融资奖、个人精神奖等。

（二）定范围——项目激励范围

各项目阶段激励的分配人员范围包括主要参与人员和其他人员两类。主要参与人员原则上只包括深度参与了对应业务工作的相关人员，其他人员包括但不限于参与了对应业务工作的人员。

企业在确定前期开发阶段激励的范围时，应充分考虑参与该项目前期开发工作的工程、电力生产、营销、财务、合同法务等相关部门的人员；在确定工程建设阶段激励的范围时，应充分考虑参与该项目工程建设工作的综合、电力生产、财务、合同法务、质量安全、环保等相关部门的人员；在确定电力运营阶段激励的范围时，应充分考虑参与场站电力运营工作的综合、财务、合同法务、质量安全、环保等相关部门的人员；在确定电力营销阶段激励的范围时，应充分考虑参与该项目电能销售等相关工作的人员。

另外，定向激励类奖励应根据具体激励方案确定激励对象。例如，在成本节约奖中，由于技术提升使运营成本明显降低，做出该贡献的特定技术人员就可作为激励对象；而在安全生产奖中，全体员工都可作为激励对象。

（三）定总量——项目奖金总额

项目奖金总额为项目各阶段激励金额的加总。

前期开发阶段激励总额与单位装机激励标准、项目规模、投资决策进度和核减事项等因素有关。其中，单位装机激励标准需要根据项目类型而有所调整，通常自主开发项目的激励标准高于并购项目。对于自主开发项目，项目规模是指投资决策时通过的项目容量。对于并购项目，项目规模是指企业投资决策的项目容量与股权比例的乘积。自主开发项目和并购项目的投资决策进度有所不同。对于自主开发项目，如明确并网时间要求且并网时间与上网电价挂钩，企业应在立项后的核定时间内完成投资决策，每超出核定时间 1 个月，激励金额应适度下降。对于并购项目，企业应在签订股权转让协议后的半年内完成工商变更，每超出 1 个月，激励金额应适度下降。核减事项是指因为某些事情的发生导致在原激励总额的基础上适度调低的情况。例如，应地方政府或其指定组织机构经济诉求产生的一次性额外费用等。

工程建设阶段激励总额与单位装机激励标准、项目规模、项目难度和项目进度等因素有关。其中，项目难度可以根据是否采用工程建设总承包模式、是否需要建设送出工程、是否需要建设升压站等多种因素来综合确定。项目进度的确定以企业下达的首台（批）机组并网发电时点为依据，每提前 1 个月实现并网的，可以提高激励额度。

电力运营阶段激励总额与实际发电量、提成比例、项目难度和其他调节事项等因素有关。其中，实际发电量需要考虑累计非停电量损失。提成比例一般每年根据企业整体经营业绩表现、经济效益、全年发电等情况确定。项目难度需要考虑项目总规模和场站个数等因素。其他调节事项用于根据项目实际发电情况、重大设备技术改造等对激励总额进行适度的上下浮动。

电力营销阶段激励总额与年度实际发电收入、年度计划发电收入、提成比例和营销难度等因素有关。其中，提成比例一般根据全国电力市场交易化程度、企业市场交易策略和经济效益等情况逐年确定。营销难度每年根据电力市场化形式确定，例如，所辖区域包含的省区个数及装机规模占企业总装机规模的比例。

（四）定个量——项目奖金分配

定个量是指将奖金包进一步分配到个人。针对项目奖金的个体设计奖金分配制度时，可以参考以下两种方案。

1. 按个人贡献程度评估分配比例

该方案的激励思路是企业根据不同项目的不同阶段，设计项目角色价值评估量表来评定每个角色对项目的贡献程度，从而确定该角色的提成比例。例如，在电力运营阶段，将项目角色分为项目经理、生产人员、技术人员、销售人员、行政人员等，主要从项目成功的影响、工作复杂性、内外部沟通范围、主动担责四个维度对各角色进行加权评分，以确定该角色的奖金分配比例。

该方案的优势是能够适应不同类型的项目，如自主开发项目、合作并购项目等；劣势是每个项目结项后的评估工作量较大。

2. 按既定角色分配比例，按个人工作态度调节

该方案的激励思路是按照常规项目不同角色的贡献程度预设奖金分配比例，并对个人在项目中的态度、工作表现进行考核，根据考核结果调整奖金。例如，项目组内部采用成员 360° 互评的方式，从本职工作完成情况、工作态度、合作意愿三个维度进行加权评分，最终按照项目经理评分、项目成员互评平均分进行加权计算，得出员工个人最终奖金分配比例。

该方案的优势是评估过程比较简单，可以对各类角色奖金提取比例进行提前预设；劣势是无法平衡不同项目的具体情况。

（五）定规则——奖金发放规则

奖金发放规则主要包括奖金发放条件、发放比例及发放时间等具体条款。

前期开发阶段激励：对于自主开发项目完成前期开发的，企业可以发放激励金额的 60%~80%；待项目投入运营且满足项目土地（海域）实际租赁费未超出当地市场水平条件的，可以发放剩余的激励金额，否则不再兑现剩余的激励金额。对于并购项目完成前期开发的，企业可以发放激励金额的 10%~30%；在完成工商变更后，可以发放激励金额的 60%~80%（含已发放的部分）；在工商变更后 12 个月内完成竣工验收的，可以发放剩余的激励金额，每超出 1 个月完成竣工验收的，剩余激励金额适度下降。

工程建设阶段激励：企业审定同意给予激励后，当年可以发放激励金额的 20%~40%；项目完成全部机组并网发电和规定的各类证照手续后，可以发放激励金额的 70%~90%（含已发放的部分）；项目在全部机组并网发电后 12 个月（含）内完成竣工验收和建设管理与运行管理工作界面各项工作的，可以发放剩余的激励金额，否则不再兑现剩余的激励金额。

对于电力运营阶段激励和电力营销阶段激励，企业可以根据相关指标要求每季度核算一次。

2. 如何设计光伏电站项目激励方案

▶正略人力资源研究中心

一、我国光伏电站运行情况

随着经济和社会的不断发展，我国的能源需求持续增长。增加能源供应、保障能源安全、保护生态环境、促进经济和社会可持续发展，是我国经济和社会发展的一项重大战略任务。优化能源结构，实现清洁低碳发展，是推动能源革命的本质要求，也是我国经济社会转型发展的迫切需要。太阳能作为重要的清洁能源，光伏电站项目建设符合能源可持续发展需求和节能减排要求。

（一）光能资源储备情况

我国太阳能资源地区差异较大，总体上呈现高原、少雨干燥地区资源多，平原、多雨高湿地区资源少的特点。《2020年中国风能太阳能资源年景公报》显示，2020年我国西北大部、西南地区中西部、内蒙古大部、山西北部、河北北部、辽宁西部和东北部、吉林东北部等地年水平面总辐照量超过1 400kW·h/m²。其中，甘肃西南部、内蒙古西部、青海西部、西藏中西部及四川西部等地年水平面总辐照量超过1 750kW·h/m²，太阳能资源最丰富；新疆大部、内蒙古大部、青海中东部、甘肃中部、宁夏、陕西北部、山西中北部、西藏东部、云南、海南西部等地年水平面总辐照量为1 400kW·h/m²~1 750kW·h/m²，太阳能资源很丰富；西北东南部、内蒙古东北部、黑龙江大部、吉林大部、山西南部、河北中南部、北京、天津、黄淮、江淮、江汉、江南及华南大部年水平面总辐照量为1 050kW·h/m²~1 400kW·h/m²，太阳能资源丰富；四川东部、重庆、贵州中北部、湖南中西部及湖北西南部地区年水平面总辐照量不足1 050kW·h/m²，太阳能资源一般。

（二）太阳能发电装机情况

我国光伏发电起步于 20 世纪 80 年代，主要为部分地区的示范工程项目。2007 年至 2010 年，我国光伏项目装机增长明显，逐步走向市场化。2009 年，财政部、科技部、国家能源局联合发布《关于实施金太阳示范工程的通知》，加快了国内光伏发电的产业化和规模化发展。《国务院关于促进光伏产业健康发展的若干意见》《国家发展改革委关于发挥价格杠杆作用促进光伏产业健康发展的通知》对光伏项目建设及价格进行了指导。2016 年 12 月，国家能源局印发《太阳能发展"十三五"规划》的通知，表明到 2020 年年底，太阳能发电装机达到 1.1 亿千瓦时以上。2011 年至 2021 年我国太阳能发电累计装机容量如图 4 所示。

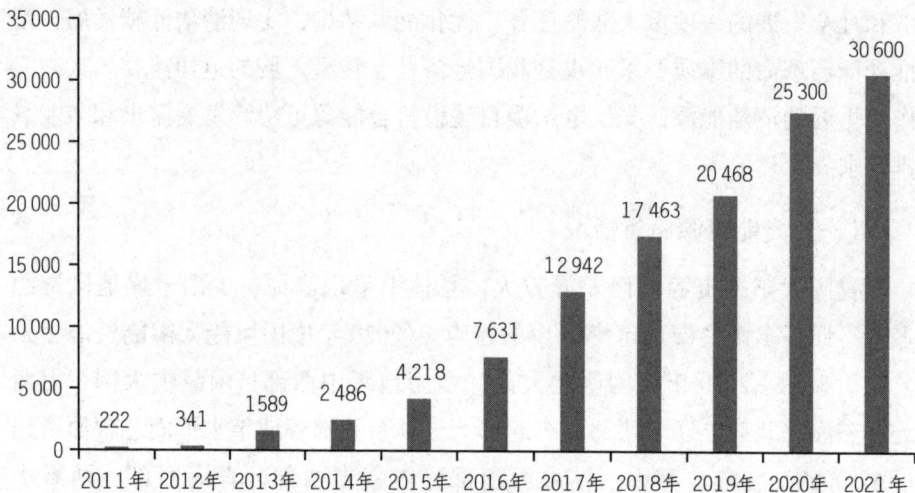

图 4 2011 年至 2021 年我国太阳能发电累计装机容量（单位：万千瓦时）

（三）太阳能发电情况

受装机容量迅速增长的影响，我国太阳能发电量增长显著。2011 年至 2020 年我国太阳能发电量如图 5 所示。

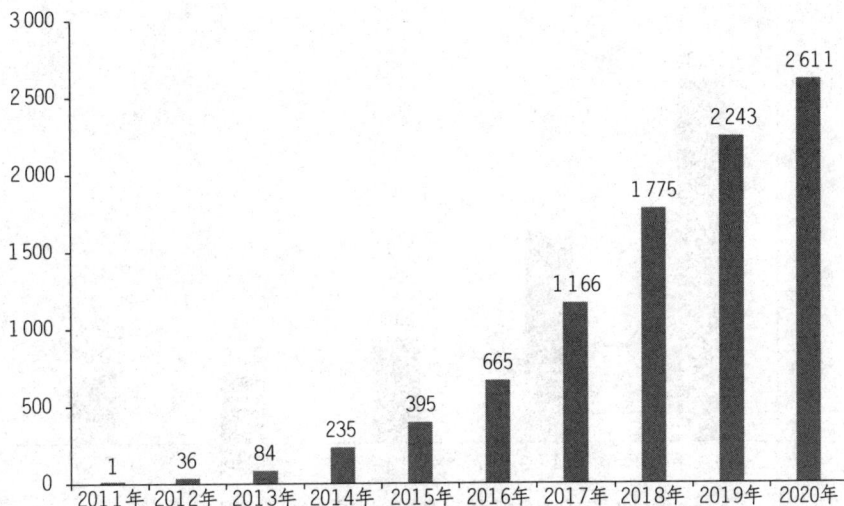

图 5　2011 年至 2020 年我国太阳能发电量（单位：亿千瓦时）

（四）利用小时情况

根据中国电力企业联合会数据，2016 年至 2020 年我国并网太阳能发电设备平均利用小时数如图 6 所示。

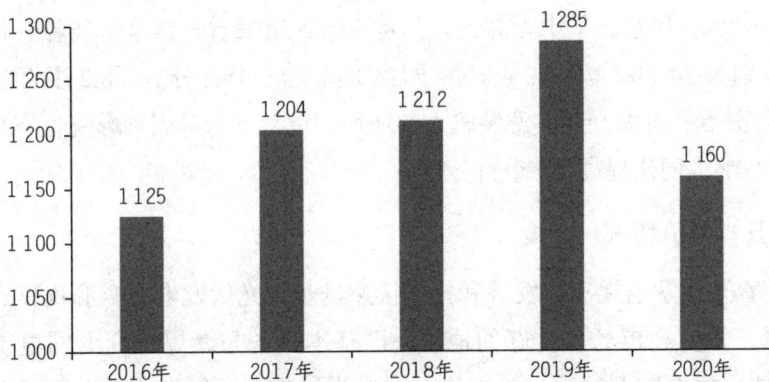

图 6　2016 年至 2020 年我国并网太阳能发电设备平均利用小时数（单位：小时）

并网太阳能发电设备平均利用小时数整体呈现波动中上升趋势，主要得益于弃光问题的明显改善。2016 年至 2020 年我国弃光率情况如图 7 所示。

213

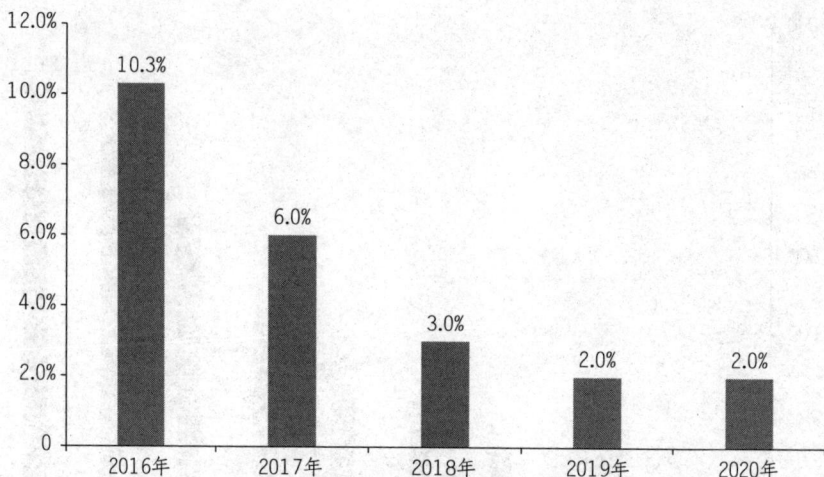

图 7　2016 年至 2020 年我国弃光率情况

根据国家能源局数据，2016 年至 2020 年，全国弃光电量和弃光率持续"双降"。弃光电量分别为 70.4 亿千瓦时、73 亿千瓦时、54.9 亿千瓦时、46 亿千瓦时和 52.6 亿千瓦时，弃光率分别为 10.3%、6.0%、3.0%、2.0% 和 2.0%。2019 年，光伏消纳问题主要出现在西北地区，其弃光电量占全国的 87%，弃光率同比下降至 5.9%。华北、东北、华南地区弃光率分别为 0.8%、0.4%、0.2%，华东、华中无弃光。从重点省区市来看，西藏、新疆、甘肃弃光率分别为 24.1%、7.4%、4.0%，同比下降 19.5 个百分点、8.2 个百分点和 5.6 个百分点；青海受新能源装机大幅增加、负荷下降等因素影响，弃光率提高至 72.0%，同比提高 2.5 个百分点。

（五）电价情况

随着光伏发电规模化发展和技术快速进步，光伏发电在资源优良、建设成本低、投资和市场条件好的地区，已基本具备与燃煤标杆上网电价平价（不需要国家补贴）的条件，平价上网成为趋势。历年光伏发电标杆上网电价（含税）如表 3 所示。

表3　历年光伏发电标杆上网电价（含税）

单位：元/千瓦时

时间	地面集中式			分布式发电度电补贴标准
	Ⅰ类资源	Ⅱ类资源	Ⅲ类资源	
2011 年 7 月以前	1.15	1.15	1.15	—
2011 年 7 月至 2013 年 8 月	1.00	1.00	1.00	—
2013 年 9 月至 2015 年	0.90	0.95	1.00	0.42
2016 年	0.80	0.88	0.98	0.42
2017 年	0.65	0.75	0.85	0.42
2018 年 1 月至 6 月	0.55	0.65	0.75	0.37
2018 年 7 月至 2019 年 6 月	0.50	0.60	0.70	0.32
2019 年 7 月以后	0.40	0.45	0.55	0.11、0.18（户用）

注：1. 西藏自治区光伏电站标杆电价另行制定；
　　2. 2019 年 7 月以后集中式光伏电站标杆上网电价改为指导价。

二、光伏电站项目收益影响因素分析

光伏电站项目利润水平主要受上游设备及建造成本、下游上网电价及下游用电量的影响。

（一）上游设备及建造成本

光伏电站项目的成本主要为固定资产折旧费用。其中，光伏组件的采购成本占电站全部投资的比重最大，为 40%~60%，故光伏组件的价格变动将直接影响项目效益。近年来，随着国家发展改革委和国家能源局积极出台一系列配套政策促进太阳能发电行业持续降本提效，光伏组件价格保持持续下降趋势。在过去 10 年，晶硅光伏组件价格从 1.2 美元 /W 下降至 0.17 美元 /W 左右，下降了约 85.8%。光伏组件的价格下降有利于企业降低新建项目的建设成本。

（二）下游上网电价

2019 年以来，《关于积极推进风电、光伏发电无补贴平价上网有关工作的通知》（发改能源〔2019〕19 号）、《关于完善光伏发电上网电价机制有关问题的通知》（发改价格〔2019〕761号）等文件，进一步推进平价上网项目的建设，并下调了光伏发电的指导价。另外，某些项目的上网电价原则上通过市场竞争方式确定，不得超过所在资源区指导价。如果国家发展改革委或其他政府机构未来调低光伏发电的上网电价，在发电量稳定的前提下，会在一定程度上降低新建光伏电站项目的收入。

（三）下游用电量

如前文所述，我国全社会用电量自2008年至2021年呈增长趋势。2021年，全社会用电量为8.31万亿千瓦时，比上年增长10.65%。全国人均用电量为5 320千瓦时，人均生活用电量为780千瓦时。根据中国电力企业联合会的预测，在稳中求进工作总基调和国家宏观政策逆周期调节的大背景下，2022年全社会用电量将延续平稳增长的趋势，在没有大范围极端气温影响的情况下，预计2022年全社会用电量将比2021年增长4%~5%。全社会用电量的增长将进一步带动新能源行业的发展。

三、光伏电站项目管理阶段

（一）开发阶段

开发阶段包括签订资源开发协议、选址、测光、光资源评估、建设条件论证、项目开发申请、可行性研究、获得核准/备案、办理相关前期支持性文件及立项、投资决策等工作。

（二）设计阶段

设计阶段主要流程包括现场勘探并提出设计要求、接入系统报告编制、图纸设计、现场技术交底、图纸会审和线路设计并审批。

（三）建设阶段

建设阶段主要流程包括相关部门或供应商进行工程设计、工程开工报审、工程验收（包括分部、分项、单位工程验收、分阶段质检验收、电网验收、启动试运行验收），向电网公司提交项目相关资料、启动试运行、项目竣工验收。企业将与电网公司签订购售电协议及并网调度协议，并按照相关要求按时办理电力业务许可证。

（四）运营阶段

光伏发电能源来源为自然界的太阳能。企业在遵守法律法规、确保安全和环保达标排放的基础上进行生产发电。在运营阶段，企业应制定电力生产设备管理、备品备件管理、运行管理等各项规章制度，以保证机组的安全稳定运行。

综上，国家在积极推动平价上网和光伏项目资源竞争性配置的背景下，对于光伏电站项目管理提出了更高要求。为提高项目效益，企业应制定科学的项目制激励制度，激活项目人员活力，注重成本控制，提高项目管理水平。

四、光伏电站项目激励方案设计

（一）项目分类

根据领导层介入光伏电站项目的程度不同，可以将光伏电站项目分为三类。

第一类项目（企业项目）指企业领导层开发已形成的电站项目（含企业采购的项目），项目开发人员完成电站项目过程的文件审批和维护该电站项目间的客户关系（包括政府、投资方、建设方、监理方、业主等）并为其持续提供令人满意的服务。

第二类项目（企业主导项目）指项目开发人员在指定的区域与客户建立良好的合作关系，需企业领导层介入完成电站项目的开发或电站的销售。领导与项目开发人员都应积极地为该电站项目的开发或销售提供支持与服务。

第三类项目（开发人员主导项目）指项目开发人员在指定区域独立开发电站项目或完成电站销售的过程，并维护该项目间的客户关系，为客户持续提供令人满意的服务。

（二）激励对象

根据光伏电站项目的开展阶段确定激励对象的范围。光伏电站项目开展阶段包括开发阶段、设计阶段、建设阶段和运营阶段。

开发阶段和设计阶段的激励对象包括项目管理人员和项目开发人员。建设阶段的激励对象包括管理人员、设计人员、采购人员、施工人员和监管人员。运营阶段的激励对象包括管理人员、生产人员、销售人员、技术人员和综合管理人员。

另外，考虑项目建设周期长，过程中可能会发生不确定的特定事项，企业为鼓励或制约某种情况的发生，可以设置定向激励类奖励，如成本节约奖、安全生产奖、融资奖、个人精神奖等。定向激励类奖励应根据具体激励方案确定激励对象。例如，在成本节约奖中，由于技术提升使运营成本明显降低，做出该贡献的特定技术人员就可作为激励对象；而在安全生产奖中，全体员工都可作为激励对象。

（三）奖金总额

奖金总额为项目各阶段激励金额的加总。

开发阶段激励总额与单位设计功率奖金标准、设计功率、项目类型系数和接入电压等级系数等因素有关。其中，项目类型系数按项目实际执行过程中开发人员对项目贡献的大小来确定。例如，对于企业项目、企业主导项目和开发人员主导项目，企业可以分别设置 40%、60% 和 100% 的项目类型系数。接入电压等级系数可以按光伏电站接入电压等级来确定。例如，对于 0.4kV 低压电网的光伏电站，奖金系数可以设置为 80%；10kV~35kV 的中型光伏电站，奖金系数可以设置为 90%；大于等于 66kV 的大型光伏电站，奖金系数可以设置为 100%。因此，假设某光伏电站开发阶段的单位设计功率奖金标准为 0.005 元 /W，设计功率为 20MW，项目类型为企业项目，接入电压等级为 10kV~35kV，那么可以计算出该阶段的项目激励总额为 36 000 元。

设计阶段激励总额与固定奖金和项目进度系数等因素有关。其中，固定奖金根据电站规模、设计难度、预期建设阶段支出等因素综合评估来确定。固定奖金可以划分为三个等级：综合评估得分大于等于 85 分的，固定奖金为 20 000 元；综合评估得分大于等于 70 分且小于 85 分的，固定奖金为 16 000 元；综合评估得分小于 70 分的，固定奖金为 10 000 元。项目进度系数可以根据关键节点的实际完工时间来确定。例如，按时完成的，进度系数基准值为 1；每延迟交付 1 周，进度系数减少 X，最多可减少 Y。X、Y 可以根据项目实际进度要求来确定，*Y* 建议范围为 10%~30%。

建设阶段激励总额与单位装机功率奖金、装机功率和项目进度系数等因素有关。其中，项目进度系数可以根据关键节点的实际完工时间来确定。例如，按时完成的，进度系数基准值为 1；每延迟交付 1 周，进度系数减少 *X*，最多可减少 *Y*。*X*、*Y* 可以根据项目实际进度要求来确定，*Y* 建议范围为 20%~40%。因此，假设某光伏电站建设阶段的单位装机功率奖金为 0.004 元 / W，装机功率为 20MW，按时完成建设任务并通过验收，可以计算出该阶段的项目激励总额为 80 000 元。

运营阶段激励总额与上网电价、政府补贴电价、每千瓦时运营成本、上网电量和提成比例等因素有关。关于提成比例，运营阶段前五年的奖金覆盖设计人员、建设人员、运营人员，之后运营阶段奖金只覆盖运营人员，提成比例降低。因此，假设上网电价为 0.4 元 /（kW·h），政府补贴电价为 0.05 元 /（kW·h），每千瓦时运营成本为 0.1 元，规定运营阶段前五年内提成比例为 2%，五年后提成比例为 0.5%，假设年均电站上网电量为20 000 000kW·h，可以计算出运营阶段前五年的激励总额为 140 000 元，五年后的激励总额为 35 000 元。

定向激励总额应根据具体激励方案来确定。成本节约奖激励总额与项目预算、实际成本和计提比例有关。其中，项目预算可以根据项目开发阶段的可行性报告得出。实际成本可以在项目完工后经财务部门核算得出。计提比例可以根据建设阶段的预算控制率来确定。因此，假设某光伏电站项目建设阶段的项目预算为 18 000 万元，项目实际成本为 17 800 万元，计提比例为5%，可以计算出成本节约奖激励总额为 100 000 元。安全生产奖激励总额可以在项目验收完成后，根据项目利润和项目难度综合评估后确定。个人精神奖激励总额可以在项目验收完成后，根据项目利润和个人突出表现情况综合评估后确定。

（四）奖金分配

奖金分配是指将奖金包进一步分配到个人。针对项目奖金的个体设计奖金分配制度时，可以参考以下两种方案。

1. 按个人贡献程度评估分配比例

该方案的激励思路是企业根据不同项目的不同阶段，设计项目角色价值评估量表来评定每个角色对项目的贡献程度，从而确定该角色的提成比例。例如，在电力运营阶段，将项目角色分为项目经理、生产人员、技术人员、销售人员、行政人员等，主要从项目成功的影响、工作复杂性、内外部沟通范围、主动担责四个维度对各角色进行加权评分，以确定该角色的奖金分配比例。

该方案的优势是能够适应不同类型的项目，如自主开发项目、合作并购项目等；劣势是每个项目结项后的评估工作量较大。

2. 按既定角色分配比例，按个人工作态度调节

该方案的激励思路是企业按照常规项目不同角色的贡献程度预设奖金分配比例，并对个人在项目中的态度、工作表现进行考核，根据考核结果调整奖金。例如，项目组内部采用成员 360° 互评的方式，从本职工作完成情况、工作态度、合作意愿三个维度进行加权评分，最终按照项目经理评分、项目成员互评平均分进行加权计算，得出员工个人最终奖金分配比例。

该方案的优势是评估过程比较简单，可以对各类角色奖金提取比例进行提前预设；劣势是无法平衡不同项目的具体情况。

第七章

财务管理

1. 高速公路企业借力基础设施 REITs 促进可持续发展

▶ 正略金融研究中心

不动产投资信托基金（Real Estate Investment Trusts，REITs）是不动产证券化的重要手段。它通过发行股份或收益凭证募集资金，由专门机构进行不动产投资经营管理，并将租金和不动产增值收益等投资收益按高额比例分配给投资者。其参与人一般包括投资人、资产管理人、资产托管人和物业管理人，具有永续、权益型、高分红的特征。REITs 作为打通不动产与证券市场的要素流动的重要工具和投资领域，其产品具有相对稳健和收益较高等特质，在发达国家和地区有着长期、广泛和成熟的应用。

REITs 产品按投资的基础资产分类，可分为零售 REITs、办公室 REITs、住宅 REITs、酒店及娱乐 REITs 等。持有型房地产和基础设施是 REITs 的两类主要基础资产，以基础设施为基础资产的 REITs 产品被称为基础设施 REITs。

一、REITs 的特点

REITs 作为一种不动产资产证券化产品，其主要特点通常包括以下六个方面。

一是标准化、流动性好。与股债一样，REITs 是证券的一种，不仅可认购、赎回，也可在二级市场流通、转让，满足物业投资人需求，降低投资者门槛，拓宽了不动产投资退出机制。

二是分红收益稳定。监管部门要求 REITs 需将绝大部分收益（通常为90% 以上）以分红的形式发放给持有人。

三是基础资产多元分散。基础资产投向具有稳定现金流的多元物业资产，包括基础设施、住宅、办公楼、工业园区、零售商区、医疗中心、酒店公寓等，能分散风险，增强 REITs 的生命力。

四是税收优惠。REITs 层面的租金收入免税，以避免双重征税。

五是低杠杆率。REITs 的杠杆率往往低于房地产上市公司，大部分国家和地区对 REITs 有明确杠杆限制，如新加坡要求低于 35%。

六是具有资产配置价值，丰富机构配置选项。在美国市场上，REITs 过去 10 年的年化回报率仅次于美股，高于其他资产。同时，REITs 具有与其他资产相关性低的特点，可以提高投资组合有效前沿。

二、基础设施 REITs 的相关政策扫描

2008 年以来，国家陆续出台了多项与 REITs 相关的政策（见表 1）。2020 年 4 月 24 日，中国证监会与国家发展改革委联合发布了《关于推进基础设施领域不动产投资信托基金（REITs）试点相关工作的通知》，标志着中国公募 REITs 正式落地，并在基础设施领域率先破冰。

表 1　目前国家层面出台的 REITs 相关政策（部分）

发布时间	发文机关	文件	政策内容及意义
2008 年 12 月	国务院办公厅	《关于当前金融促进经济发展的若干意见》	明确提出"开展房地产信托投资基金试点，拓宽房地产企业融资渠道"
2009 年 1 月	银监会	《关于当前调整部分信贷监管政策促进经济稳健发展的通知》	提出积极推动信托公司开展如房地产信托投资基金、资产支持信托等直接融资型创新业务
2010 年 6 月	住房和城乡建设部、国家发展改革委、财政部、国土资源部①、中国人民银行、国家税务总局、银监会	《关于加快发展公共租赁住房的指导意见》	鼓励金融机构探索运用保险资金、信托资金和房地产信托投资基金拓展公共租赁住房的融资渠道
2014 年 9 月	中国人民银行、银监会	《关于进一步做好住房金融服务工作的通知》	扩大市场化融资渠道，支持符合条件的房地产企业在银行间债券市场发行债务融资工具。积极稳妥开展房地产投资信托基金（REITs）试点

---

① 国土资源部现为自然资源部。

（续表）

发布时间	发文机关	文件	政策内容及意义
2016 年 6 月	国务院办公厅	《关于加快培育和发展住房租赁市场的若干意见》	支持符合条件的住房租赁企业发行债券、不动产证券化产品。稳步推进房地产投资信托基金（REITs）试点
2016 年 10 月	国务院	《关于积极稳妥降低企业杠杆率的意见》	积极开展以企业应收账款、租赁债权等财产权利和基础设施、商业物业等不动产财产或财产权益为基础资产的资产证券化业务。支持房地产企业通过发展房地产信托投资基金向轻资产经营模式转型
2018 年 4 月	中国证监会、住房城乡建设部	《关于推进住房租赁资产证券化相关工作的通知》	重点支持住房租赁企业发行以其持有不动产物业作为底层资产的权益类资产证券化产品，积极推动多类型具有债权性质的资产证券化产品，试点发行房地产投资信托基金（REITs）
2018 年 9 月	中共中央办公厅、国务院办公厅	《关于加强国有企业资产负债约束的指导意见》	积极支持国有企业按照真实出售、破产隔离原则，依法合规开展以企业应收账款、租赁债权等财产权利和基础设施、商业物业等不动产财产或财产权益为基础资产的资产证券化业务
2019 年 4 月	国家发展改革委	《2019 年新型城镇化建设重点任务》	支持发行有利于住房租赁产业发展的房地产投资信托基金等金融产品
2019 年 5 月	国务院	《关于推进国家级经济技术开发区创新提升打造改革开放新高地的意见》	支持在有条件的国家级经开区开展资本项目收入结汇支付便利化、不动产投资信托基金等试点
2020 年 4 月	中国证监会、国家发展改革委	《关于推进基础设施领域不动产投资信托基金（REITs）试点相关工作的通知》	对基金管理人等参与主体履职要求、产品注册、份额发售、投资运作、信息披露等进行规范
2020 年 7 月	国家发展改革委办公厅	《关于做好基础设施领域不动产投资信托基金（REITs）试点项目申报工作的通知》	进一步明确了试点项目的要求和条件，在申报材料、申报程序、合规性审查等实务操作层面给出了明确指引，并附上项目开展基础设施 REITs 试点基本情况材料、合规情况材料和证明材料清单

（续表）

发布时间	发文机关	文件	政策内容及意义
2020 年 8 月	证监会	《公开募集基础设施证券投资基金指引（试行）》	在 2020 年 4 月的征求意见稿基础上，修订了 REITs 的交易结构、资产构成、分红要求、负债要求，以及参与机构资质、投资人要求等
2021 年 6 月	国家发展改革委	《关于进一步做好基础设施领域不动产投资信托基金（REITs）试点工作的通知》	试点申报区域进一步在全国重点区域放开；试点行业进一步深化，清洁能源、保障房、水利、景区等行业进入试点范围；优质资产属性进一步量化，细化运营时间及现金流分散度要求；明确净回收资金在募集资金用途的计算口径；项目入库成为前置条件，央企打包项目可以直接报送国家发改委；细化中介服务机构准合规标准，且不得随意变更；补充短期改扩建与扩募要求
2021 年 11 月	银保监会	《关于保险资金投资公开募集基础设施证券投资基金有关事项的通知》	同意保险资金投资公开募集基础设施证券投资基金，即基础设施公募 REITs
2022 年 1 月	财政部、国家税务总局	《关于基础设施领域不动产投资信托基金（REITs）试点税收政策的公告》	设立基础设施 REITs 前，原始权益人向项目公司划转基础设施资产相应取得项目公司股权，适用特殊性税务处理，即项目公司取得基础设施资产的计税基础，以基础设施资产的原计税基础确定；原始权益人取得项目公司股权的计税基础，以基础设施资产的原计税基础确定。原始权益人和项目公司不确认所得，不征收企业所得税

三、基础设施 REITs 对高速公路企业的主要价值

对高速公路企业而言，基础设施 REITs 主要有以下六个方面的价值。

（一）重塑高速公路主业的商业模式

通过将 REITs 引入高速公路领域，高速公路的投资建设企业及持有运营

企业可以把资产放在基金里，构建资金管理费加超额收益的赢利模式，通过基金投资、建设、运营，然后通过 REITs 退出，从而把交通基础设施投资的传统价值链或产业链条做成一个股权投资链条，实现交通基础设施主业从"重资产"模式到"轻资产"模式的蝶变。

（二）可回笼长期资金，加快资金周转

高速公路资金投入量大、回报周期长，对持有运营的企业而言，大量的存量资产无法及时变现，沉淀了大量资产。通过发行 REITs，企业可以盘活存量基础设施资产。通过将缺乏流动性的存量资产转化成流动性强的金融产品，企业可以提高资金利用效率，从而形成良性循环，基础设施资产的流动性和赢利能力都可以得到较大提升。

相关数据显示，我国主要的省级交投集团近几年的流动比率（流动资产与流动负债的比率）呈下降态势（见图 1）。随着承担省内高速公路的建设任务而持续大规模投资，省级交投集团的流动性风险将进一步凸显。若能发行基础设施公募 REITs，集团可以盘活存量资产，回笼长期资金，化解流动性风险。

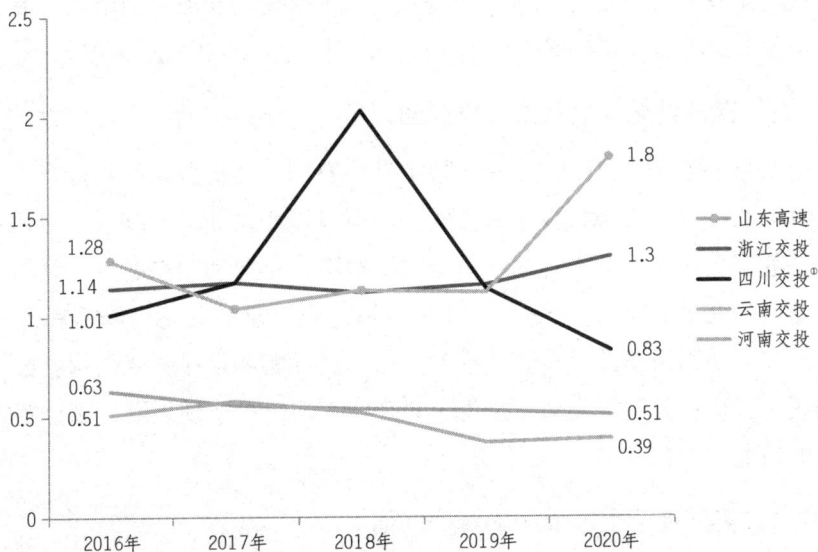

图 1　国内部分省级交投集团 2016—2020 年流动比率

---

① 四川交投已与四川铁投合并为"蜀道集团"。

（三）降低合并负债率，改善资本结构

REITs 可以理解为资产的首次公开募股（Initial Public Offering，IPO）。通过 REITs 进行股权融资，类似将交投类企业的资产按公允价值引入战略投资者。高速公路企业的基础设施资产大多以历史成本法计量，目前的基础设施权属单位层面将形成资本利得，提升基础设施权属单位的总资产规模。在此基础上，整个企业的合并负债率将显著降低，这有利于高速公路企业维持资信评级。

（四）产生税盾效益，增加总体净利润

税盾效益主要来自 SPV[①] 以债务融资向收购标的权属单位新增的财务费用可抵扣所得税。以沪杭甬徽杭高速公路类 REITs 为例，沪杭甬公司作为项目公司股东，实施类 REITs 融资后，完成减资 13.7 亿元。减资完成后，项目公司账面形成一笔对股东沪杭甬公司 13 亿元的应付减资款。这样项目公司的财务结构从实收资本转变为了减资后的注册资本＋应付股东款项，后续专项计划相当于承接了项目公司股权＋债权（专项计划募集资金里的 7.12 亿元作为项目公司股权转让对价，13 亿元替换应付沪杭甬公司股东减资款，成为私募基金发放给项目公司的股东借款）。这种债权的构造能够获得税盾效益。

（五）提升设施权属及企业权益回报率

REITs 的核心机制就是实现企业的"轻资产化"，但此时的轻资产化不一定是真的要将资产卖掉或者不掌控资产；而轻资产化如果是以收入和利润的等比例甚至更大比例的下降为代价，这绝对不是企业和股东愿意看到的。因此，单纯地将资产负债表变小本身并不是企业追求的目标，降低资产负债率、提高权益回报率才是企业追求的目标。这其实和很多金融机构、银行开展的资产管理业务逻辑类似，是为了实现"管理费＋业绩报酬＋部分资本利得"的均衡收入。

（六）实现优于上市公司的资产估值

一些市场的经验表明：REITs 形式的上市估值优于上市公司形式。如我

---

① SPV 是 Special Purpose Vehicle 的缩写，即特殊目的的载体。

国香港地区 13 只 REITs 市值较净资产的平均折价率为 25%，12 家持有型资产上市的平均折价率为 29%；内地资产在香港以 REITs 形式上市的平均折价率为 11%，以上市公司形式上市的平均折价率为 52%（见表 2）。

表 2　不同市场、不同形式上市时的市值较净资产的平均折价率

分类	平均折价率
我国香港样本 REITs	25%
我国香港上市样本公司	29%
我国内地资产香港 REITs 上市样本	11%
我国内地资产香港上市样本公司	52%

四、高速公路企业的 REITs 实践扫描

目前，我国共发行了三单高速公路"类 REITs"和三单高速公路"公募 REITs"。三单高速公路"类 REITs"包括 2019 年 6 月发行的"上海广朔实业有限公司 2019 年第一期光证资产支持票据"、2019 年 9 月发行的"中联基金 – 浙商资管 – 沪杭甬徽杭高速资产支持专项计划"和 2019 年 12 月发行的"华泰 – 四川高速隆纳高速公路资产支持专项计划"。三单高速公路"公募 REITs"目前均已经上市交易，其中"平安广州交投广河高速公路 REITs""浙商证券沪杭甬高速 REITs"于 2021 年 6 月 21 日上市交易，"华夏越秀高速 REITs"于 2021 年 12 月 14 日上市交易。

目前，已上市的高速公路"公募 REITs"产品均采用了双 SPV。双 SPV 的操作流程如下：首先发起人将基础资产以合理价格"真实出售"给自己的全资子公司 SPV1；其次 SPV1 与 SPV2 建立贷款合同关系，将基础资产以抵押贷款的形式转移给 SPV2；最终 SPV2 以 SPV1 被抵押的应收款为支持，发行资产支持债券（Asset-Backed Securities，ABS），从资本市场融得资金。国内的双 SPV 具体表现为两种模式："私募基金 + 专项资产支持计划"和"信托收益权 + 专项资产支持计划"。

高速公路"公募 REITs"的整体框架结构也较为统一，均为"封闭式公募基金 – 资产支持专项计划 – 项目公司 – 项目"的结构，采用资产支持专项计划受让项目公司原股东 100% 股权和债权实现穿透。沪杭甬高速 REITs 采用在项

目公司层面直接构建存量债务，即项目公司的股东减资，但项目公司未支付减资款，形成股东对项目公司的债权；专项计划成立后，受让原股东对项目公司的股权＋债权。广河高速公路 REITs 则是在基础设施资产支持专项计划取得项目公司 100% 股权后，视情况对项目公司进行减资，进而形成一笔对基础设施资产支持专项计划的应付减资款债务，以此完成"股＋债"结构的搭建。华夏越秀高速 REITs 采用了"公募基金＋基础设施资产支持证券"的双层结构，专项计划将持有项目公司股权及债权，公募 REITs 持有专项计划的全部份额。根据招募说明书，原始权益人拟认购的基金份额比例为总发售基金份额的 30%。

从目前披露的高速公路"公募 REITs"信息来看，其特点有以下三个。一是认购热情高。三个交通基础设施项目均实现了高比例的认购倍数，全部溢价发行。其中，2021 年 12 月发行的华夏越秀高速 REITs，网下投资者认购倍数达到 44.2 倍。二是收益走势好。上市后，截至 2021 年 12 月 31 日收盘，浙商证券沪杭甬高速 REITs、平安广州交投广河高速公路 REITs、华夏越秀高速 REITs 的收盘价格均高于发行价格，累计涨幅分别为 16.01%、0.72%、28.08%。三是流动性较好，其上市以来的日均换手率在 1%~2%，高于国际市场 REITs 普遍 0.5% 的换手率。

国内目前已发行的基础设施 REITs 概况如表 3 所示。

表 3 国内目前已发行的基础设施 REITs 概况

类别	项目全称	发行场所	成立日	发行金额	基础资产	基础资产估值
类REITs	上海广朔实业有限公司 2019 年第一期光证资产支持票据	银行间	2019 年6 月 28 日	70.00 亿元	沿海高速公路秦皇岛至冀津界段运营收入	—
	中联基金－浙商资管－沪杭甬徽杭高速资产支持专项计划	交易所	2019 年9 月 24 日	20.10 亿元	徽杭高速公路运营净收入	20.10 亿元
	华泰－四川高速隆纳高速公路资产支持专项计划	交易所	2019 年12 月 27 日	19.80 亿元	隆纳高速公路经营净收入	17.70 亿元

（续表）

类别	项目全称	发行场所	成立日	发行金额	基础资产	基础资产估值
公募REITs	平安广州交投广河高速公路REITs	交易所	2021年5月17日	87.00亿元	广河高速广州段的收费公路权益	96.74亿元
	浙商证券沪杭甬高速REITs	交易所	2021年5月17日	47.35亿元	徽杭高速公路浙江段的收费公路权益	45.63亿元
	华夏越秀高速REITs	交易所	2021年12月3日	21.20亿元	汉孝高速公路（由汉孝高速公路主线路和机场北连接线组）权益	22.86亿元

五、对高速公路企业利用基础设施REITs的建议

在当前外部有政策、内部有需求的背景下，对于高速公路企业如何开展基础设施REITs的相关工作，正略咨询主要有以下三方面建议。

（一）因地制宜地研究

一方面，高速公路企业应全面掌握自身的资产情况，立足"回笼长期资金""降低资产负债率""提升上市企业市值"等现实需求，制定不同业务板块、不同资产种类、不同区域的基础设施REITs实施策略，尤其要针对"项目税收""资产过户"等难点问题开展专门研究，制定相关的解决策略。

另一方面，高速公路企业应对近期拟开展探索的试点项目进行因地制宜的运作模式设计、项目投资决策分析，形成专门的内部议案。在此基础上，制定一套完整且符合自身实际的基础设施REITs操作指引，为基础设施REITs落地后实现预期目标、风险的防控提供坚实的制度和流程保障。

（二）形成内外合力

REITs投资跨越证券和基础设施两个重要市场，高速公路企业要想利用它，就需要具备宏观经济、资产定价等综合能力，需要对诸多风险进行综合

把握。

一方面，高速公路企业应尽快形成实施基础设施 REITs 必备的组织合力，可以考虑将总部财务部作为总部层面基础设施 REITs 的牵头部门，整合总部职能部门和相关权属单位相关专业人才，推动成立总部层面的基础设施 REITs 工作小组和领导小组，为基础设施 REITs 工作提供组织保障。

另一方面，高速公路企业应积极接受外部专业机构的赋能，积极开展与管理咨询、投资银行、公募基金等专业机构的交流、接洽。尤其要积极与实际操作过基础设施类 REITs 的专业机构进行交流、接洽，如与操作过浙商证券沪杭甬高速 REITs 的浙商证券针对具体项目进行交流、接洽。

（三）择机开展试点

针对基础设施 REITs 的融资属性，高速公路企业一方面应遴选一条投入运营较早、已过税收优惠期、车流量次优的高速公路作为基础设施 REITs 的试点对象，围绕实现基础设施 REITs 的主要价值开展充分论证并择机发行基础设施 REITs。另一方面，应积极储备物流仓储、新基建等领域的基础设施 REITs 项目。针对基础设施 REITs 的投资属性，高速公路企业应将其作为促进资本增值的投资标的之一，引导资金属性与基础设施 REITs 匹配度较高的商业银行和保险机构参与基础设施 REITs 的投资。

2. 一种跨资本市场股价表现的量化分析模型

▶ **正略金融研究中心**

目前，我国大力实施科教兴国和创新驱动发展战略。为实施创新驱动发展战略，直接融资势必将成为资本市场主流，并为我国早日建成科技强国、制造强国、网络强国做出更大贡献，推动经济社会高质量发展。近年来，越来越多的在美国上市的中概股回归内地和香港资本市场。在这样的背景下，比较国内外主流资本市场对不同行业科技创新企业的吸引力具有重要意义和参考价值。

2020 年下半年，正略咨询受邀为国内某知名产业园集团的"十四五"国际业务发展做调研分析和战略规划。在中概股回归的重要窗口期，借此机会，正略咨询建立了一套量化分析模型，对其园区内在全球不同资本市场上市的企业的股价表现进行了全面盘点和横向对比，可以为中概股企业在选择回归上市的资本市场及投资者在分析企业的投资价值时提供指导和参考（但并不作为任何形式的投资建议）。

一、项目背景介绍

上海证券交易所科创板自 2019 年 6 月 13 日开板以来，交易进展得如火如荼，推动大量科技创新企业实现了高质量发展。

从行业分布情况来看，科创板已经成为国内新兴产业科技公司融资的重要资本市场。截至 2020 年 7 月 22 日，科创板的融资总规模达到 2 172 亿元，同期主板、中小企业板、创业板的融资总规模分别为 1 340 亿元、355 亿元、349 亿元。业内对此评价称，科创板已成为 A 股市场科技创新企业融资的重要市场。

科创板上市公司主要分布在新一代信息技术、生物、高端装备制造及新材料等新兴产业，分布占比分别为 37%、24%、16% 及 11%（见图 2）。

相关服务业，1%

新能源汽车产业，2%　数字创意产业，0

新能源产业，3%

节能环保产业，6%

新材料产业，11%

新一代信息
技术产业，37%

高端装备
制造产业，16%

生物产业，24%

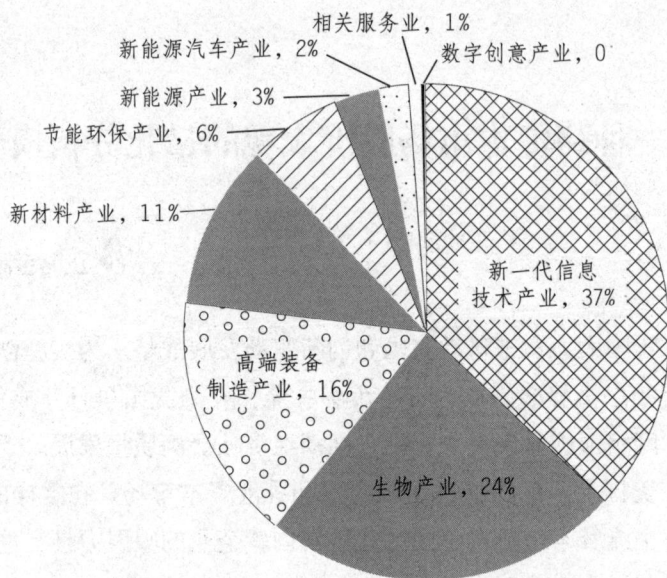

图2　科创板上市公司产业分布情况（包括拟上市企业）

随着我国经济从高速增长向高质量增长转变，创新驱动成为我国经济发展战略的核心。这就意味着，科创板这些主力行业将充分受益于我国科技产业发展大周期，未来的长期增长空间较大。

另外，外在经济形势的重大变化也给全球资本市场带来了巨大冲击和持续影响。数字化进程和高新科技发展显著加速、消费者行为变化也对市场产生了深远影响。科技供给和需求规模大幅波动，亦导致供需错配。资本市场流动性充裕，科技板块估值水涨船高，优势企业的估值扩张显著超越市场预期。

在新经济时代下，我国内地和香港资本市场改革红利不断，拥抱中概股回归。据预测，2022年中概股回归的趋势将延续，考虑以第二上市或再上市方式回归内地或香港市场，同时我国将有更多的拟上市企业选择在内地或香港上市。从长期来看，科技、消费都将继续是具有较大投资价值的投资主线和投资领域。

另外，受益于估值优势和注册制改革，科创板或创业板将吸引选择私有化后回归的中概股。优质中概股的回归将为市场带来更多的增量资金和更高的交易活跃度，为相关板块带来一定的投资机会，并促进我国内地和香港资本市场的长远发展。

二、量化分析模型

为分析我国科技创新企业在全球资本市场的股价表现并试图找出相关规律，正略咨询尝试进行建模分析。量化分析模型包括 5 个一级指标和 10 个二级指标（见表4）。

表4　量化分析模型指标

一级指标	二级指标	分析目标
股价表现	企业股价 + 大盘指数	通过对比企业股价表现和大盘表现，分析总体各行业的表现情况和市场倾向
估值指标	市盈 + 年复合增长率	以行业进行划分，分析市场对企业的认可程度和投资者信心，并观察企业的发展速度
波动指标	历史最大回撤 + 平均波动率	以行业进行划分，分析比较各企业本身的波动性表现和行业发展的稳定性
利润指标	毛利率 + 年投资回报率	以资本市场进行划分，分析比较各资本市场不同行业的盈利能力和投资回报
成长指标	上市后首日涨幅 + 一年后涨幅	以资本市场进行划分，分析比较各行业市场期望度和总体发展能力

三、样本企业数和分布

为方便分析工作的开展，正略咨询对该产业园集团中的 300 余家上市企业进行归类分析，剔除掉诸如重工、轻工、房产等非科技创新企业，重点分析 IT 服务、互联网、教育服务、生物制药、医疗器材与服务五个行业，共计 173 家企业的不同表现。其行业分布、资本市场地点分布、国内资本市场板块分布分别如图3、图4、图5所示。

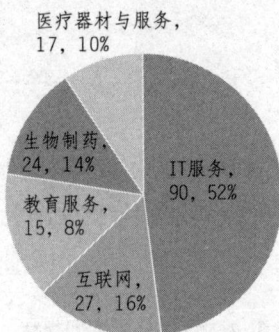

图 3 上市企业行业分布

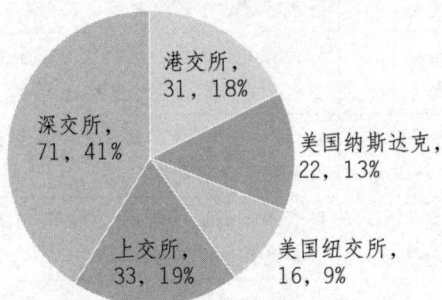

图 4 上市企业资本市场地点分布

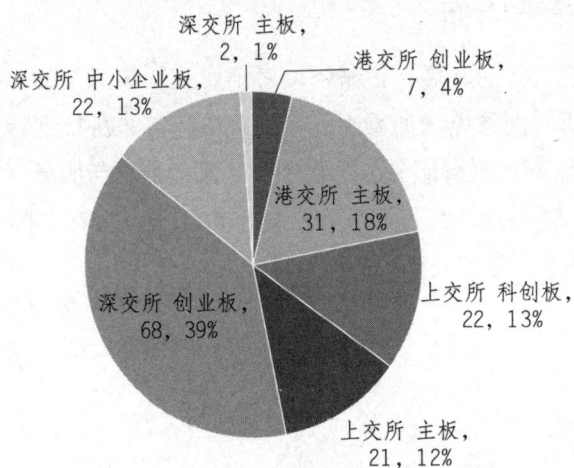

图 5 上市企业国内资本市场板块分布

为了使数据更为清晰直观，正略咨询将上市企业按行业划分，各上市企业所在资本市场的分布对比如图 6 所示。

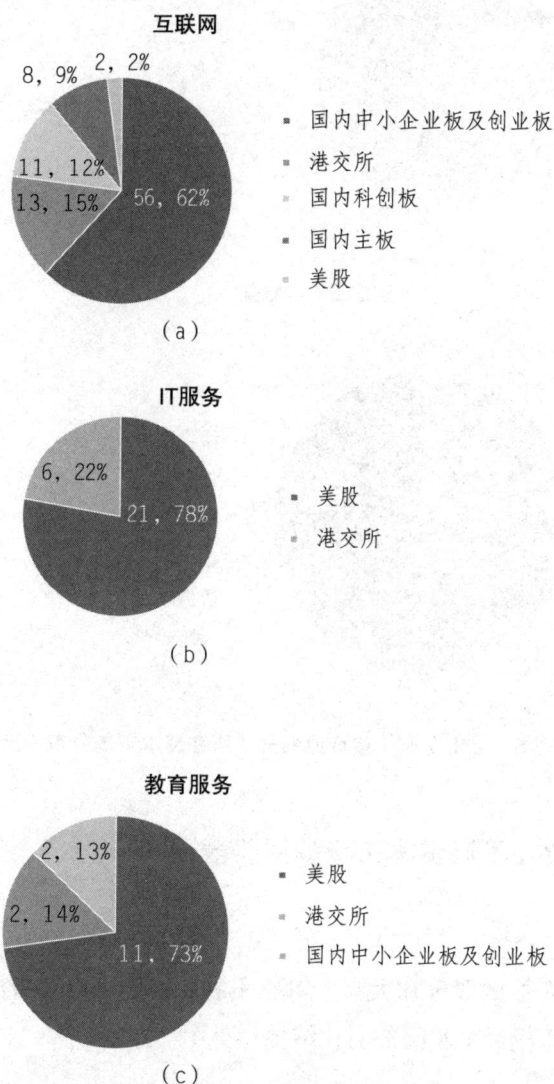

互联网

- 国内中小企业板及创业板
- 港交所
- 国内科创板
- 国内主板
- 美股

（a）

IT服务

- 美股
- 港交所

（b）

教育服务

- 美股
- 港交所
- 国内中小企业板及创业板

（c）

图 6　上市企业（按行业划分）所在资本市场分布

生物制药

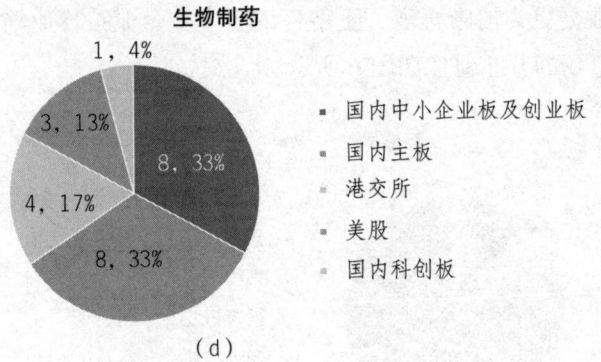

- 国内中小企业板及创业板
- 国内主板
- 港交所
- 美股
- 国内科创板

1，4%

3，13%

8，33%

4，17%

8，33%

（d）

医疗器材与服务

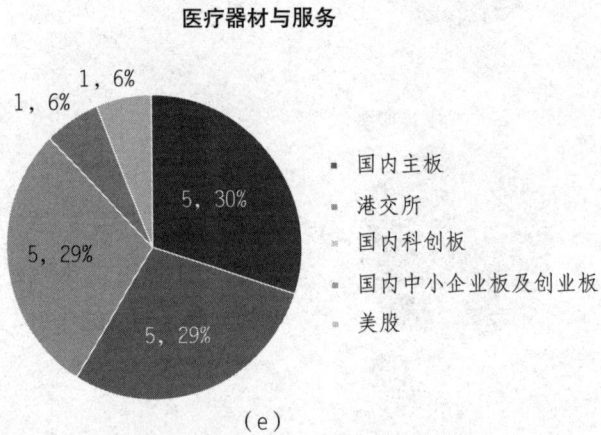

- 国内主板
- 港交所
- 国内科创板
- 国内中小企业板及创业板
- 美股

1，6%

1，6%

5，30%

5，29%

5，29%

（e）

图6　上市企业（按行业划分）所在资本市场分布（续）

四、不同行业在不同资本市场的股份表现

（一）股价表现

从各上市企业的股价和大盘的对比来看，我们可以分析出总体行业和部分企业表现与市场经济情况的对比结果（见图7）。

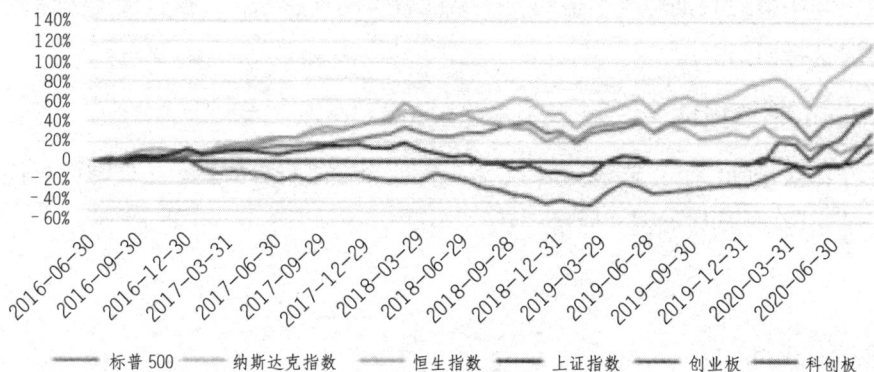

图 7　不同资本市场主要指数涨跌幅对比

就总体表现而言，纳斯达克指数一路走高，效益较好；恒生指数 2018 年第二季度开始表现疲软；科创板具有较强的上涨趋势。

在美上市企业的股价走势如图 8 所示。

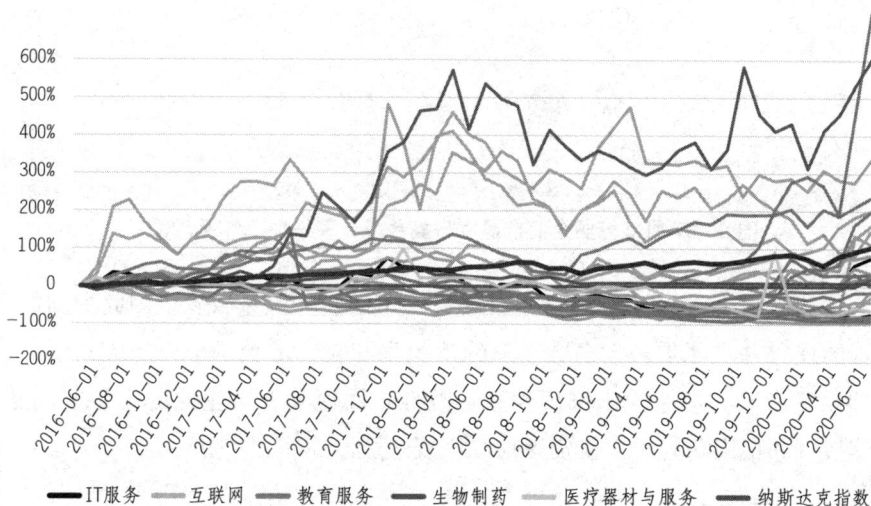

图 8　在美上市企业的股价走势

从各行业的表现情况来看，互联网行业明显分化，1/3 企业明显跑赢大盘，1/3 企业和大盘持平，余下企业跑输，近一年绝大多数时候处于下跌情况，与股指走向相反；中概股总体表现较差，大多数企业涨幅低于纳斯达克指数，与中概股长期经受估值歧视、易被做空的现状相符，这也促使了诸多中概股选择回归。

（二）估值指标

在估值指标中，正略咨询以 IT 服务行业企业进行分析展示（气泡面积代表企业市值），具体如图 9 所示。

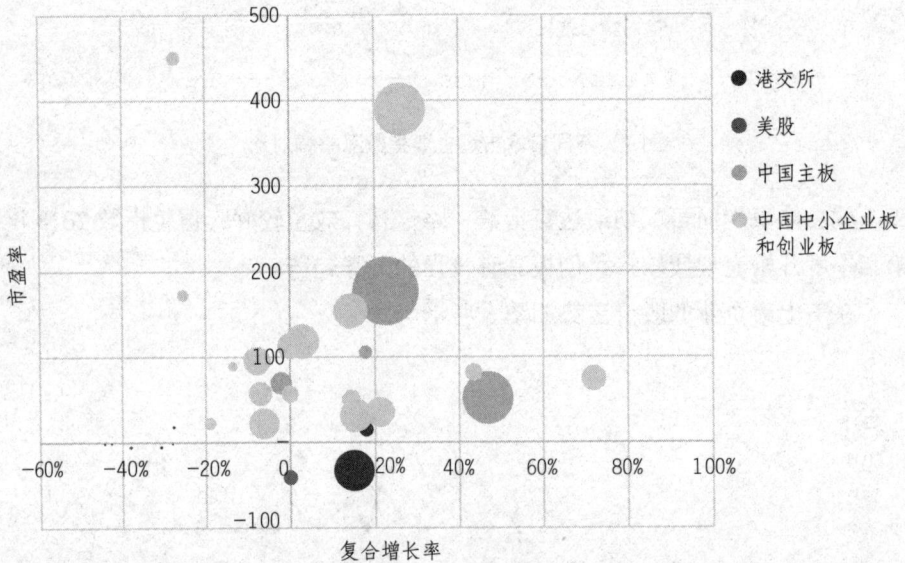

图 9　IT 服务行业企业市盈率与复合增长率（1~3 年平均值）

从 IT 服务行业企业来看，选择境外上市的企业数量较少，因此受到估值歧视的现象并不严重；大多数企业的市盈率和复合增长率呈正相关关系，市场和投资者信心与企业未来表现呈一致性；而境外上市企业的市盈率偏低，总体投资回报周期较长，投资者信心表现一般。

（三）波动指标

在波动指标中，正略咨询以生物制药行业企业进行分析展示（气泡面积代表企业市值），具体如图 10 所示。

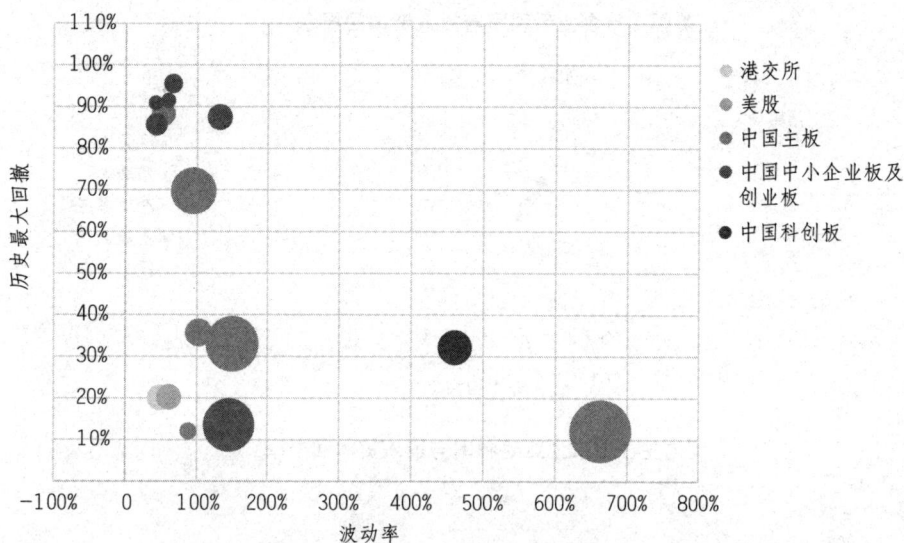

图 10　生物制药行业企业历史最大回撤与波动率

多数生物制药行业企业股价表现较稳定，波动率居中，半数企业历史最大回撤较小。总体而言，生物制药行业企业发展较为稳定，投资风险率较低。

（四）利润指标

在利润指标中，正略咨询对不同上市地点的企业，分行业进行分析展示（气泡面积代表企业市值），具体如图 11 所示。

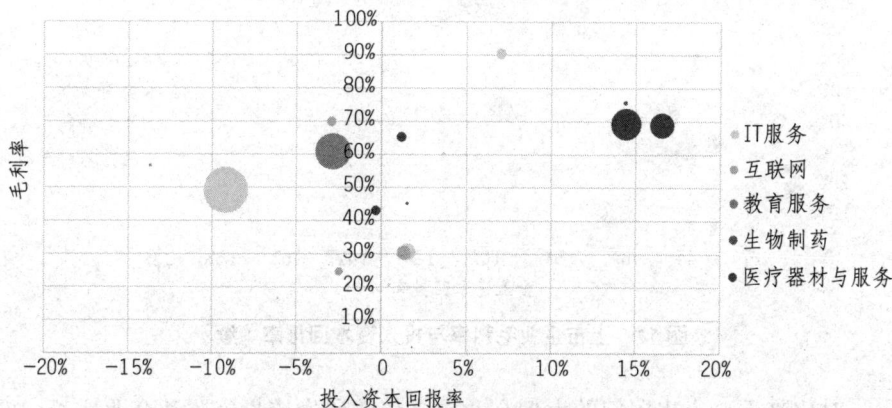

图 11　上市企业毛利率与投入资本回报率

美国上市企业毛利率与投入资本回报率

国内主板上市企业毛利率与投入资本回报率

国内中小企业板和创业板上市企业毛利率与投入资本回报率

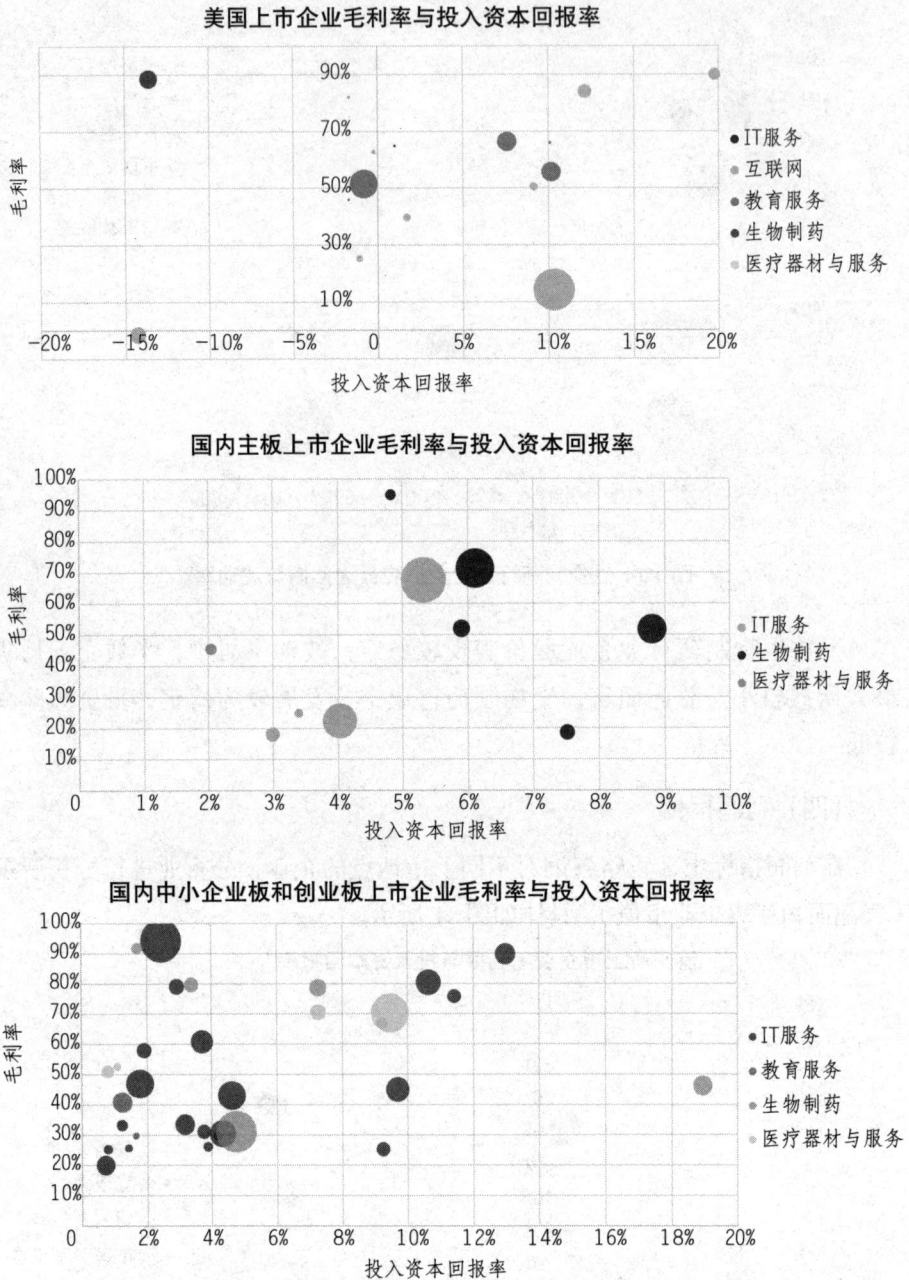

图 11　上市企业毛利率与投入资本回报率（续）

对比来看，走出国门的大型企业更多依赖研发或投资驱动企业增长，而小型企业更偏向于自身运营的利润创造。同时从各行业对比来看，IT 服务、生物制药的表现要远强于教育服务。

（五）成长指标

在成长指标中，正略咨询对不同上市地点的企业，分行业进行分析展示（气泡面积代表企业市值），具体如图 12 所示。

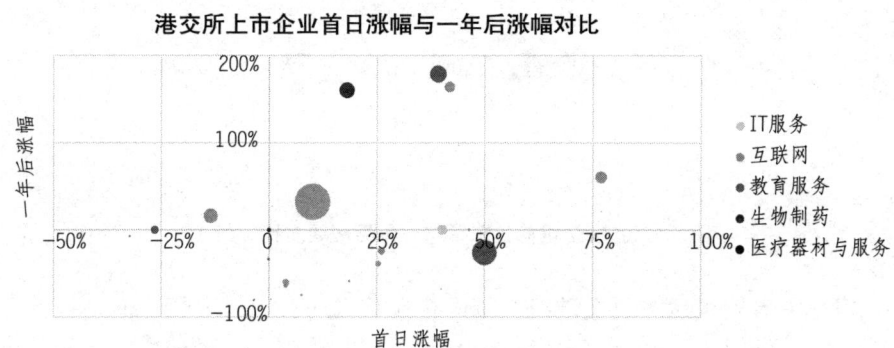

（a）

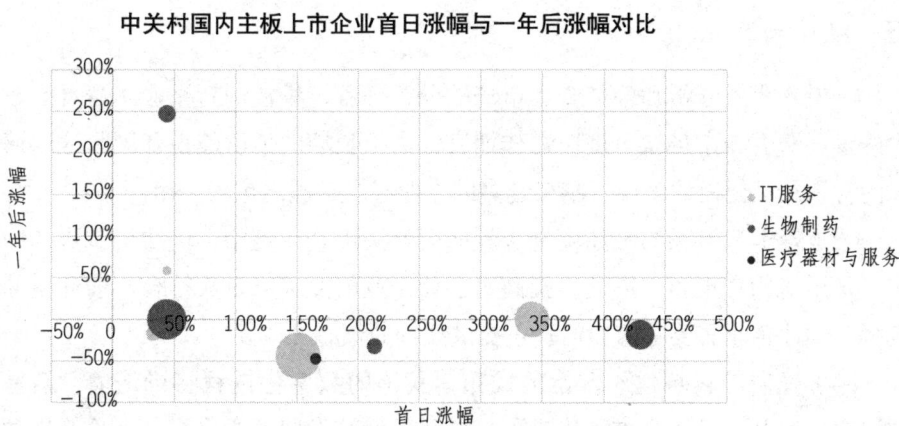

（b）

图 12 上市企业首日涨幅与一年后涨幅对比

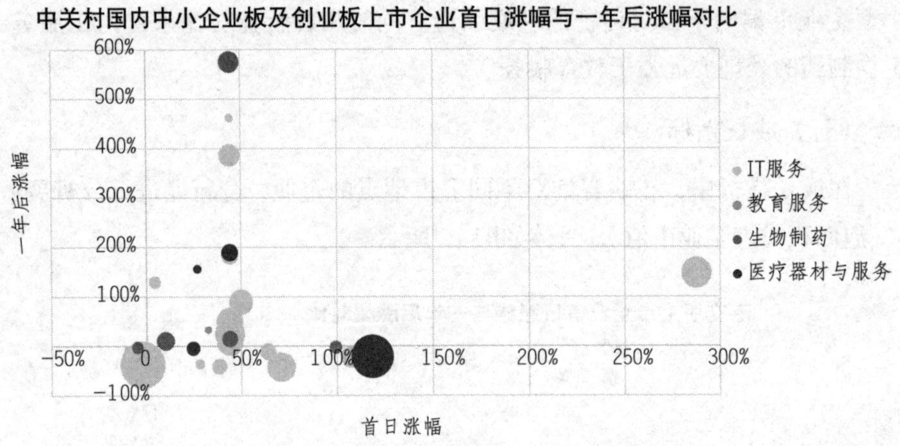

中关村国内中小企业板及创业板上市企业首日涨幅与一年后涨幅对比

（c）

图12　上市企业首日涨幅与一年后涨幅对比（续）

对比来看，虽然多数在港股上市的企业首日均有较大涨幅，但是一年后许多企业的涨幅低于首日收盘日；而创业企业普遍增长速度较快，一年后涨幅有明显的上升。在以上诸多企业中，IT行业企业表现得最为显眼。

五、结论与启示

（1）从背景分析和各个资本市场的分析来看，科技创新企业本身具有较大的发展潜力和市场认可度。总体而言，由于长期的估值歧视和国际战略博弈的背景及科创板的出现，越来越多的企业寻求在国内市场上市。

（2）资本和市场的关注度越来越向行业头部企业集中，优质资源更加倾向于优质机构和项目。因此，提高对创业企业的要求，是最符合当前环境的选择。创业企业需要考虑如何真正提供独特的核心价值。

（3）随着"新基建"政策的发布，我国的数字化进程将围绕着"新基建"层层展开，并成为推动未来科技和我国经济发展的主力军。无论基础领域的科技研发，还是应用层的数字化落地，IT服务、微电子、半导体、互联网等行业都将受到极大的关注和推动。

（4）在国际战略博弈大背景之下，半导体、数控机床、互联网、医药等行业企业将受到国内政策的大力扶持，也会成为"一带一路"倡议的重点扶持和孵化行业。

（5）我国新兴企业从定位上已经和传统企业有所差异。传统企业往往优先立足于国内，在稳定国内布局之后才考虑国外市场。而新兴企业往往从定位上便以全球化布局为基础，如小米、华为、字节跳动等企业从创立之初便直接以全球化视野进行布局和市场开拓。

（6）从分析结果来看，投资机构应动态关注和比较IT服务、医疗器材与服务等高新技术行业在不同资本市场的股价表现和投资回报。

（7）对拟上市企业来说，可以更多地考虑在国内股市如科创板等资本市场上市，从而避开做空机构的攻击及美国股市流动性宽裕和市场信心不足所带来的暴涨、暴跌及熔断风险。

六、总结与建议

跨资本市场股价表现的量化分析模型是本文的主要内容。由于上市企业注册地和样本数量非常有限，不同行业企业在不同资本市场股价表现的分析结论存在以偏概全的情况，无法反映国内外上市科技创新企业股价表现的全貌。另外，由于存在分析时效性问题，以上分析结论甚至存在与当前各资本市场、各行业企业股价表现相悖的可能性。

正略咨询将持续关注和研究国内外各资本市场的变化趋势，获取更多行业企业样本数据，对该模型进行必要的完善，并做工具化、在线化和实时化升级，以便得出更为全面、精确、动态化、可视化的分析结论。

以上分析结论均不作为任何形式的投资建议。

第八章

能源研究

1. 能源消费结构发展趋势与展望

▶ 正略能源研究中心

当前全球能源形势正在发生巨大变化，以清洁化、低碳化为特征的能源发展趋势愈发清晰，人类正迎来第三次能源大转型。能源系统是一个受政策、技术、经济发展等多重因素影响的复杂系统。本次能源转型的广度和深度如何？各类能源发展将如何演进？我们有必要对全球能源的发展趋势进行深入系统的研判，从而为能源企业制定战略规划、进行投资决策提供参考。全球多家权威机构和大型石油公司的能源展望为我们提供了有效的研究途径。本文以国际能源署（IEA）、石油输出国组织（OPEC，即欧佩克）、美国能源信息署（EIA）、中国国务院发展研究中心、中国国家能源局及英国石油公司（BP）发布的能源展望报告为研究对象，对 2040 年前全球能源发展态势进行综合性的分析研判。

一、世界能源消费现状

（一）世界一次能源消费总量出现负增长，亚太、北美仍是主要消费力量

从世界一次能源消费总量及增速情况来看，BP 发布的《世界能源统计年鉴（2021 第 70 版）》显示，受新冠肺炎疫情等因素影响，全球能源消费需求明显下降，2020 年全球一次性能源消费量为 556.63 艾焦[①]，同比下降 4.3%，为 1945 年以来的最大降幅。2015—2020 年全球一次能源消费量及增速情况如图 1 所示。

---

① 1 艾焦等于 10 万亿焦，余同。

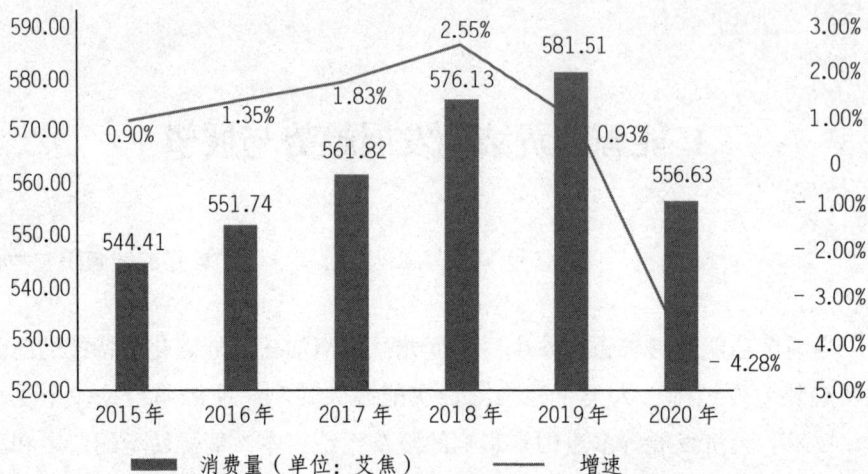

图 1　2015—2020 年全球一次能源消费量及增速情况

从各地区一次能源消费情况来看，2020 年亚太地区一次能源消费量最大，达到 253.25 艾焦；北美洲一次能源消费量位列第二，为 107.90 艾焦；欧洲一次能源消费量排名第三，为 77.15 艾焦，具体如图 2 所示。

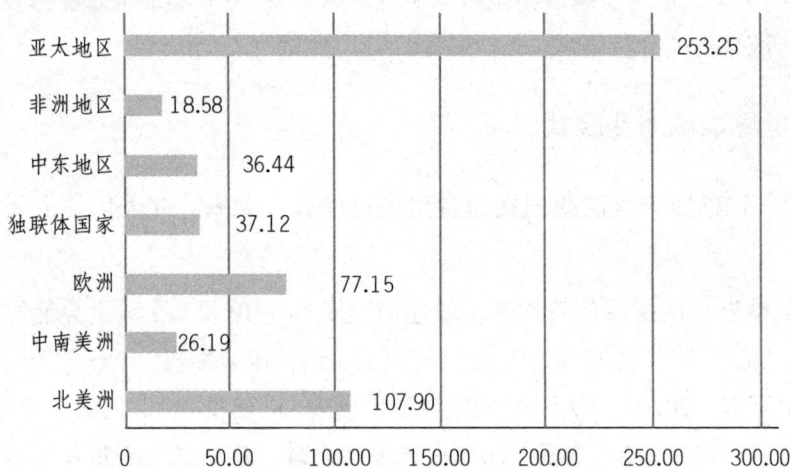

图 2　2020 年各地区一次能源消费量（单位：艾焦）

从全球一次能源人均消费量来看，2015—2018 年全球能源人均消费走势呈上升趋势，2018 年人均消费量达到最高，为 75.5 吉焦[①]/ 人。2019—2020 年受新冠肺炎疫情影响，人均消费量有所下降。2020 年全球能源人均消费量下降至 71.4 吉焦 / 人。从地区一次能源人均消费情况来看，2020 年北美洲、独联体国家、中东地区分列前三，一次能源人均消费量分别为 216.8 吉焦 / 人、150.4 吉焦 / 人、139.6 吉焦 / 人；亚太地区 2020 年一次能源人均消费量为 59.6 吉焦 / 人，低于全球平均水平；非洲地区一次能源人均消费量最低，2020 年仅为 13.9 吉焦 / 人。2015—2020 年全球一次能源人均消费量如图 3 所示。

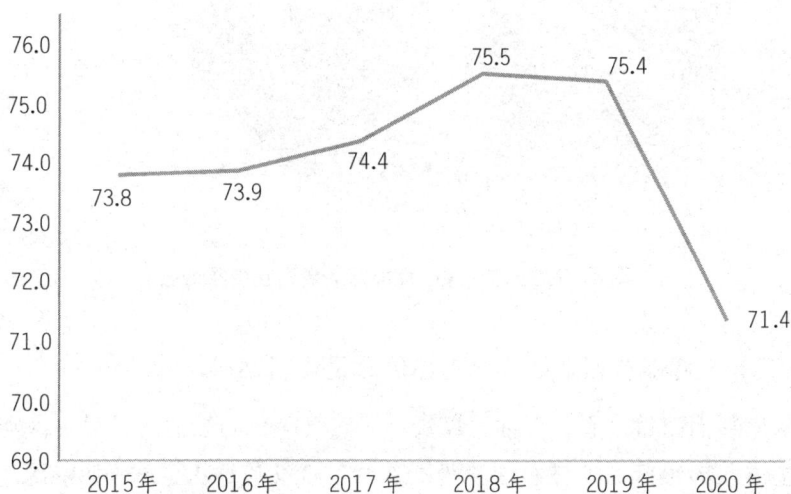

图 3　2015—2020 年全球一次能源人均消费量（单位：吉焦 / 人）

从各国一次能源消费占比情况来看，2020 年，我国一次能源消费量为 145.46 艾焦，同比增长 2.1%，也是在新冠肺炎疫情影响下全球能源需求增加的少数国家之一。2020 年，我国一次能源消费量占全球的比重为 26.13%，同比增长 1.71%。美国、印度、俄罗斯、日本等国家一次能源消费量分别为 15.77%、5.75%、5.09%、3.06%。2020 年全球一次能源消费国别份额情况如图 4 所示。

----

① 1 吉焦等于 10 亿焦。

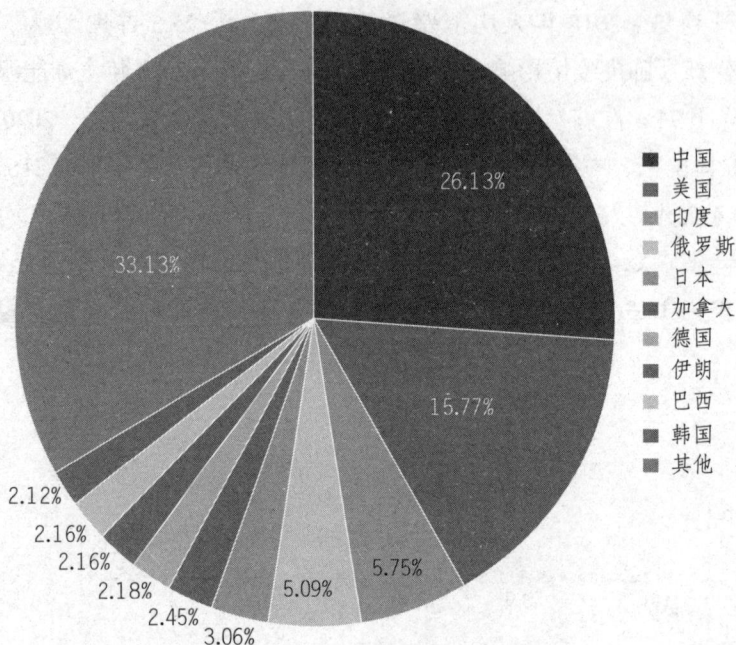

图 4　2020 年全球一次能源消费国别份额情况

（二）世界能源消费结构的主体仍然是化石燃料

从燃料消费量来看，石油、煤炭、天然气等化石能源仍然是一次能源消费的主体。2020 年，全球石油消费量达 173.73 艾焦，占全球一次能源消费量的比重最高，为 31.21%；煤炭是第二大燃料，2020 年消费量为 151.42 艾焦，占比为 27.20%；天然气在全球一次能源消费量中的占比持续上升，2020 年消费量达到 137.62 艾焦，占比为 24.72%，创下历史新高；核能、水电、可再生能源的消费量分别为 23.98 艾焦、38.16 艾焦、31.71 艾焦，占比分别为 4.31%、6.86%、5.70%。其中，水电在能源结构中的占比增长了 0.4 个百分点，是 2014 年以来的首次增长；受益于太阳能、风能等装机容量的提升，可再生能源在一次能源消费中的占比也创下历史新高。2020 年全球能源消费结构如图 5 所示。

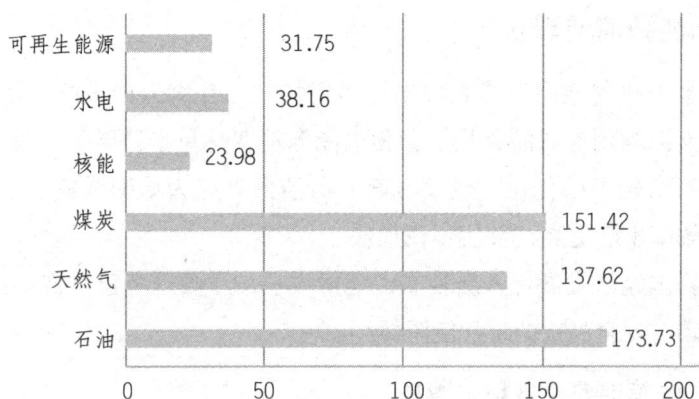

图5　2020年全球能源消费结构（单位：艾焦）

从全球分地区各类能源消耗情况来看，2020年，石油仍然是北美洲、欧洲、非洲等地区的主要燃料，天然气则在独联体国家、中东地区占据主导地位，煤炭依然是亚太地区的主要燃料，核能在北美洲、欧洲等地区占比相对较高，水电在中南美洲的能源消费结构中占比较高，可再生能源消费总量中亚太地区占比最高，欧洲、北美洲等地区可再生能源消费占比较高。具体情况如图6所示。

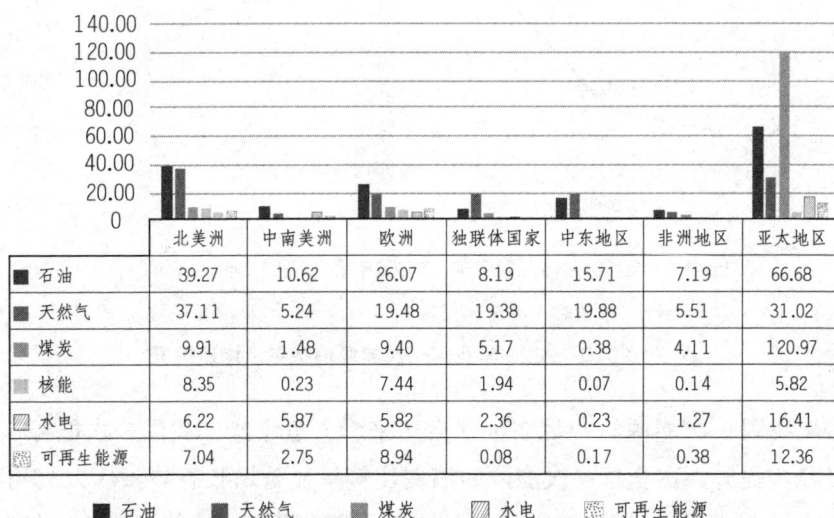

	北美洲	中南美洲	欧洲	独联体国家	中东地区	非洲地区	亚太地区
■ 石油	39.27	10.62	26.07	8.19	15.71	7.19	66.68
■ 天然气	37.11	5.24	19.48	19.38	19.88	5.51	31.02
■ 煤炭	9.91	1.48	9.40	5.17	0.38	4.11	120.97
■ 核能	8.35	0.23	7.44	1.94	0.07	0.14	5.82
▨ 水电	6.22	5.87	5.82	2.36	0.23	1.27	16.41
▧ 可再生能源	7.04	2.75	8.94	0.08	0.17	0.38	12.36

■ 石油　　■ 天然气　　▨ 煤炭　　▨ 水电　　▧ 可再生能源

图6　2020年全球分地区各类能源消费情况（单位：艾焦）

二、我国能源消费现状

近年来，我国能源消费表现出许多新特征。在大力推进能源消费革命、加快转变能源利用方式的背景下，我国能源消费总量平稳增长，总量增速创新高；消费结构不断优化、成效显著，清洁低碳成为结构调整的主力方向；能源利用效率不断提高，替代步伐加快。

随着我国经济发展进入新常态，能源发展的主要任务已从保供给转向构建清洁低碳、安全高效的现代能源体系。

（一）能源消费总量稳步增长

从能源消费总量及增速来看，2020 年，面临新冠肺炎疫情的严重冲击，我国能源消费需求仍保持稳步增长态势，全年一次能源消费总量达到 145.46 艾焦，同比增长 2.41%。"十三五"期间，我国能源一次消费量复合增速为 2.83%，以较低的能源消费增速支撑了经济的中高速增长。2015—2020 年我国一次能源消费量及增速情况如图 7 所示。

图 7　2015—2020 年我国一次能源消费量及增速情况

从我国一次能源消费量在全球占比来看，近年来，我国一次能源消费总量稳步提升，占全球一次能源的消费比例呈显著增长态势，从 2015 年的 23.24% 上升至 2020 年的 26.13%（见图 8）。随着我国一次能源消费量在全球的占比再创新高，我国在全球能源消费中的地位愈加重要。

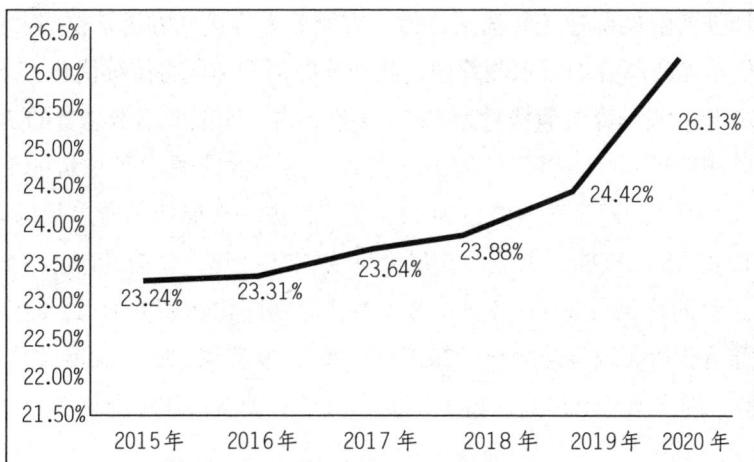

图 8　2015—2020 年我国一次能源消费量在全球的占比情况

从我国一次能源人均消费量来看，2015—2020 年我国一次能源人均消费量保持稳步上升趋势。2020 年，我国一次能源人均消费量再创新高，达到 101.1 吉焦 / 人（见图 9）。

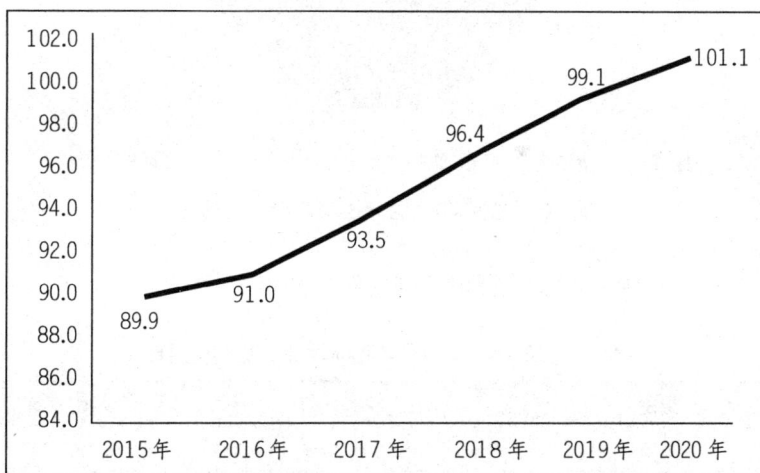

图 9　2015—2020 年我国一次能源人均消费量（单位：吉焦 / 人）

（二）能源消费结构不断优化

近年来，我国一方面大力发展光伏、风电、天然气、水电、核电等清洁能源，加强清洁能源输送和消纳；另一方面着力推进北方清洁供暖和电能替代等，供给侧改革叠加需求侧管理，我国能源消费结构将持续优化。

2020 年，我国煤炭消费量为 82.27 艾焦，占一次能源消费总量的 56.56%，同比下降 1.03%；石油消费量为 28.5 艾焦，占一次能源消费总量的 19.59%，同比下降 0.08%；天然气消费量为 11.9 艾焦，占一次能源消费总量的 8.18%，同比增长 0.36%；核能、水电消费量分别为 3.25 艾焦、11.75 艾焦，占一次能源消费总量的比例分别为 2.24%、8.07%，分别同比增长 0.04%、0.09%；可再生能源消费量实现显著增长，2020 年达到 7.79 艾焦，占一次能源消费总量的 5.36%，同比增长 0.61%。2020 年我国分燃料消费占比情况如图 10 所示。

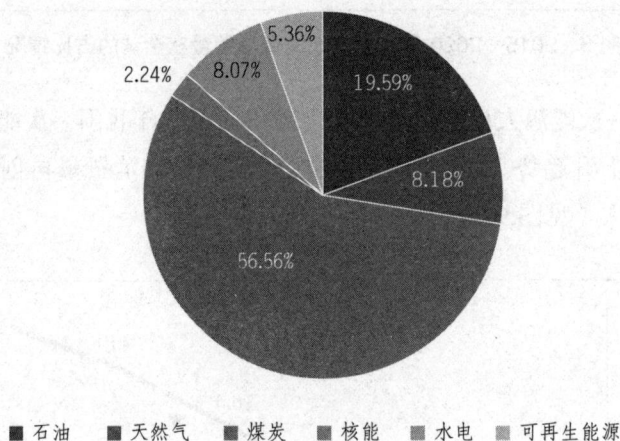

图 10 2020 年我国分燃料消费占比情况

2020 年、2019 年我国能源消费结构对比如表 1 所示。

表 1 2020 年、2019 年我国能源消费结构对比

类别	2020 年	2019 年
石油	19.59%	19.67%
天然气	8.18%	7.82%
煤炭	56.56%	57.59%
核能	2.24%	2.19%
水电	8.07%	7.98%
可再生能源	5.36%	4.75%

（三）能源利用效率不断提高

近年来，随着科技进步和生产工艺的不断改进，我国的能源利用效率持续提高。国家以节能环保为抓手，加快科技创新和技术改造，加快结构调整步伐，加大淘汰落后、化解过剩产能力度，能源利用效率显著改善。根据国家统计局《2020年国民经济和社会发展统计公报》，2020年，我国"重点耗能工业企业单位电石综合能耗下降2.1%，单位合成氨综合能耗上升0.3%，吨钢综合能耗下降0.3%，单位电解铝综合能耗下降1.0%，每千瓦时火力发电标准煤耗下降0.6%。全国万元国内生产总值二氧化碳排放下降1.0%"。

面临"双碳"目标，《中共中央 国务院关于完整准确全面贯彻新发展理念做好碳达峰碳中和工作的意见》明确提出，"大幅提升能源利用效率。把节能贯穿于经济社会发展全过程和各领域，持续深化工业、建筑、交通运输、公共机构等重点领域节能，提升数据中心、新型通信等信息化基础设施能效水平。健全能源管理体系，强化重点用能单位节能管理和目标责任。瞄准国际先进水平，加快实施节能降碳改造升级，打造能效'领跑者'"。

三、能源消费结构的发展趋势与展望

（一）世界能源消费展望

在面向2040年的展望中，国际各大能源研究机构预测结果显示，化石能源在能源需求中占比73%～78%，非化石能源在能源需求中占比22%～27%。IEA和OPEC对未来能源消费结构的预测几乎一致，BP对可再生能源的预测更加乐观，EIA则更加看重化石能源占比。

具体到能源种类，各机构均认为：石油消费总量预计将以年均0.9%左右的速度稳定增长，但它在一次能源中的占比将不断下降，尽管如此，石油仍然是全球最重要的燃料之一；煤炭依旧占有相当份额，但随着世界能源消费向清洁能源过渡，煤炭将失去大量市场份额；天然气预计将以年均1.8%左右的速度增长，成为增长最快的化石能源，到2030年左右将取代煤炭成为第二大燃料；另外，非化石能源的消费占比将迅速上升，尤其是可再生能源将获得显著增长。

（1）**石油**。在化石能源中，作为目前全球第一大能源，石油在展望期内仍将继续发挥主体能源的作用。综合各机构的预测，到 2040 年，石油在一次能源中的占比将处在 27%~31% 的区间范围。

（2）**煤炭**。作为目前全球第二大能源，煤炭在展望期内仍将是能源结构的重要组成部分。综合各机构的预测，到 2040 年，煤炭在一次能源中的占比将处在 20%~22% 的区间范围。

（3）**天然气**。作为目前全球第三大能源，天然气在展望期内将取代煤炭，成为仅次于石油的全球第二大能源。综合各机构的预测，到 2040 年，天然气在一次能源中的占比将处在 25%~26% 的区间范围。

（4）**非化石能源**。根据各机构的预测，到 2040 年，核能在一次能源中的占比为 4%~6%，可再生能源的占比为 17%~22%。各机构在其主要分析情景中都增大了可再生能源在能源结构中的占比。可再生能源是实现电力需求增长的主要贡献力量。

另外，在世界能源消费结构发生变化的同时，全球各地区的能源消费结构也将随之发生改变。长期以来，世界不同地区的能源消费结构存在显著差异，这种差异主要源于资源分布的不均衡性。以中东地区和亚太地区为例，中东地区的油气资源较为丰富且开采成本极低，因此石油和天然气占据了能源消费总量的 98% 左右，远高于其他地区；而在亚太地区，中国、印度等国家的煤炭资源极为丰富，这使煤炭在能源消费总量中占到一半以上，石油和天然气的消费比重却明显偏低。未来在《巴黎协定》、碳排放相关政策制约要求下，亚太地区的煤炭消费比重将显著降低，同时天然气和非化石能源的比重将明显上升。

（二）我国能源消费展望

当前我国经济正在加快形成"双循环"发展新格局，从供需两侧推动经济社会高质量发展。面对新的发展形势，能源供需格局加快转变，清洁、绿色、低碳转型发展已成为我国能源消费的共识。同时也应看到，我国经济增长的内生动力仍显不足，叠加新冠肺炎疫情冲击、全球经济放缓、贸易摩擦、各国经济衰退风险隐忧频现等外部因素影响，能源消费总体上仍难有较大起色。综合判断，2021—2040 年我国能源消费仍将在低位徘徊，增速同比有所回落。

（1）**煤炭消费增速趋缓**。在稳中求进工作总基调下，我国经济运行总体维持平稳增长，带动煤炭需求维持刚性消费。然而，随着科技进步、国家治理大气环境、节能减排、非化石能源对煤炭的替代作用不断增强等，煤炭消费增速将有所下降。一方面，伴随着电力在终端能源消费中的比重越来越高，电力行业的煤炭需求预计将相对稳定；另一方面，随着供给侧结构性改革、控制煤炭消费总量及《打赢蓝天保卫战三年行动计划》深入推进，钢铁、建材及其他行业的散煤消耗也将持续减少，而现代煤化工用煤有望继续保持稳定增长。另外，《中共中央　国务院关于完整准确全面贯彻新发展理念做好碳达峰碳中和工作的意见》明确要求"加快煤炭减量步伐，'十四五'时期严控煤炭消费增长，'十五五'时期逐步减少"。综合来看，我国煤炭消费占比将在"十四五"末达到峰值，"十五五"乃至2040年将稳步减少。

（2）**石油消费低速增长，汽柴煤走势依然分化**。我国乘用车产销增长总体不容乐观，加之燃油效率提升、替代能源的快速发展及共享单车等出行方式的变革，在一定程度上降低了汽油消费量，2020年的汽油消费量同比增长4.5%左右。受经济发展压力加大及"公路运输转铁路运输""公路运输转水路运输""公路治理""城市绿色配送行动"等政策持续推进影响，预计柴油消费整体依旧低迷。随着我国人均可支配收入、飞机保有量、新建机场数量持续增加，航空周转量总体保持高速增长，预计将拉动煤油消费以8%~10%的增速快速增长。《中共中央　国务院关于完整准确全面贯彻新发展理念做好碳达峰碳中和工作的意见》明确要求"石油消费'十五五'时期进入峰值平台期"。预计在2030—2040年，我国石油消费占比将稳步下降。

（3）**天然气消费保持较快增长，主要增量来自城镇燃气**。我国经济转向高质量发展阶段，环境约束日趋严格。2020年，国家持续推进环保政策，加强环保监管，各地仍面临较大环保压力。环保压力的增大加之城镇天然气管道和用气人口显著增加，将推动天然气消费较快增长，其主要增量来自居民、供热用气。2020年，天然气消费量达到3 259.1亿立方米，同比增长8.6%，其中城镇燃气用气量占比为33%左右；2020年，天然气总产量

1 888.5 亿立方米，同比增长 9.8%，进口量 10 166 万吨^①，同比增长 5.3%，对外依存度约为 45%。在"双碳"目标驱动下，天然气由于具有清洁性、可获得性、使用便捷性、商品可储性、供应安全性等特点，将成为我国低碳转型、过渡能源的唯一选择。未来较长一段时期内，城镇和农村居民用气、重卡及船舶交通用气，天然气发电、工业燃料用气需求将持续增长，我国天然气行业的发展仍将处于较高速增长的"黄金期"。

（4）**非化石能源利用得到进一步加强，占比将大幅提升**。非化石能源是我国能源开发利用中非常重要的一部分，随着经济的发展和技术的进步，特别是在"双碳"目标引领下，非化石能源将得到进一步开发与利用。《中共中央 国务院关于完整准确全面贯彻新发展理念做好碳达峰碳中和工作的意见》明确提出，"到 2030 年，非化石能源消费比重达到 25% 左右，风电、太阳能发电总装机容量达到 12 亿千瓦以上""积极发展非化石能源。实施可再生能源替代行动，大力发展风能、太阳能、生物质能、海洋能、地热能等，不断提高非化石能源消费比重。坚持集中式与分布式并举，优先推动风能、太阳能就地就近开发利用。因地制宜开发水能。积极安全有序发展核电。合理利用生物质能。加快推进抽水蓄能和新型储能规模化应用。统筹推进氢能'制储输用'全链条发展。构建以新能源为主体的新型电力系统，提高电网对高比例可再生能源的消纳和调控能力"。预计在 2021—2040 年，我国非化石能源消费占比将大幅度提升，逐步成长为我国能源消费的中坚力量。

---

① 1 立方米天然气质量为 0.719 2 千克，每吨天然气体积为 1 390 立方米。10 166 万吨 =1 413.074 亿立方米。

2. 综合能源服务企业转型问题分析

▶ 正略能源研究中心

当前尚处于初始阶段的综合能源服务存在诸多问题，如项目规划设计不足、电热气冷融合度不够、配售电价机制不顺、商业模式不清晰、市场主体地位模糊等。

本文旨在理顺综合能源服务行业发展脉络，透析其商业模式及市场竞争，借鉴实际案例，帮助综合能源服务企业找到转型出口。

一、行业发展

随着全球能源结构转型的不断推进，可再生能源在供给侧和消费侧将产生越来越重要的影响，而"多能互补"将成为未来发展的必然趋势，综合能源服务将承担越来越重要的责任。

综合能源服务是一种可满足终端客户多元化能源生产与消费需求的新型能源服务方式。其在传统综合供能（电、燃气、热、冷）的基础上，整合可再生能源、氢能、储能设施及电气化交通等，通过天然气冷热电联供、分布式能源和能源智能微电网等方式，结合大数据、云计算、物联网等技术，实现多能协同供应和能源综合梯级利用，从而提高能源系统效率、降低用能成本。

综合能源服务产业市场成熟度如图 11 所示。

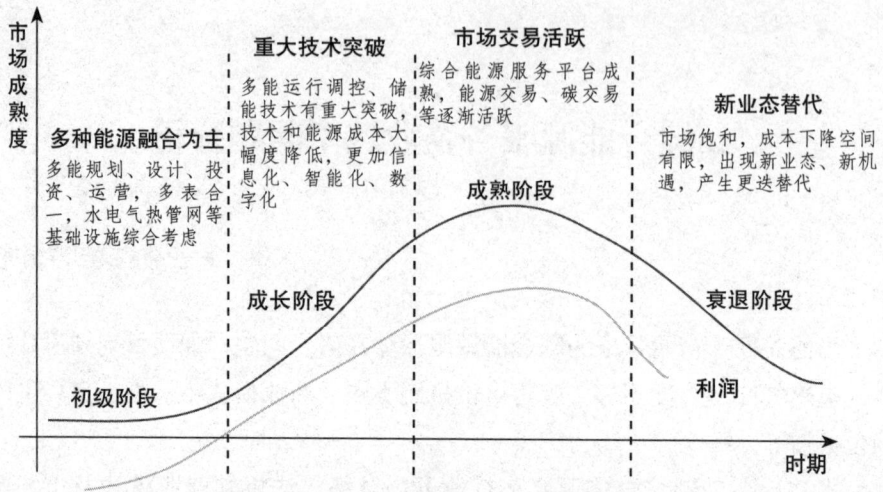

图 11 综合能源服务产业市场成熟度

综合能源服务产业市场成熟度主要取决于以下四个方面。

（1）能源价格下降速度和空间，特别是可再生能源发电价格、燃气价格等。

（2）技术进步速度，尤其是可再生能源发电技术、储能技术、微电网技术、多能调控技术等，将直接决定其成本下降速度和空间。

（3）政策扶持力度，如综合能源服务顶层设计、标准等政策是否健全完善，对于新业态是否有补贴及其他优惠政策等。

（4）能源市场化程度，包括价格机制、供求机制、竞争机制等。

二、市场战略

综合能源服务企业定位如图 12 所示。

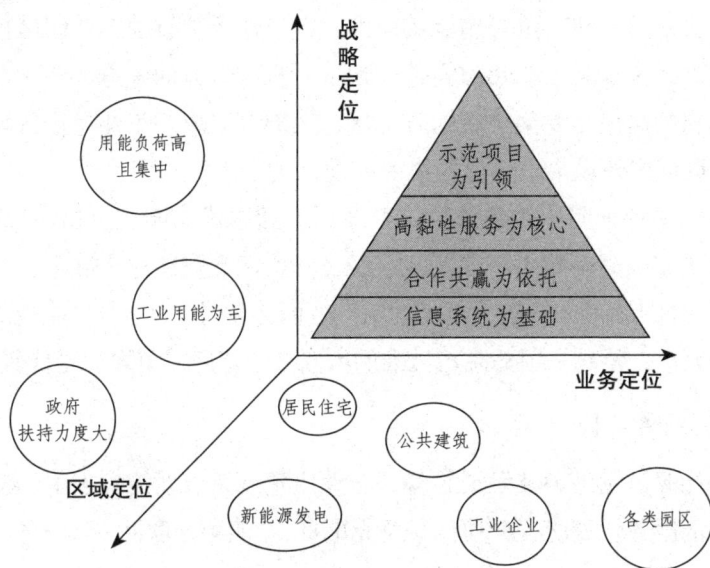

图12 综合能源服务企业定位

（一）战略定位

企业应以信息系统为基础，以高黏性服务为核心，以合作共赢为依托，以平台经济为理念，按照"以点带线、以点带面"的市场开拓思路，以示范项目为引领，从行业和区域两方面着手推动综合能源服务项目落地。

在行业业务拓展上，企业应将重点放在各类园区、工业企业、公共建筑、居民住宅、新能源发电等领域，以示范项目复制的方式带动行业业务拓展。

在区域拓展上，企业应重点为用能负荷高且集中、工业用能为主、政策扶持力度大的区域，通过布局能源生产、消费、储备和交易四大板块全环节服务，实现清洁替代最大化、综合能效最优化，推动企业向综合能源服务转型。

（二）区域定位

在综合能源服务发展的初级阶段，企业应优先考虑高负荷用能区、工业集中的优质工业园区，以平衡新业态发展初期的高昂投资及运营成本。

优选长三角、珠三角等用能负荷大，且当地政策鼓励工业园区内采取集中供暖等方式来满足工业热力需求的地区。从供暖方面考虑，我国冬季供暖需求较迫切的居民主要集中在北方地区，大部分采取在工业生产区域、城市居民集聚区域内建设集中热源的集中供暖方式。

重点布局各种园区或经济技术开发区，甄选优质园区。据不完全统计，目前全国国家级高新技术产业园区、经济开发区数量超过 350 个，各类省级产业园区超过 1 200 个，较大规模的市产业园区超过 1 000 个。企业应优先选取新产业园区，特别是国务院新批准的国家级示范区，争取享受优惠政策。

（三）业务定位

结合能源市场潜力及发展趋势，企业应重点拓展新能源发电、能源综合利用、节能服务、储能、电动汽车及充电桩、"能源互联网+"服务、能源金融服务七大业务方向。

三、商业模式及业务类型

目前主要的商业模式有以下四种。

（1）发电售电相结合：这种商业模式主要把发电和售电业务相结合，售电公司用自己所取得的售电收益中的一部分来投建发电厂。

（2）综合能源服务：在开启售电常规业务的同时，还对所属地区其他能源进行延伸，甚至涉及公共交通、城市基础设施等，形成覆盖城市多项内容的综合能源服务。综合能源服务业务类型如表 2 所示。

（3）配售一体化：在售电公司所属的配电网范围内，客户直接和售电公司签订购电合同，售电公司将所取得的部分收入支付给输电网运营商，其余归为公司收益。这种商业模式主要适用于拥有配电资源的售电公司。

（4）售电折扣：为尽可能多地吸引用电客户，售电公司可以采用售电折扣方式为客户减少基本电费，针对新加入的客户可以适当加大折扣力度。

表2 综合能源服务业务类型

序号	业务类型	业务拓展方向/盈利模式
1	用能规划设计	对接政府能源规划,重点为园区、企业提供能源供应系统规划设计服务,提供水、电、气、冷等多能源整体供应解决方案,通过收取服务费获取收益
2	多元化分布式能源服务	以智能电网为基础,为客户提供分布式光伏发电、生物质发电、冷热电三联供、地源热泵、水源热泵等分布式能源系统建设和运营服务。通过向客户收取能源费用获取收益
3	储能建设与运营	投资建设储能电站或客户储能设备,晚间利用低谷电充电,白天释放电能,通过赚取峰谷电价差值获取收益
4	智能运维服务	对用能设备、配电设施等开展专业化智能运维,提供精准故障诊断和状态检修服务,增强客户用能稳定性,保障用电安全。通过收取运维费获取收益
5	客户能源系统能效提升	为客户提供电能替代、电力节能、热(冷)力节能、机械节能等能效提升改造服务,降低客户能源成本,通过实施节能改造工程或与客户进行节能效益分成等模式获取收益
6	能源托管服务	承包客户水、电、气、冷、热等能源费用,通过优化能源供应系统、实施技术节能改造和加强能源消费管理,降低客户能源消耗。通过各类手段节约能源费用获取收益
7	能源交易服务	代理电力、碳资产等能源销售服务,通过合理配置交易品种、多类型用户风险对冲和用能预测,为客户获取优惠的电能等能源供应价格。通过收取代理服务费获取收益
8	需求侧管理	分析客户用能特点,充分挖掘客户可转移、可中断负荷资源,代理客户参与电力需求响应,获取政府电力需求响应激励资金,通过收取代理服务费获取收益
9	能源配送网络	建设与参与增量配电网运营,投资建设热力网或氢能网等能源输送网络,通过收取能源输配费用获取收益
10	用能金融服务	为客户提供设备租赁、融资租赁等用能金融服务,基于综合能源服务的减排效果和投资收益,逐步开发碳资产、项目债权等衍生产品
11	能源大数据	建立大数据分析平台,汇集各地业务平台数据,具备大数据分析展示、策略制定、业务管控、跟踪评估、信息交流、项目合作等功能。结合客户内部能效数据资源,开展多维度分析,深入挖掘数据价值,为客户提供增值服务

（续表）

序号	业务类型	业务拓展方向 / 盈利模式
12	综合能源	管控平台以源网荷实时数据为纽带，对接电、气、热等多种用能需求，搭建多元信息交互的综合能源服务平台，运用物联网、大数据等新型技术，实现能源互联网的实时感知和信息反馈，优化客户能源供给网络运行策略，为客户提供智能调控、需求响应、交易预测、数据价值挖掘的服务

四、市场竞争主体

目前，综合能源服务市场处于发展的初级阶段，很多企业并不具备供应多种能源和多种服务的能力。当前的市场竞争主体主要为能源公司、售电公司、技术公司及服务公司（见表3）。

表 3　综合能源服务市场的市场竞争主体

市场竞争主体类型	具体说明
能源公司	主要是重资产企业，规模相对较大，以大型国企为主。一类是传统能源企业转型，如电网公司等；另一类以产业链延伸为主，如新奥集团泛能网、协鑫能源互联网等
售电公司	主要是新成立的企业，既有国企，也有民企，以中小企业为主，围绕着售电开展业务的综合能源服务商
技术公司	主要是轻资产企业，包括互联网公司、储能技术公司、微电网技术公司等。运用大数据、云计算等技术提供用能优化和管理方案，如国网数字科技控股有限公司、阿里云综合能源服务方案、远景能源等
服务公司	主要是轻资产企业，各类设计院、工程服务企业、节能服务公司、分布式能源方案设计单位等

五、综合能源服务市场的竞争者、竞争结构及竞争策略

综合能源服务市场作为能源领域转型升级的重要"引擎"，正处于高速发展阶段。可以预见，综合能源服务市场将逐渐由蓝海转变为红海。

（一）竞争者：投资主体，与供应商"唱主角"

从业务维度来看，电网公司、发电公司、燃气公司、地方能投等是主要的投资公司，也是最有力的竞争者。规划设计院、工程公司、设备制造商等供应商处于产业链上游，分别提供不同类型的产品和服务。投资公司和各类供应商在整个能源产业链条上各司其职，彼此不构成竞争关系。但随着综合能源服务的快速发展，各类主体都依托主业优势向客户侧业务延伸，抢占市场份额与客户资源，未来将成为彼此的竞争者。

从客户维度来看，传统能源服务商向社会各类用能主体供能，综合能源服务商目前的营销重点是用能量大且稳定、支付能力强的工业园区和公共建筑等优质客户，竞争目标相对集中。

从地域维度来看，据统计，综合能源服务市场竞争者数量（除售电公司）有 300 余家。其中，华北和华东地区共占 66%，是竞争最激烈的区域。主要竞争者包括清洁能源发电公司、节能环保公司、燃气公司等（见图 13）。传统能源行业的地域属性较强，电网公司、发电公司、燃气公司、地方能投等都有相对固有的属地，多凭借属地化优势开展竞争。

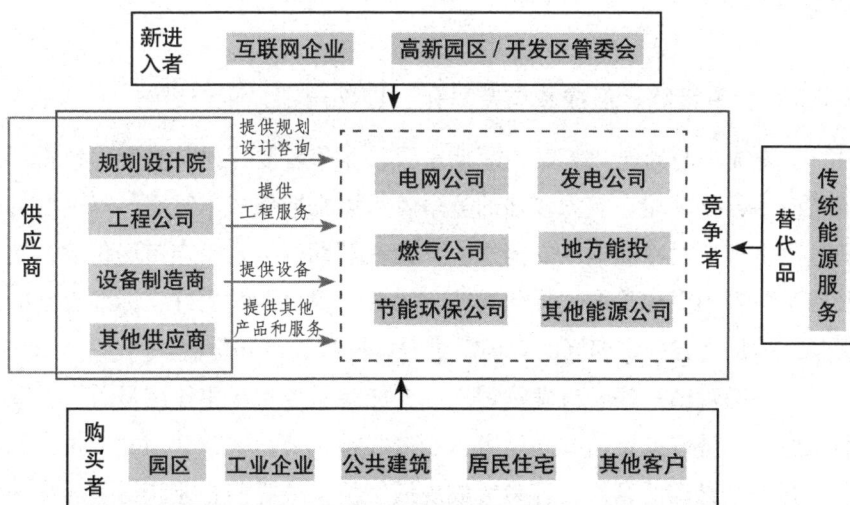

图 13 综合能源服务行业竞争结构

（二）市场竞争结构

根据推断，综合能源服务应处于寡头垄断和完全竞争之间，即垄断竞争，并且向完全竞争的转型不可能一蹴而就。

从本质上讲，综合能源服务是竞争性市场业务，综合能源服务市场应属于完全竞争市场。但是，传统能源市场集中度高，可以对行业施加经济力量的企业较多。这些企业转型为综合能源服务商，必将使综合能源服务市场的集中度快速上升，但不会高于传统能源市场。

未来，综合能源服务市场的管理和标准规范将更加严格。随着平台经济的发展，市场信息趋于对称，同质化产品增多，诸多综合能源服务商向下游业务延伸，生产能力过剩，综合能源服务市场将不断趋向完全竞争市场。

能源市场市场竞争结构如表 4 所示。

表 4　能源市场市场竞争结构

项目	能源市场	当前综合能源市场	未来综合能源市场
竞争属性	垄断 / 寡头垄断	垄断竞争	趋于完全竞争
价格竞争强度	很低 / 企业内的竞争	取决于产品的差异	激烈

（三）竞争策略：低成本与差异化、口碑营销、平台经济

（1）低成本与差异化策略。短期来看，竞争者要根据自身实力选择低成本策略或差异化策略。实力较强的竞争者可以采取低成本策略，以更低的价格满足更多客户对冷热电气的需求，从而在短期内抢占一定市场份额；实力一般的竞争者则需要采取差异化策略，为客户提供质量更好、标准更高的产品服务，满足具有一定偏好的客户需求，缓慢积累市场份额。

（2）口碑营销策略。口碑营销在综合能源服务市场中作用显著。企业品牌形象好、声誉好或可信度高便可以创造收益优势，客户会为之支付大额溢价。拥有一批忠实的客户，容易形成规模经济，最终使企业获得差异化和低成本的双重优势，提供更高的消费者剩余。

（3）平台经济策略。超前布局平台经济有望提升综合能源服务市场影响力。我国的平台经济规模将在 2030 年突破 100 万亿元，而能源领域还未形

成有较强影响力的平台经济体。随着能源互联网时代的到来，连接能源服务商、产品服务、客户的能源平台经济体将成为现实，通过"网络效应"可以达到平台价值、客户价值和服务价值的最大化和多方共赢的目的。

六、企业案例

（一）国家电网公司

截至 2018 年，国家电网公司组建了 27 家省级综合能源服务公司，全年实施综合能源服务项目 2 943 个，综合能源业务收入 51 亿元，同比增长 167%。

从业务方向来看，2018 年，国家电网的综合能效服务、专属电动汽车服务收入占比较高；2019 年，国家电网重点布局综合能效服务、多能服务、分布式能源、专属电动汽车服务四大业务，开展 22 项关键技术设备研发，推进 20 个重点示范项目的建设。

（二）南方电网公司

南方电网公司是国内布局综合能源服务业务最早的大型企业之一，2010 年便成立了南方电网综合能源股份有限公司，全面开展综合能源服务业务。

2018 年，南方电网公司确定了"1+8+5"方案的顶层设计，明确要构建综合能源服务体系，为加快向综合能源服务公司转型、创建世界一流企业奠定坚实的基础，并在行动计划中首次提出将业务布局分为三大类：核心类业务、支撑类业务、整合类业务。

南方电网公司在 2019 年进一步明确了综合能源服务发展重点和业务界面，为客户提供多元化的综合能源供应及增值服务，支撑公司向"能源产业价值链整合商转型"。

（三）华电集团

华电集团在综合能源服务业务开拓上占有一定的先天优势，也因此成为五大集团中转型较早、较迅速的发电企业。

首先，华电集团在同类型企业中，天然气发电装机最多，天然气分布式发电装机最多，具有丰富的分布式建设及运营经验，并积累了一定的用户资源。其次，华电集团在售电侧和配电网同时放开的情况下同时拥有配售电业务，能为园区内的电力用户提供能源增值服务。

华电集团在行动计划中明确指出，将按照"试点先行、全面推进、引领提升"三个阶段，逐步完成加快布局综合能源服务业务、构建"互联网+"综合能源服务平台、提升综合能源服务业务支撑能力三大任务。

（四）延长石油、中国石油、中国石化

延长石油建立了气氢牧能源互联网示范项目和榆林靖边光气氢牧多能互补集成优化示范工程，中国石油、中国石化则建立了售电公司。

进军电力市场后，中国石化于 2019 年 5 月和国家电网公司签订了战略合作协议，将携手共建"综合供能服务站"，重点打造"油气电氢非"五位一体综合服务站，不断向综合能源供应商转型升级。

另外，中国石油于 2019 年 8 月在四川打造了首座集加油、加气、充电、车服、购物、办卡于一体的智慧型综合能源服务中心。

（五）法国电力

法国电力形成了基于核电、水电、新能源的多元化电力结构，致力于为客户提供包括电力投资、工程设计及电力管理与配送在内的一体化解决方案，业务几乎涉及电力系统的所有行业。

法国电力应用综合性的发展模式，对上游资产组合（生产、能源和燃料采购）和下游资产组合（大宗销售和市场投放）进行管理，确保对客户的能源供应并获得最大化的利润。

（1）以清洁能源为业务核心，做优能源供应布局，因地制宜地选择、确定主能源和辅能源，旨在实现能源结构配置合理、风险对冲、互补发展。

（2）以提供解决方案为利润增长点，做精衍生服务。除了能源运营本身，法国电力的业务还涵盖电力销售、能效管理和能源大宗贸易等，甚至包括电力投资、电力工程设计及电力项目管理与电网配送在内的一体化解决方案，旨在为居民、专业客户、公司企业、城市或区域提供集成解决方案。

（3）以电力和信息技术为保障，做强新业态融合。法国电力在网架方面，稳步推进运营管理、维护和发展配电网；在用户方面，积极发展智能电表相关服务，为地方配电公司和地方政府提供服务。

（4）以实体和虚拟渠道为载体，做新品牌宣传策略。在全球多个区域，法国电力都针对当地的业务布局设置了侧重点不同的研发中心。研发中心凭借其高科技感、与自然的融合、新材料和新技术的采用，成为一个贴近社会、可视、可观、可触摸的载体，作为企业对外的最直接窗口，展示出可操作性和友好性。

七、转型启示

（一）着手考查各个工业园区，提早布局，抢占先机

企业应提前调研考查相关工业园区的实际情况，探索可持续、可推广的商业模式。从长远预期来看，如果市场可以进行交易，企业就要提前布局。一个区域的容量有限，只有占领了最佳位置，才能够获得更多的优惠支持和区域资源。同时，企业需结合当地的能源和资源条件，重点考查用户侧市场情况，如用户负荷和用户价格等因素。

（二）跟踪关注最新公布的产业园区，锁定新目标市场

企业应重点关注国务院最新批准的国家级示范区，重视重大项目安排、政策先行先试、体制机制创新等方面。

（1）国家级高新技术产业开发区：《国务院关于同意哈尔滨、大庆、齐齐哈尔高新技术产业开发区建设国家自主创新示范区的批复》（国函〔2022〕43号）正式批复同意了哈尔滨、大庆、齐齐哈尔高新技术产业开发区建设国家自主创新示范区。

（2）省级产业园区：关注省级产业园区特别是工业园区的名单变动，了解相关政策安排。

（三）加快多种能源耦合技术研发，突破关键技术

目前，多能互补系统发电、多能互补与传统能源调峰、储能等技术不够成熟，风光水电储能互补系统运行由于缺乏试验平台验证，可靠性不能得到保证。行业还存在技术、经济、体制机制等各方面的问题，特别是能源技术创新能力不足，一些技术仅停留在概念上，转化应用尚待时日。这些都直接限制了综合能源服务的发展。

第九章

■ ▌ 交通研究

1. 交通投融资平台企业如何抓住"新基建"风口

▶ 正略交通研究中心

为适应社会经济发展、满足转型需求，我国在 2020 年年初持续密集部署并推进 5G 网络、大数据中心等新型基础设施建设，从而掀起一股"新基建"热潮。对助力交通运输业创造"中国速度"的交通投融资平台企业而言，应把握"新基建"所带来的新机遇，为发展提供更多元的融资环境，以推动企业持续改革创新。正略咨询基于"新基建"的内涵及政策分析，对传统行业转型升级赋能进行研究，并深入分析"新基建"带给交通投融资平台企业的创新机会。

一、"新基建"内涵与政策分析

（一）国家发展改革委对"新基建"的定义

2020 年 4 月 20 日，国家发展改革委对"新基建"做出了正式、明确的定义：新型基础设施是以新发展理念为引领，以技术创新为驱动，以信息网络为基础，面向高质量发展需要，提供数字转型、智能升级、融合创新等服务的基础设施体系。新型基础设施体系主要包括以下三方面内容。

一是信息基础设施：主要指基于新一代信息技术演化生成的基础设施，比如，以 5G、物联网、工业互联网、卫星互联网为代表的通信网络基础设施，以人工智能、云计算、区块链等为代表的新技术基础设施，以数据中心、智能计算中心为代表的算力基础设施等。

二是融合基础设施：主要指以深度应用互联网、大数据、人工智能等技术为支撑的传统基础设施，通过转型升级进而形成的基础设施，如智能交通基础设施、智慧能源基础设施等。

三是创新基础设施：主要指支撑科学研究、技术开发、产品研制且具有公益属性的基础设施，如重大科技基础设施、科教基础设施、产业技术创新基础设施等。

"新基建"作为新兴产业，一端连接着巨大的投资与需求，另一端连接着不断升级的消费市场。其在稳投资、促消费、助升级、培育经济发展新动能等方面潜力巨大，是应对经济发展压力、化解疫情不利影响的重要方法，有利于推动我国经济社会繁荣发展。

（二）从中央到地方频频"发声"，"新基建"政策导向明确

随着党中央和国务院重视程度不断加强、相关政策路线图日趋清晰，各地相关政策在中央的引领下相继落地，"新基建"领域逐渐形成了"中央号召、地方政府跟进"的新局面。

1. 国家层面"新基建"行业相关政策

2018 年 12 月，中央经济工作会议明确了 5G、人工智能、工业互联网等新兴基础设施建设的定位，首次提出"新基建"概念，后被写入 2019 年国务院《政府工作报告》。2020 年，受技术日益成熟及新冠肺炎疫情的影响，"新基建"在中央多次会议及政策中被频繁提及，已成为促进我国未来发展的关键要素。

2018 年以来中央层面"新基建"相关政策梳理如表 1 所示。

表 1　2018 年以来中央层面"新基建"相关政策梳理

会议开始时间及名称	主要内容
2018 年 12 月 19 日中央经济工作会议	加快 5G 商用步伐，加强人工智能、工业互联网、物联网等新型基础设施建设
2019 年 3 月 3 日和 3 月 5 日全国两会	强化逆周期调节，除了传统基建以外，以 5G、人工智能、工业互联网、物联网为代表的新型基础设施建设将承担更为重要的角色
2019 年 7 月 30 日中共中央政治局会议	稳定制造业投资，实施补短板工程，加快推进信息网络等新型基础设施建设
2020 年 1 月 3 日国务院常务会议	大力发展先进制造业，出台信息网络等新型基础设施建设投资支持政策，推进智能、绿色制造
2020 年 2 月 14 日中央全面深化改革委员会第十二次会议	基础设施是经济社会发展的重要支撑，要以整体优化、协同融合为导向，统筹存量和增量、传统和新型基础设施发展，打造集约高效、经济适用、智能绿色、安全可靠的现代化基础设施体系

（续表）

会议开始时间及名称	主要内容
2020年2月21日中共中央政治局会议	加大试剂、药品、疫苗研发支持力度，推动生物医药、医疗设备、5G网络、工业互联网等加快发展
2020年2月23日统筹推进新冠肺炎疫情防控和经济社会发展工作部署会议	用好中央预算内投资、专项债券资金和政策性金融，优化投向结构。一些传统行业受冲击较大，而智能制造、无人配送、在线消费、医疗健康等新兴产业展现出强大成长潜力。要以此为契机，改造提升传统产业，培育壮大新兴产业
2020年3月4日中共中央政治局常务委员会会议	要加大公共卫生服务、应急物资保障领域投入，加快5G网络、数据中心等新型基础设施建设进度

2. 地方层面"新基建"行业相关政策

（1）受到中央政策的引领，各地"新基建"相关政策相继落地

根据多地2019年《政府工作报告》，北京等多个省区市要求推动人工智能发展，北京等7省区市表示要加强工业互联网的建设，辽宁等6省区市提出发展物联网，辽宁、黑龙江、江苏、福建、安徽、河南、四川、广西等至少8省区市提出加快5G商用步伐，湖北要求加快5G产业化进程，北京、湖南提出加快5G新型基础设施建设。

根据多地2020年《政府工作报告》，上海将"提升新一代信息基础设施能级，推进5G网络市域全覆盖"，贵州提出"超前谋划、大力推进新型基础设施建设"的目标，湖北将"加快5G、工业互联网、冷链物流等新型基础设施建设"，内蒙古将"布局5G通信应用和大数据、区块链、物联网、人工智能等产业"，陕西提出"推动新一代信息技术、大数据、人工智能等新兴产业加快发展"。其中，5G作为"新基建"之基础受到广泛的重视。

（2）各省加大"新基建"落实力度，"新基建"进入省重点建设项目

2020年，各省重点建设项目偏重"新基建"项目。同年3月4日，湖南省发展改革委公布2020年首批105个省重点建设项目清单，总投资额近万亿元，其中基础设施项目共75个。3月5日，广东省发展改革委发布《广东省2020年重点建设项目计划》，提出2020年共安排省重点项目1 230个，总投资5.9万亿元，其中基础设施建设项目聚焦于城际轨道、5G通信等。江苏、浙江、江西、山东等省所公布的重点项目清单均对城际轨道、高铁、新型信

息通信等"新基建"进行了强调。浙江省正在制定新型基础设施建设投资指导意见。重庆市提出"完善人工智能、智慧广电等新型基础设施"。新疆维吾尔自治区提出"推进人工智能、工业互联网、物联网等新型基础设施建设"。

地方层面"新基建"行业相关政策部分汇总如表 2 所示。

表 2　地方层面"新基建"行业相关政策部分汇总

领域	重要省市	重要政策	主要内容
人工智能	重庆市	《政府工作报告》	完善人工智能、智慧广电等新型基础设施，打造"千兆城市"
	山东省	《政府工作报告》	在新一代人工智能、云计算、大数据、智能机器人等领域，实施好 100 项左右重大科技创新工程项目
	江苏省	《政府工作报告》	加强人工智能、大数据、区块链等技术创新
	浙江省	《政府工作报告》	超前布局量子信息、类脑芯片、第三代半导体、下一代人工智能等未来产业
	海南省	《政府工作报告》	运用大数据、云计算、人工智能、区块链等技术手段提升政府效能
	湖南省	《政府工作报告》	力争在人工智能、区块链、5G 与大数据等领域培育形成一批新的增长点
	北京市	《北京市加快科技创新培育人工智能产业的指导意见》	到 2020 年，新一代人工智能总体技术和应用达到世界先进水平，部分关键技术达到世界领先水平，形成若干重大原创基础理论和前沿技术标志性成果；培育一批具有国际影响力的人工智能领军人才和创新团队，涌现一批特色创新型企业，创新生态体系基本建立，初步成为具有全球影响力的人工智能创新中心
5G 基站	山东省	《关于山东省数字基础设施建设的指导意见》	加速发展融合 5G、全光网、卫星通信和量子通信等新一代信息通信网络设施，进一步提高网络容量、通信质量和传输速率
	河北省	信息通信行业工作会议	力争 2020 年年底建设 5G 基站 10 000 个，实现省内全部地级市覆盖 5G 网络
	杭州市	《杭州市 5G 通信设施布局规划（2020—2022 年）》	杭州共设置 5G 综合接入局 1 087 座，新建基站集群 12 600 余处，至 2022 年实现全市中心镇以上城区 5G 全覆盖
	吉林省	《政府工作报告》	抢抓 5G 规模商用契机，加快布局 5G 网络通信基础设施

（续表）

领域	重要省市	重要政策	主要内容
5G基站	甘肃省	《政府工作报告》	加强5G网络基础设施建设，基本实现地级市城区5G基站全覆盖
大数据中心	山东省	《关于山东省数字基础设施建设的指导意见》	加快数据中心高水平建设，推动云计算、边缘计算、高性能计算协同发展提升人工智能、区块链等应用场景支撑能力，全力打造"中国算谷"
大数据中心	海南省	《政府工作报告》	运用大数据、云计算、人工智能、区块链等技术手段提升政府效能
大数据中心	江苏省	《政府工作报告》	加强人工智能、大数据、区块链等技术创新
大数据中心	湖南省	《政府工作报告》	力争在人工智能、区块链、5G与大数据等领域培育形成一批新的增长点
工业互联网	山东省	《关于山东省数字基础设施建设的指导意见》	积极部署低时延、高可靠、广覆盖、强感知的物联网与工业互联网基础设施，完善泛在互联、标识统一、动态控制、实时协同的智能感知体系
工业互联网	广西	《广西"能源网"基础设施建设大会战实施方案（2020—2022年）》	广西将围绕"能源网"基础设施补短板建设三年大会战目标任务，以电网、核电、煤电、风电、光伏、生物质、水电、LNG接收站、天然气管网等建设为重点，统筹推进电源、输配电、油气管道、充电设施和其他能源设施五大类重大项目建设
工业互联网	湖北省	《政府工作报告》	实施城市供电能力提升工程。超前布局"新基建"，改造提升基于互联网的教育、医疗等网络硬件平台，加快5G、工业互联网、冷链物流等新型基础设施建设
工业互联网	广东省	《政府工作报告》	加快完善全省云网基础设施。促进数据共享共用，业务系统互联互通
特高压	上海市	《政府工作报告》	大力推进特高压入沪和配电网升级改造，提升电网的可靠性和供电能力，建成"智能、高效、可靠"的城市电网
特高压	深圳市	《政府工作报告》	新东直流工程是西电东送首条落点深圳的特高压直流工程，也是南方电网西电东送第三条特高压直流通道，为广东、深圳经济社会发展输送源源不断的清洁能源，为东西部区域协调发展架设起牢固的空中走廊
特高压	杭州市	《政府工作报告》	杭州规划中长期能源供应的重点基建工程

（续表）

领域	重要省市	重要政策	主要内容
能源汽车充电	上海市	《政府工作报告》	研究全市新能源汽车充电设施规划及技术规范编制，重点研究社会乘用车充电设施进居住小区布局、公共停车库（场）设施布局、高速服务区设施布局等方面
	深圳市	《政府工作报告》	深圳快速建设电动汽车充电桩，帮助电动出租车公司迅速建设专用充电点，并设置管理条例，确保电动出租车充电需求
	杭州市	《政府工作报告》	杭州除公用充电桩之外，围绕公交停保基地建设的新能源公交大巴专用充电站也覆盖了主城区范围，为新能源汽车用户绿色出行提供了有力保障
城际高速铁路和城市轨道交通	广东省	《广东省2020年重点建设项目计划》	基础设施聚焦城际轨道、5G通信为代表的"新基建"
	深圳市	《深圳建设交通强国城市范例行动方案（2019—2035年)》	建成轨道都市，全市绿色出行分担率超过85%，全市轨道站点10分钟步行范围可覆盖的居民比例达到70%
	杭州市	《政府工作报告》	杭州未来一定是"轨道上的城市"。目前，杭州有381公里地铁在建，有135公里已经运营，到亚运会前，会有500多公里运营

二、"新基建"为传统行业转型升级赋能

"新基建"的落地除了为传统产业带来通信连接和管理方面的优势外，还将驱动跨行业之间的融合创新，形成新的产品服务、生产体系和商业模式。

（一）传统制造业加快数字化转型

近年来，迎合包括工业互联网在内的智能化浪潮成为企业新的发展方向。近年受新冠肺炎疫情影响，诸多制造业企业物流不畅、原材料供应中断，而工业互联网平台对助力企业复工复产有着明显优势。

首先，工业互联网连接工业经济全产业链，能够将工业大数据与业务系统结合，实现全价值链的数据融合、挖掘和利用。

其次，传统制造发展逐渐趋于无人化、少人化、智能化，有利于实现柔性化生产、降低人工成本和提升效率。

最后，企业可以牢牢把握 5G 硬件设备建设机遇，以 5G 相关的关键零部件作为发力点，快速找到合适的产业场景，采取灵活方式参与工程项目，打开视野和渠道。

在工业互联网运用方面，重庆市是典型案例之一。重庆市工业门类齐全，工业互联网应用场景丰富，众多企业已完成了入驻。例如，由海尔创立、具有自主知识产权的平台企业卡奥斯，在进驻重庆市的一年间，已服务200 余家企业应用工业互联网平台，营收达 5 000 余万元。阿里云飞象、智能云科等一大批工业互联网平台也在助力重庆市实现"智能制造"。另外，政府方面，重庆市相关部门也宣布将完成工业互联网十大平台的培育，形成龙头平台引领、细分领域和专业平台同步发展格局，通过工业互联网平台赋能，推动产业整体转型升级。

（二）"新基建"加速推进智慧民航

数字化已成为全球航空业公认的新价值增长点，受益于中国的经济和互联技术发展影响而成长起来的巨头企业已走在了世界前列。航空公司、机场单位及空管等民航业主体可以通过自身的数字化转型和智能化升级，提升飞机运行安全、运行效率和生产组织能力，推动行业高质量发展。

2020 年 5 月，中国民航行李全流程跟踪系统试点航线服务在北京首都国际机场等多个机场试点运行，尝试解决行李错运和漏运等民航业难题。目前，中国民航首批上线的"三线六点"工作已基本完成，其中，在中国国际航空公司的"北京首都—重庆"、中国东方航空公司的"上海虹桥—深圳"试点航线上，旅客已经可以通过航企App对值机、安检、分拣、装车、装机、到达六个行李托运节点进行实时查询。"新基建"技术的引入为提升服务质量、加速建设覆盖全国的民航行李运输服务网奠定了坚实的基础。

根据中国民用航空局"三步走"战略，2021 年年底，全国千万级机场间的国内航线已实现行李全流程跟踪。预计到 2025 年年底，在完成国内航线全覆盖的同时突破至国际航线领域。

（三）"新基建"助力乡村振兴

打造数字化农业，是农业"新基建"的一项重要内容。农业农村部、中央网络安全和信息化委员会办公室联合印发了《数字农业农村发展规划（2019—2025 年）》，对推动信息技术与农业农村全面深度融合、引领驱动乡村振兴具有重要意义。

近年来，福建省南平市在省级现代农业智慧园建设、农业物联网应用建设、农业信息进村入户建设和开展智慧农业相关业务工作等方面，做了大量富有成效的工作。截至 2020 年 6 月，南平市已建成 5 个省级智慧农业园，12 个省级农业物联网示范点，15 个市级智慧农业园，18 家市级物联网示范企业，25 家县级农业物联网应用示范企业，该市规模化生猪企业基本实现了全程物联网监控。

大力推动 5G、大数据、人工智能等新一代信息技术助力农业向网络化、智慧化、数字化转型，将极大提升农业发展效率、加速变革"数字农业"建设。

三、"新基建"带给交通投融资平台企业的创新机会

（一）"新基建"是交通投融资平台转型的新契机

当前，中央出台财政金融政策，引领扩大内需，刺激消费投资，推进经济稳步复苏。"新基建"成为焕发经济活力的强心针，不但有助于保增长、保就业，还能优化产业结构，推进创新创业，促进新产业、新领域发展，提升国家竞争力。城投公司面临着国家对地方政府债务管理限制的压力，急需寻求新的利润增长点，"新基建"恰恰为交通投融资平台转型带来难得的机遇。

交通投融资平台作为城建及产业市场化融资的一条重要"渠道"、基础设施投资建设运营的"主力军"、城市综合运营的"服务商"，步入由政策和市场带来的融资和转型的时间窗口后，应化解隐性债务，卸掉包袱，主动转型，实现投资和融资的良性循环，在助力区域经济发展中有所作为。所以，在政策和市场转型的时间窗口，交通投融资平台企业要积极改革转型，参与到"新基建"的队伍中。

（二）"新基建"时代交通投融资平台企业该把握哪些机遇

作为基础设施投资建设运营的"主力军"，交通投融资平台企业在"新基建"领域必将发挥重要作用。把握"新基建"带来的创新和转型机会，交通投融资平台企业可以从以下三个领域入手。

1. 发力于高科技的"新基建"

城际高速铁路和城际轨道交通建设、信息化与轨道交通的深度融合，有利于提升城市交通基础设施智能化水平。交通投融资平台企业应将推动大数据、互联网、人工智能、区块链、超级计算等新技术与交通行业深度融合，推进数据资源赋能交通发展，加速交通基础设施网、运输服务网、能源网与信息网络融合发展，构建先进的交通信息基础设施。

另外，交通投融资平台企业要深入思考自身的优势和胜任能力，在具有比较优势的前提下选择合适的进入方式，积极更新业务模式，引入科技创新人才；在推进项目进程中，构造"新基建"产业链，将平台打造成集融资、基建、运营、科技创新于一体的集团化控股公司。

2. 注重传统基建的智能化改造

对投资规模仍占据优势比例的传统"铁公基"（铁路、公路、基础设施）来说，如何把握更多机遇取决于能否完成与"新基建"的完美融合。

一方面，在引入"新基建"相关技术后，高速公路等传统基建在道路建设、运营品质及智慧交通服务水平等方面将得到跨越式提升；另一方面，"新基建"强大的产业培育和拉动作用，将极大增强高速公路的功能性和收益性，带来资产价值和社会效益的增长。交通投融资平台企业需要提升相应系统的运营管理服务，利用城投平台已有的组织架构和赢利能力，创新经营模式、提高收入质量、积极加入新型基础设施建设，参与收益平衡、回报稳定的投资项目，提升收入稳定性。

3. 旧基建领域补短板

近年来，我国交通客运量逐年增加，但是高速公路等传统基建仍存在供需和覆盖面等方面不平衡、结构性矛盾突出、运输生产规模化和集约化水平低、市场机制不健全等短板。为及时有效地弥补这些短板，交通投融资平台企业可以合规有序地利用公共私营合作制（Public Private Partnership，PPP）

模式推进交通基础设施建设，并不断进行探索创新。为摆脱地方政府债务限制的束缚，交通投融资平台企业可以通过组建高速公路公司，采用资产重组、债转股、并购、上市等方式做大做强企业的整体实力，提高企业资信级别，提升企业投融资实力。

同时，交通投融资平台企业可以大力推进交通与旅游、物流、互联网、新能源、金融等其他产业融合发展，发行以未来公路收费为基础资产的资产证券化产品，用新的产业形态来盘活存量收费公路资产。另外，交通投融资平台企业可以有效利用外资及民营资本投入高速公路的建设与发展。

（三）交通投融资平台企业如何抓住"新基建"风口

交通投融资平台企业在开展"新基建"时，应争取在政策、管理、数据资源和场景资源等方面的有利条件，与通信运营商、互联网科技企业等其他智慧城市参与者形成错位竞争、合作发展的格局。

（1）交通投融资平台企业要在资源掌控和业务发展等方面抢占有利位置。一方面，要依托良好的政企关系，充分利用政策资源，把重心放在投融资建设模式方面以争取政策支持；另一方面，要充分挖掘利用政府政务和市属国企的场景资源，支持数字政府建设，推动国企数字化转型，助力区域性国资国企综合改革，为城市治理现代化赋能。

（2）交通投融资平台企业应充分利用其强大的动员能力与执行能力优势，有效推进网格化管理，实现城市建设与管理的统一，为发展城市管理业务提供有利条件。

（3）交通投融资平台企业要整合市区级政府部门和市属国企资源，建设城市大数据中心，打造数据共享交换平台，提升数据挖掘分析能力，构建集约化的大数据存储计算支撑体系。同时，交通投融资平台企业可以主动承担城市大数据的收集和管理工作，将数据资源资产化，加强数据资产运营能力，并以此作为企业的转型方向，使数据成为新的赢利来源。

（4）在"新基建"时代，交通投融资平台企业将成为主导者和集成者，以"云－网－端"等基础设施建设为基点，结合既有业务板块，拓展"新基建"建设及智慧城市运营业务。在此背景下，交通投融资平台企业可以逐步由城市建设开发主体向城市综合运营商转变，提升业务运营能力，参与收益平衡、回报稳定的投资项目，提升收入稳定性，实现可持续经营，从而更好地承接政府任务、履行社会责任。

（5）交通投融资平台企业在激烈的市场竞争中应积极改革自身经营治理模式，有效提升竞争力。交通投融资平台企业应树立品牌意识，提升专业化管理能力，促进投资主体多元化，进而可以通过并购、重组、混改等方式，吸收外部优质"新基建"资源。

四、结语

交通投融资平台企业参与"新基建"应满足行业发展需求、符合发展实际，深化交通运输投融资体制机制改革，支撑交通运输高质量发展；同时结合自身定位和未来规划，积极筛选合适的"新基建"项目，力推转型升级，成为稳定经济和地方发展的生力军。

2. PPP 模式在高速公路建设的应用——
以 T 高速投资建设项目为例

▶ 正略交通研究中心

高速公路建设是一项重要的基础设施建设工程，对促进区域经济社会发展具有重要的意义。高速公路的建设需要投入大量的资金，而 PPP 模式是目前高速公路建设较为常用的一种融资模式。

一、T 高速公路应用 PPP 模式的背景

T 高速作为列入京津冀协同发展战略单列规划的交通基础设施项目，项目的总投资金额接近 470 亿元。综合考虑资金、人力、施工技术等因素，该项目采用了 PPP 模式进行融资。

采用这一融资模式有三方面优点：一是可以减轻政府的财政支出压力；二是可以起到分担投资风险的目的；三是可以让专业的机构进行相应的建设运营，降低项目在建设运营过程中的建设、资金等风险。

二、T 高速投资建设项目采用 PPP 模式的总体思路

J 省政府拟对 J 省范围内的 JY、LQ、XF、JQ、TL 共五条高速公路、共计 470 亿元的总投资项目，采用"PPP+ 施工总承包"的商业模式进行运作，引入社会资本负责项目的投资、建设、运营。

J 省政府将高速公路打包分为两部分：第一部分为 JY、LQ、XF 三条高速公路，项目投资金额为 167 亿元，本文所分析的 T 高速投资建设项目即为此部分项目；第二部分为 JQ、TL 两条高速公路，项目投资金额为 303 亿元。

三、T 高速投资建设项目采用 PPP 模式的实施路径

T 高速投资建设项目采取建设 – 运营 – 转让（Build-Operate-Transfer, BOT）模式进行操作，整个项目持续时间为 28 年，其中项目建设期 3 年、运营期 25 年。

J 省政府授权 J 省交通运输厅公路管理局作为项目的实施机构，通过招投标选择合适的社会资本同 J 省交投组成 PPP 项目公司。公路管理局作为项目的业主，代表 J 省政府授予 PPP 项目公司特许经营权。

PPP 项目公司作为项目的具体实施机构，负责五条高速公路项目的建设运营，并通过收取高速公路过路费、政府补贴等方式实现预期收益。当项目的特许期满时，PPP 项目公司会将高速公路的管理权完全移交公路管理局。

该项目为经营性项目，项目的收益主要来自高速公路过路费的收取、沿线广告牌及服务区的开发、政府的相应补贴。

公路管理局通过招投标选择合适的社会资本，社会资本与 J 省交投共同出资组成 PPP 项目公司。项目公司中的社会资本和政府资本的股权比例为 51%：49%，由社会资本作为项目的实际控股人。

PPP 项目公司作为项目的运作主体，负责项目的相关工作，包括项目前期的报建征地拆迁等工作，以及按照规定的标准完成项目的建设、运营等。

该项目采取施工总承包的方式进行建设，由社会资本作为总包方，负责组织项目的建设施工，履行总包方的义务。

项目的总投资高达 470 亿元，资金来源同其他项目类似，主要有股东资本金和金融机构贷款。项目资本金由省交投和社会资本分别按照 49%、51% 的比例出资。其中，JY、LQ、XF 三条高速公路的项目资本金为项目投资的 30%，JQ、TL 两条高速公路的项目资本金为项目投资的 20%，JY、LQ、XF 三条高速公路对应的项目资本金需求为 50.1 亿元，JQ、TL 两条高速公路对应的项目资本金需求为 60.6 亿元。

在整个项目中，社会资本需出资约 56.46 亿元，省交投需出资约 54.24 亿元。项目投资的其他部分以国家相关补贴和政策性银行贷款为主。

T 高速投资建设项目 PPP 模式的实施路径如图 1 所示。

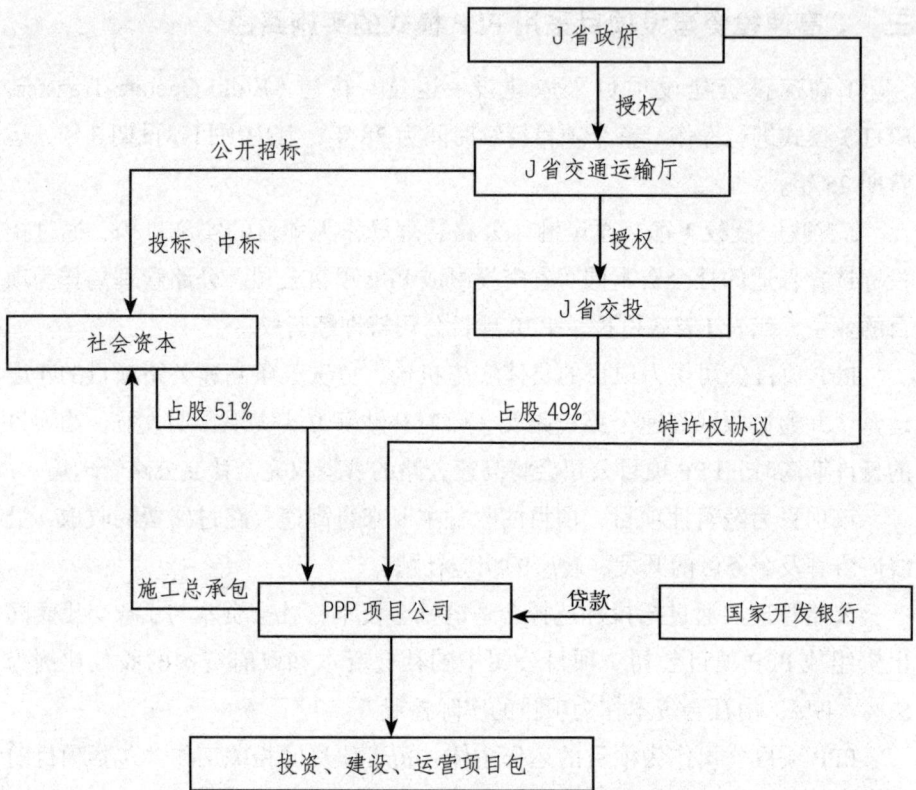

图 1　T 高速投资建设项目 PPP 模式的实施路径

PPP 项目公司的收入主要来自三部分：其一为高速公路过路费收入，其二为高速公路沿线广告牌及高速公路服务区的开发收入，其三为当项目的交通流量小于设计保底交通量时政府支付的补贴。

政府和社会资本对项目的收益进行分配，但是政府只享有 JQ、TL 两条高速公路的收益分配。在这两条高速公路中，政府和社会资本按照相应的股权比例分配项目的收益，而 JY、LQ、XF 三条高速公路的收益权属于社会资本。

因该项目投资额巨大，对社会资本的各方面能力要求很高，为降低投资风险，J 省交通运输厅选择中交联合体作为中标社会资本。中交联合体由中国交通建设集团、中建集团、中交路桥组成。中标后拟由中交联合体与 J 省交投组成 PPP 项目公司，四方的股权比例分别为 25.6%∶21%∶4.4%∶49%。

　　为了保证社会资本的合理收益，合理分配项目的经营风险，政府对 T 高速公路给予保底收益，并对保底补贴限额进行约定。项目运营的前 10 年不做保底限额约定，运营期前 10 年内政府补贴超过 7 亿元的，由社会资本代为支付；运营期的第 11~25 年，政府偿还由社会资本垫付的补贴额。双方约定项目运营期的第 11~25 年内，政府的补贴额每年不超过 7 亿元。

　　代表 J 省政府的 J 省交投只参与 JQ、TL 两条高速公路的收益分成，不参与 JY、LQ、XF 三条高速公路的收益分成。当项目的运营情况非常好时，政府将参与项目超过规定水平的收益的分配。

四、总结

　　该项目采用"PPP+ 施工总承包"的商业模式进行运作，这是当前我国建筑施工企业作为社会资本参与 PPP 项目的主要模式，也是交通类基础设施项目在我国进行 PPP 模式操作的常规方式。企业要想获取项目，可以运用 PPP 模式。

　　该类项目的社会资本一般为大型国有建筑施工类企业。这些企业的主业为工程施工，施工总包项目也是项目的主要赢利模式。社会资本往往会通过 PPP 投资锁定项目的施工总包方，在实际操作中会让渡一部分投资收益，而通过锁定施工总包方获取收益弥补项目的投资收益。

　　采用"PPP+ 施工总承包"的商业模式是国内传统建筑企业的强项，也是这些企业获取利润的主要渠道。

　　在高速公路建设 PPP 项目中往往存在以下操作。

　　一是建筑企业和政府共同成立 PPP 项目公司。一开始按照国家政策的规定，政府资本金出资不能控股，故政府资本股权比例一般不超过 49%。许多传统建筑企业在项目招投标时承诺较高的资本金出资比例，当项目进入实际运作时，这些企业会通过引入新的外部资金（如通过设立基金）的方式减少实际出资比例。

　　二是社会资本通常会要求政府资本在私下设置回购条款，要求政府资本在项目进入运营期后回购项目股权以实现退出。PPP 项目的年限一般是根据项目的赢利性决定的，赢利性强的项目往往在较短的时间内就能够覆盖投资成本并获取预期收益，而赢利性较弱的项目往往需要较长的时间才能够收回投资成本并获取预期收益。而一般的 PPP 项目的年限基本在 10~30 年，这么长的期限对习惯短期回款操作模式的施工单位来说是很大的考验。因此，社会资本通常会要求政府资本在私下设置回购条款，要求政府资本在项目进入运营期后回购项目股权以实现退出。

第十章

■ ■ | 生命科学研究

1. 承载医药梦想的变革探索——
药明康德、泰格医药的合纵与连横

▶ 正略生命科学研究中心

我国政府对医药行业和创新药发展的高度重视，既体现在发展速度上，又体现在发展质量上。政府一方面投入大量资金对创新药进行扶持，建立一批高科技平台，形成支撑我国药业自主发展的新药创新能力与技术体系，提升我国创新药整体水平，进一步推动医药产业以自主创新为主；另一方面出台多项规定，制定药品研制技术指导原则和数据管理标准，规范创新药研发生产过程。《"十四五"国家药品安全及促进高质量发展规划》明确提出，支持产业高质量发展的监管环境更加优化，审评审批制度改革持续深化，还要批准一批临床急需的创新药，加快有临床价值的创新药上市，在中国申请的全球创新药、创新医疗器械尽快在我国上市。

由此可见，我国医药健康产业已进入了前所未有的黄金时代，越来越多的企业、科研机构、科研人员都在国家政策、大数据技术和科技革命的驱使下，投入药品研发创新的各个环节当中。然而，新药研发是一项成本高、周期长、风险大的系统性工程，为降本增效，药企对于 CXO（医药外包）的需求日趋旺盛。

通过复盘海外 CXO 巨头，我们发现产业链延伸、业务生态打造、专业人才储备是 CXO 发展壮大的必然选择，而我国的 CXO 正是因为在这三个方面重点突破和创新，所以在全球市场上占据了一席之地。药明康德是目前我国体量较大、业务范围较广的 CXO，也是我国业内为数不多的可以对标全球一流医药公司的企业，其业务涵盖临床前医药研发合同外包服务机构（Contract Research Organization，CRO）、临床 CRO、原料药及制剂医药生产外包企业（Contract Development Manufacture Organization，CDMO）的全流程，企业处于 CXO 行业龙头地位。泰格医药成立于 CRO 行业爆发初期，在药明康德的行业影响力笼罩之下，凭借其自身优势和实力，依然成为国内临床 CRO 这一细分领域中的王者，且全球影响力正在不断扩大。

CXO 的营收主要来自国内外制药巨头的研发支出。因此，业绩是 CXO 业务能力与核心价值的直接体现。实现了"A+H"股上市的药明康德和泰格医药，通过扩张、运营模式和内部管理创新，打造了全球一体化的新药服务平台和全方位的医药生态圈。截至 2021 年第三季度末，药明康德年度累计营业收入为 165.21 亿元，比 2020 年第一季度至第三季度同期增长 39.84%，接近 2020 年全年营业收入；泰格医药营业收入为 33.95 亿元，比 2020 年同期增长 47.58%，超过 2020 年全年营业收入（见表 1）。

表 1　药明康德、泰格医药营业数据

指标名称	2017 年		2018 年		2019 年		2020 年		2021 年前三个季度	
	药明康德	泰格医药	药明康德	泰格医药	药明康德	泰格医药	药明康德	泰格医药	药明康德	泰格医药
营业收入 / 亿元	77.65	16.87	96.14	23.01	128.72	28.03	165.35	31.92	165.21	33.95
同比增长率 /%	26.96	43.63	23.80	36.37	33.89	21.85	28.46	13.88	39.84	47.58
营业利润 / 亿元	14.61	4.17	25.85	5.96	23.41	10.85	33.89	22.22	43.02	23.41
同比增长率 /%	13.70	110.58	76.96	42.95	−9.43	82.03	44.79	104.89	57.96	51.16

本文将通过对比药明康德和泰格医药在扩张模式、激励机制两个方面的变革成果，解析两家企业变革背后的深层原因。

一、纵向扩张模式下不同的"合纵"战略

（一）药明康德"一拆三"上市方针下的全平台协同联动扩张模式

药明康德的战略目标和企业业务构成是药明康德采取现行扩张模式的主要原因之一。

药明康德作为 CXO，其业务产业链扩张在整个产业链中总体呈现的是一种全平台纵向扩张模式。药明康德的全平台纵向扩张模式带来的好处在于通过广泛的业务范围帮助其取得了在整个 CXO 行业的龙头位置，但 CXO 原来的横向扩张模式同样也为企业带来了众多问题，具体如下。

（1）业务范围广泛，企业业务难以集中。

（2）企业资金不足，负债压力巨大。

（3）管理能力不足，业务范围优势难以产生规模效应。

面对上述三个主要问题，药明康德采取了"一拆三"上市方针下的全平台协同联动扩张模式，尝试有针对性地解决问题。合全药业、药明生物、药明康德的分拆上市帮助药明康德明确了企业的业务范围，提升了药明康德在具体业务领域的经营效率，更好地体现了具体业务领域的价值。业务领域价值在市值上的体现进一步改善了药明康德在纵向扩张模式下资金不足的窘境，提高了药明康德的债务偿还能力。与此同时，药明康德"一拆三"上市的方式确保了合全药业、药明生物、药明康德三个纵向业务经营主体的自主发展权，使得各经营主体避免了原来由于横向业务范围广泛导致的管理能力不足而缺乏横向业务协调能力的问题。

当药明康德"一拆三"上市的方针在实际发展情况中得到充分的验证后，药明康德开始专注于三大纵向业务领域的协同联动，构建以药明康德母公司为核心、三大纵向业务经营主体协同联动扩张的模式。图 1 为药明康德分拆上市业务布局图。

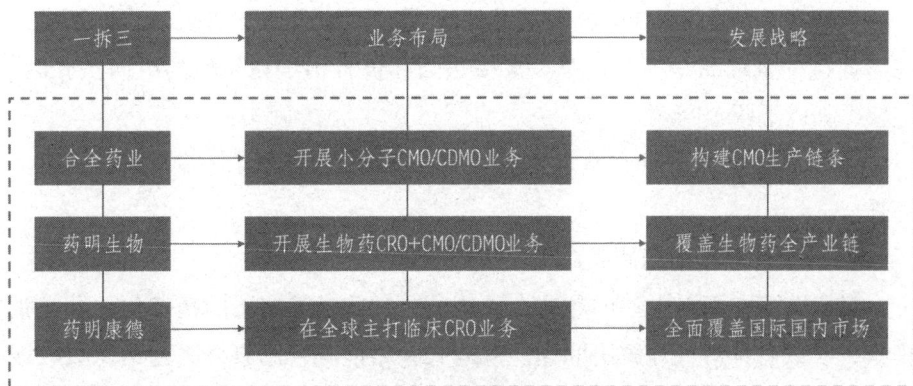

图 1　药明康德分拆上市业务布局图

药明康德的六大服务板块早在赴美上市前就已形成，在美股上市后，药明康德仍然保持着业务经营的多元化，在进行药物研发全领域打造的过程中高速发展，形成了集化学制药、生物制药、医疗器械研发等为一体的研究生产服务和实验室研发平台。并且，药明康德将多种服务功能集合为一体，各项服务业务间仍具有明显的差异性。子公司合全药业获得了小分子 CMO/CDMO 业务，子公司药明生物获得了大分子生物药 CRO+CMO/CDMO 业务，而母公司药明康德则保留了实验室服务，主打临床 CRO 业务。药明康德利用分拆上市促进各项经营的专业化发展，使得拆分后的企业能够更加专注于自身的擅长领域。药明康德"一拆三"的业务布局，明确了母公司与子公司的发展战略，促进整个体系实现了业务的专业化。

药明康德通过研究服务部、化学服务部、测试事业部及其子公司康德弘翼、药明津石、合全药业等的联动配合，为客户提供筛选、优化、临床前开发、临床开发和商业化生产五个步骤，实现其"一体化、端到端"的创新药械外包平台的服务，加速靶点验证→苗头化合物→先导化合物→临床候选化合物→临床化合物→上市申请→商业化新药研发全流程。通过一体化服务优势，药明康德将能够满足客户的多元化需要，提升客户体验和留存率，实现项目数提升→项目经验丰富→效率、质量优化→客户信任度提高→项目数提升的正向循环。2020 年，药明康德的前十大客户保留率为 100%，新客户数量稳步上升至超过 1 400 家。

（二）泰格医药并购式策略下的精细化领域扩张模式

泰格医药作为 CRO 医药领域龙头企业，更加聚焦于临床，其扩张模式在产业链中呈现的是纵向扩张。泰格医药在进行精细化领域的纵向扩张时，主要面临以下两个问题。

（1）CRO 领域中存在众多专营主体，体量小且细化市场的核心竞争力极强。

（2）CRO 领域中的研究成果突破周期长。

泰格医药在面对上述问题时，采用的是并购式策略下的精细化领域扩张模式，尝试有针对性地解决问题。并购式策略能够帮助泰格医药迅速吸收该领域中体量小且细分市场中极具核心竞争力的专营主体，且不用承受过高的资金成本。与此同时，并购式下的精细化领域扩张模式避免了因研究周期过长而错失行业发展的机会，为企业发展赢得了时间和空间上的优势。

从业务定位来看，相比全产业链布局的药明康德，泰格医药更加聚焦于临床。临床 CRO 在上游主要对接临床研究服务中所需的专业技术人员，以及已获得国家药物临床试验资质的医疗机构；在中间主要对接药品监管机构；在下游则对接生物制药公司及其他药物研发组织。这些工作在药物研究产业链中占据着重要地位，同时也是利润空间最大的一个环节。泰格医药的 CRO 服务已覆盖了医药产品从研发到上市的全过程，可分为临床试验技术服务（Clinical Trial Services，CTS）、临床试验相关及实验室服务（Clinical Trial Related and Laboratory Sevices，CRLS）两大业务板块。图 2 为泰格医药部分分 / 子公司及其负责板块。截至 2021 年 7 月，泰格医药在全球已有 60 多家子公司，企业一方面不断扩大业务覆盖面，在境内建立起药品和医疗器械临床研究的一站式服务平台，业务涵盖从产品研发到产品上市的全过程；另一方面设立了 17 个海外分公司及办事处，员工覆盖全球 39 个国家和地区，并且荣获弗若斯特沙利文（Frost & Sullivan）"2021 中国临床合同研究组织（CRO）竞争战略领导力"奖项。

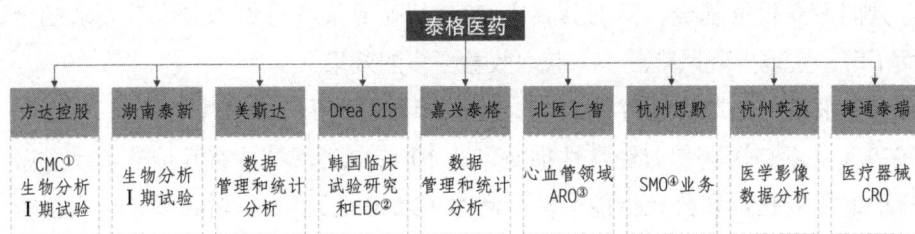

图 2 泰格医药部分分 / 子公司及其负责板块

---

① CMC 全称为 Chemical Manufacturing and Control，译为化学分成生产和控制。

② EDC 全称为 Electronic Data Capture，译为电子数据捕获。

③ ARO 全称为 Academic Research Organization，译为学术研究组织。

④ SMO 全称为 Site Management Organization，译为临床试验现场管理组织。

二、纵向扩张模式下不同的"连横"战略

药明康德凭借三大抓手建立其发展生态。药明康德的"连横"战略主要包括三大模块：高校与研究机构、多渠道投资基金、参股中小型 Biotech。药明康德通过高校与研究机构开拓创新策源地，提升 IP 和专利商业转化能力；开拓多渠道投资基金，除私募股权投资基金之外，还有政府扶持研发创新企业的支持基金、各类慈善基金及非常活跃的产业基金；参股中小型生物科技企业提供一定的资金与技术支持，助力其快速成长。这样一来，企业不仅能够获得丰厚的投资收益，而且在后期随着被投企业研发管线的持续推进，还能获取业务订单，打造"内循环"，驱动业务持续快速增长。

泰格医药借助外延式发展不断扩大其业务版图。泰格医药的"连横"战略则是与众多药企建立合作关系，组建合资企业并开展长期的战略合作，即优势互补，互相提供资源与服务，实现模式升级。其中包括与海和药物、鸿运华宁等企业进行创新药开发的相关战略合作或成立相关合资企业。同时，泰格医药通过战略合作的方式提前获得了优秀的创新药临床试验资源，一方面拓展了其临床 CRO 业务，另一方面在临床 CRO 的发展模式上进行了升级。泰格医药模拟了昆泰的风险共担开发模式，参与投资企业、基金或与其他企业共同设立投资基金，借助其临床 CRO 行业龙头的身份和对医药企业的全面了解，实现投资风险更小、获取收益更多的效果。

年报显示，泰格医药 2020 年的业绩半数以上由"非经常性损益"支撑。2020 年，泰格医药"非经常性损益"达 10.420 亿元，"持有其他非流动金融资产的投资收益和公允价值变动"高达 12.540 亿元，"新增合并子公司投资收益"为 0.680 亿元，"政府补助"为 0.200 亿元，"委托他人投资或管理资产的损益"为 0.037 亿元，等等。泰格医药的"非经常性损益"主要来自非流动资产的公允价值变动收益。年报显示，泰格医药 2020 年的公允价值变动损益为 11.380 亿元，占利润总额的 51.290%。这部分公允价值变动，绝大部分源于泰格医药的股权投资业务，而且对其业绩影响举足轻重。

泰格医药招股书显示，截至 2020 年 3 月 31 日，泰格医药已建立了多元化投资组合，对生物制药及医疗器械初创企业和其他行业参与者进行选择性投资，并且是医疗健康行业内 57 家创新公司及其他公司的战略投资者。同

时，泰格医药与领先投资基金合作，孵化有潜力的生物技术和医疗器械公司，成为该类投资基金的有限合伙人。2021 年 8 月，泰格医药旗下投资平台杭州泰格股权投资合伙企业（有限合伙）将与杭州产业投资有限公司、杭州高新创业投资有限公司共同发起设立杭州泰鲲股权投资基金合伙企业（有限合伙）（以下简称"泰鲲基金"）。**可以说，泰格医药在布局临床 CRO 业务之外，其专注医疗健康领域股权投资公司的形象已经呼之欲出。**

三、粮草先行下的内部激励

兵马未动，粮草先行。通过内部激励的方式获得人才、保留人才，这才是企业获得核心竞争力的关键。临床研究是整个药物研发过程中最耗时的环节，约占整个药物研发过程的 50%。研发耗时越短，企业越能在市场上抢占先机，获得更大的研发回报。因此，缩短临床研究耗时对制药企业和 CRO 来说都至关重要，而充足、稳定的人才资源是缩短耗时的关键。因此可以说，CXO 属于人才密集型产业，拥有专业知识和丰富经验的人才对于企业的长期稳定发展十分重要。泰格医药通过收并购其他企业，积聚了大量的核心人才资源，技术人员占比高达 89.41%，位居行业前列。药明康德通过多年的积累和发展，技术人员占比也达到 82.88%。在这种情况下，各大制药企业和CRO 相互争抢优质人才，只要拥有核心的技术人才，就能提供全球化的服务，这也是泰格医药注重人才的重要原因之一。

（一）药明康德的内部激励

药明康德在面对企业内部人才队伍建设时，对激励方式、激励范围、行权条件及预留空间等进行了以下设计。

（1）多元化的激励方式。限制性股票、股票期权及股票增值权等方式成为药明康德内部多元化激励方式的首选方案。限制性股票的特性使公司内部的管理人员和技术人员更多地关注公司的经营情况而不是股票市场的反应；股票期权促使激励对象能够接受更高风险的研发活动；股票增值权由于人员不实际持有股票，本质上相当于奖金的延期支付。

（2）扩大激励范围。从原有少数人的激励范围持续扩大到占公司员工总人数近 1/5 的激励范围，药明康德通过此举充分调动了员工的积极性，降低了内部员工的离职率，推进了公司战略转型。

（3）放宽行权条件。药明康德的行权条件相对宽松简单，对净利润增长的要求较宽松。宽松的行权条件有利于公司激励员工、绑定人才，保障团队稳定，助力部门间协同。

（4）预留充足空间。证监会规定，股权激励预留权益最高为 20%，且有12 个月的限制。因为战略的变化和人员的流动，股权激励往往不能一次性全部覆盖，需要为后期授予新员工或追加给老员工预留充足的股份。药明康德按证监会规定的最高要求预留了 20% 的股份，为其在快速发展背景下吸引各层级人才、进行相应激励保留了足够的空间。

（二）泰格医药的内部激励

泰格医药在进行企业内部人才队伍建设时，打造了三套股权激励方案，它们在设计上具有以下三个特点。

（1）激励方案有效期较短，但连续性强。从理论上来说，股权激励方案的有效期一般为五年甚至更长，而泰格医药的股权激励计划有效期在四年左右，这在一定程度上削弱了方案的长期激励作用。但是泰格医药在第一次股权激励计划的最后一个有效期内又开展了员工持股计划，虽然不属于股权激励，但也是一种长期激励方式。在员工持股计划实施后期，泰格医药紧接着发布第二次股权激励计划，虽然最终以失败告终，但是次年又发布了第三次股权激励计划。总体来看，泰格医药的股权激励方案实现了无缝衔接，可以在一定程度上弥补股权激励计划有效期短、激励作用偏短期的缺点。

（2）激励对象由中级管理人员向核心技术（业务）人员过渡。泰格医药三次股权激励计划都不涉及董事和高级管理人员，因此相关人员不太可能存在盈余管理和择机主义行为。第一次股权激励计划的参与对象主要为中级管理人员，其后两次的激励对象逐渐转变为核心技术（业务）人员，这说明泰格医药充分认识到技术人才在企业发展中的重要作用。激励人数从第一次到第三次实现了大幅度提升，充分体现了激励对象多、激励范围广的特点。

（3）激励方案具有修正性和完善性。泰格医药在发布第一次股权激励计划后，考虑到部分境外员工因个人身份等原因无法参与股权激励，便很快针对这种情况追加了股票增值权计划。这一举动可以将员工利益与企业利益相结合。

四、医药梦想变革探索中的不足

尽管目前我国国产创新药获批数量逐年上升，但大多数企业研发药物仍以热门靶点为主，我国创新药行业仍面临着原始创新不足、热门靶点竞争集中等问题。2021 年 12 月 22 日，国家食品药品监督管理总局局长在"北京大学全球健康发展论坛 2021"上表示："一系列鼓励药品创新的体制机制变革，提高了药品和医疗器械审批的效率，激发了生物医药创新和投资的积极性。香港证券市场和内地科创板对未赢利企业的开放，使诸多这类生物医药公司的上市成为可能，为生物医药产业创新增添了强大动力。"加之全球产业转移、大量海外订单的进入及内资规模药企转型，中国 CXO 全产业链仍将长期处于高度景气阶段。这对行业内的龙头企业及正准备进入的企业而言，都是很好的发展机会。能够抓住机遇，保持对变革的探索，是未来 CXO 发展壮大的关键。

2.国内领先中枢神经类研发生产企业管理模式

▶正略生命科学研究中心

在新冠肺炎疫情影响下，世界范围内的各个产业、各个环节均受到不同程度的影响，而 CAR-T 免疫疗 2 法、新冠疫苗等医疗手段的出现，让生物医药成为发展热点，资本、技术纷纷涌入医药市场。仅 2020 年，全球获批新药总数达到了历史最高水平，年内获批新药共计 173 种，其中包括 COVID-19 疫苗和疗法的紧急使用授权。

从疾病研发方向来看，在全球上市新药中，恶性肿瘤类药物的研发多年位居榜首，平均占比超过 21%；其次为免疫系统类药物，平均占比约为 14%；中枢神经系统类药物的上市数量平均占比为 10% 左右（见表 2）。

表 2　2009—2019 年全球上市新药数量统计

分类	2009 年	2010 年	2011 年	2012 年	2013 年	2014 年	2015 年	2016 年	2017 年	2018 年	2019 年	总计
恶性肿瘤	6	7	7	10	12	10	14	5	18	18	13	120
免疫系统	17	5	4	5	11	2	5	10	8	5	4	76
中枢神经系统	7	4	5	2	4	3	4	7	6	6	8	56
感染性疾病	1	2	6	0	5	11	5	5	6	10	3	54
血液系统	3	1	3	2	1	7	7	4	2	7	6	43
代谢性疾病	3	4	2	2	7	3	4	4	4	4	2	41
内分泌系统	3	2	1	4	4	6	3	1	3	4	5	36

（续表）

分类	2009年	2010年	2011年	2012年	2013年	2014年	2015年	2016年	2017年	2018年	2019年	总计
皮肤病	1	0	1	2	1	1	2	4	3	3	5	23
呼吸系统	2	1	1	2	1	5	3	1	1	2	1	20
胃肠道系统	1	1	0	1	4	1	4	1	4	2	1	20
骨骼肌系统	3	0	1	2	0	1	1	1	3	1	3	16
心血管系统	1	1	1	1	2	1	1	2	1	0	3	14
眼科疾病	1	1	2	0	1	2	0	1	2	3	1	14
肾-泌尿系统	2	0	2	1	0	2	1	1	0	1	1	11
诊断试剂	0	0	0	1	1	3	0	2	1	1	0	9
中毒和药物滥用	0	0	0	1	1	0	0	1	0	0	0	3
口腔和牙科	0	0	0	0	1	0	0	0	0	0	0	1
总计	51	29	36	36	56	58	55	50	61	69	56	557

作为我国国民经济的重要组成部分，近年来，我国医药市场的增速一直高于全球其他医药市场。国内药物研发支出从 2016 年的 119 亿美元上升到 2020 年的 253 亿美元（数据来源：泰格医药 H 股招股说明书），但如此增长的医药研发支出仍然满足不了世界第二的医药市场。新兴医药企业如雨后春笋般出现在国内医药市场，想要占据一席之地。

全球及中国医药研发支出如图 3 所示。

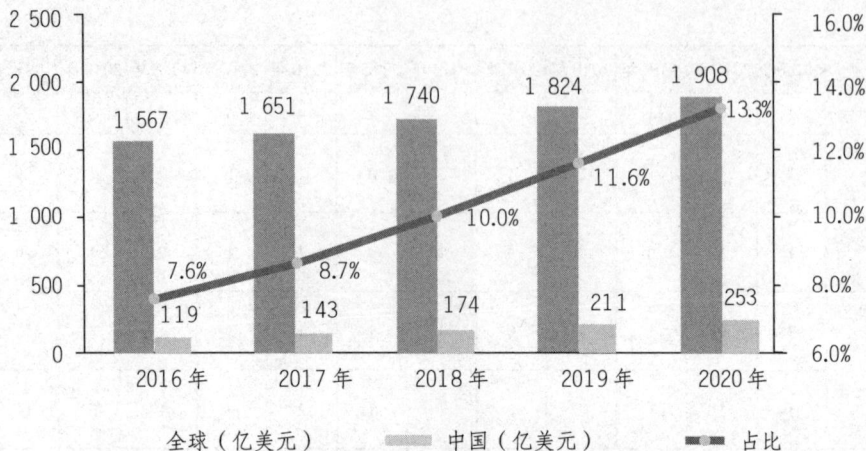

图 3 全球及中国医药研发支出

在市场需求巨大、竞争十分激烈的情况下，传统医药企业不得不面对市场发展趋势，不断推陈出新，从产品研发、体制机制、营销策略、"互联网＋"等方面进行迭代变革，促使企业良性发展，保持自身在市场中的竞争力。

一、中枢神经类药物行业概况

随着社会快速发展，竞争日益激烈，人们的焦虑情绪日益严重；另外，过度劳累、熬夜、缺乏运动等不健康的生活习惯，也成为诱发心理问题或精神疾病的主要原因。据世界贸易组织统计，全球约有 10 亿人在忍受精神疾病的困扰，约占世界总人口的 1/7。2020 年 5 月，世界卫生组织曾表示："伴随着新冠肺炎疫情引发的社会隔离、对疾病传播的恐惧，以及家人的亡故、收入和就业损失导致的焦虑，民众的精神卫生问题将更加严重。"而随着生活水平不断提升，人们对生存质量的要求也逐步提高，对健康的关注不再局限于身体健康，精神疾病也开始逐步引起人们的关注。人们对精神疾病的认知和诊疗需求也在不断增加，这带动了全球医药市场中中枢神经类药物市场规模不断扩大。

据 IMS Health Analytics 统计，2015—2019 年，全球中枢神经类药物市场规模在全球居于第三位，仅次于抗肿瘤药物和消化道代谢药物的市场规模。其中，美国是中枢神经类药物的最大市场，占市场总额的 50%，其次为日本、中国，各占 6%，德国占 5%，具体如图 4 所示。

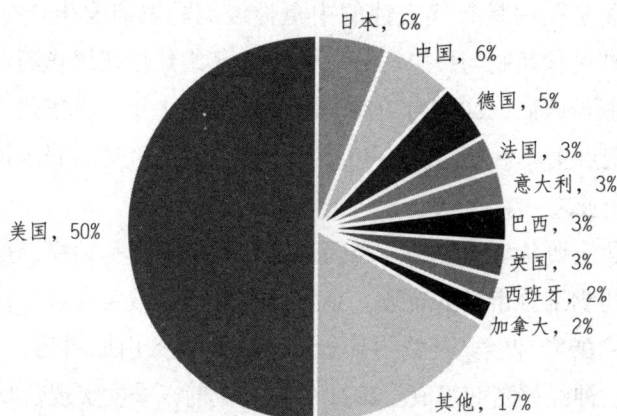

图 4 2015—2019 年全球中枢神经类药物市场规模占比

全球中枢神经类药物的市场规模在 2018 年达到 1 498.38 亿美元，2019 年有所回落，为 1 475.21 亿美元（见图 5）。

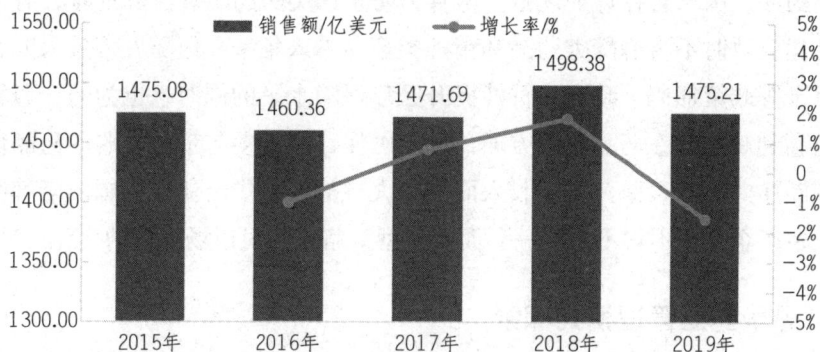

图 5 2015—2019 年全球中枢神经类药物的市场规模

我国的中枢神经类药物市场规模在国内总体药物市场中排在第五位，位于抗感染药物、消化道 / 代谢药物、抗肿瘤 / 免疫制剂及心血管药物之后，2019 年达到 576.4 亿元。我国中枢神经类药物市场体量虽小，但增速较快，在全球市场规模增速有所回落的情况下，2015—2019 年市场规模复合增速约为 7.3%，超过国际市场增速。

二、恩华药业概述

恩华药业是国内具有代表性的中枢神经类药物研发生产企业，创建于 1978 年，最初是徐州制药厂第三分厂，1996 年组建徐州恩华药业集团，并于 2000 年完成股份改制，2008 年在深圳证券交易所上市。恩华药业是我国国家精神类药品定点生产单位，经过 40 多年的发展，已经成为我国神经精神细分领域的主要企业之一。

恩华药业主要从事中枢神经类药物的开发、生产和销售，是一家专注于中枢神经类药物细分市场的企业。企业的主要产品覆盖麻醉、精神、神经类药物，其中麻醉和神经类药物占比较高，主营业务由原料药、麻醉类制剂、精神类制剂、神经类制剂组成。2021 年，企业前三季度实现营收 28.93 亿元，同比增长 21.79%。

目前，国内中枢神经类药物政策"护城河"高，企业（包括参与中枢神经类药物生产研发的企业）数量整体较少。

麻醉类药品和精神类药品是按国家计划进行定点生产的特殊药物，对于此类药品，国家管控愈加规范。尽管为防止该类药品出现流弊现象，有关部门已建议暂时不将麻醉类药品和精神类药品纳入集采，但随着带量采购、医保目录等政策加码，政府为百姓提升医疗保障水平的同时，也为药企布置了一道赢利难题。在药品定价方面，加入医保目录或参与带量采购的药品价格呈现断崖式下跌，医药企业收入面临很大挑战。恩华药业作为国内老牌医药研发生产企业，不得不制定一套商业转型策略来应对市场环境的变化。

三、恩华药业管理模式探索

恩华药业采取三大手段来提升赢利水平。首先，进行内部营销机制改革，通过销售团队转型来增大企业各类产品的销售规模，保持并提高市场占有率，通过销售渠道的开拓减轻价格降低带来的利润压力。其次，重视研发投入，在大规模研发创新的基础上增加产品类别，通过不断增加的产品种类来增加收入，通过"外延＋内生"式的业务发展模式丰富产品线，提升行业影响力和市场竞争力。最后，通过现有经营方式与新兴产业的融合发展，新增销售渠道，借助互联网增大变现空间。

四、业务发展

在医药企业神经精神领域的新药研发进程中，存在一定的不确定性，中枢神经领域各医药企业研发进度相较于其他领域较慢，可归纳为以下五个原因。

- 神经精神领域患病病因不明，"对症下药"不容易，很难准确解决疾病"根源"。
- 神经精神领域疾病机理较为复杂，动物模拟试验不能模拟所有疾病表现，后期临床试验过程中的转化情况较差。
- 在临床开发阶段需要留出大量方案设计时间，临床试验的治疗时间较长，投入较大。
- 由于神经精神领域疾病涉及的心理因素较多，临床试验过程中安慰剂效应十分显著，疼痛和忧郁症的安慰剂效应甚至高达 40% 以上。
- 目前的技术水平仍然没有突破血脑屏障相关的药物递送问题。

受以上原因影响，神经精神"赛道"中的医药企业面临较大的研发压力。医药企业必须选择以不同模式进行产品种类的扩展和企业规模的壮大。

标新（BioShin）于 2018 年在上海成立，其母公司为美国生物技术公司 Biohaven。作为其在中国设立的全资子公司，标新负责 Biohaven 研发管线在中国和亚太地区的市场化开发和商业活动。这种外延式发展的模式，大大提升了标新在资本市场上的吸金程度，公司已于 2020 年完成 A 轮融资，宣布成立独立的公司，拥有了独立决策权和运营权。同时，标新借着与前母公司建立的战略合作，拿到了 Biohaven 进展较快的项目管线，吸引了大量医药生物领域的高端人才，实现了项目的快速商业化和赢利。另外，标新还与其他企业进行深度合作，投资仍处于研发早期的团队，为未来变现加码。

相较于标新的外延式发展，恩华药业选择以与之不同的外延式与内生式发展相结合的方法丰富产品管线，提高公司科技创新实力。

恩华药业早期产品采取以仿制为主的研发方式，对有领先性、有技术壁垒或政策壁垒的在研产品加快研发进度，对仿制药的新立项目重点聚焦有技术壁垒或政策壁垒的项目，加快推进公司重点品种的一致性评价工作，争取更多产品获得生产批件，做好新产品储备。恩华药业后期在市场竞争压力下逐步开始进行创新药研发，通过创新药、仿制药共同布局的方式，实施了创仿分设的研发模式。2020 年，其研发投入达 2.45 亿元，较上年增长 30%，在研科研项目 70 多项、仿制药重点在研项目 39 个、创新药在研项目超 20 个。同时其建立了较为完善的精神类药物和镇痛类药物原创新药的研发平台，包括高端中枢神经递药系统研究与开发平台、中枢神经系统药物新分子实体研究与开发平台、中枢神经系统新药筛选及药理学评价研究与开发平台，以及精麻类药品防滥用技术研究与开发平台。

同时，恩华药业积极开展与院校和研究机构的广泛产学研合作和学术交流，以企业为创新主体，与美国哈佛医学院、Trevena，英国 Zysis，以色列 D-Pharma、Mapi，以及国内的华中科技大学、中国药科大学、南京医科大学、北京大学医学部、河北医科大学第二医院、清华大学药学院等建立合作关系，不断提升具备自主知识产权的新药开发能力。目前，公司共有超过 20 个创新药项目，从临床前筛选到临床三期都有相应产品。2020 年，公司申请发明专利 65 项，申请 PCT[①] 专利 5 项，获得授权发明专利 30 项，其中 1 项专利获首届徐州市专利金奖，另获 1 项专利获优秀奖。

另外，恩华药业建立了多个外部战略合作项目。2019 年，恩华药业与赛默飞世尔科技签订战略合作协议，双方依托赛默飞新型分子诊断技术平台，共同打造"中枢神经精准医学示范实验室"，推动中枢神经系统疾病的精准分型和诊疗一体化。2021 年，恩华药业与康泽药业签订战略合作协议，依托康泽领先的益生菌研发新型技术平台，共同开发专注于中枢神经系统疾病的脑肠轴健康管理项目。双方在恩华药业的互联网医院平台上，共同打造"脑肠轴健康理念产品"，推动中枢神经系统疾病的脑肠轴概念产品大健康和诊疗一体化，携手建立情绪睡眠调节的健康微生态体系。

恩华药业采取的外延与内生相结合的业务发展模式，为恩华药业带来了更加丰富的产品管线与更多的合作机会。同时，与外部的战略合作帮助恩华药业在中枢神经类药物市场打造了更大的行业影响力。

---

① PCT 全称为 Patent Cooperation Treaty，译为《专利合作条约》。

五、数字化升级

随着互联网技术的发展及移动应用的普及，恩华药业建立了专注于精神心理疾病的"好心情"线上诊疗平台，并打造了"线上服务＋线下诊所＋用药管理"的产业生态，快速开展自身互联网医疗业务。

恩华药业于 2015 年成立的江苏好欣晴移动医疗科技有限公司（以下简称"好欣晴"），定位为一家聚焦于中枢神经领域精神心理健康服务的互联网医疗平台，旨在为精神心理疾病患者提供专业、先进、高效、便捷的数字化诊疗服务。平台通过咨询诊断、智能量表筛查、基因检测、药物治疗、非药物治疗（如音乐治疗、冥想等）覆盖患者诊前、诊中、诊后就医全流程。

成立以来，好欣晴通过"复诊续方"的服务模式，把几十年积累下来的医生专家资源引入线上，方便患者线上问诊、续方；同时利用新兴的人工智能和大数据技术，不断完善智能诊疗产品体系，实施"互联网＋医疗"战略。截至 2021 年 6 月底，好欣晴拥有国内超 70% 的精神科心理医生线上注册数，每月服务的患者人次超 10 万。

2016—2021 年，好欣晴进行了多轮融资，总计融资金额约为 5 亿元。目前的投资方包括字节跳动、东方明珠、恩华药业、复星健康、通和毓承等。众多投资方为好欣晴在传媒、互联网、医药产业等多领域保驾护航，具体如表 3 所示。

表 3　好欣晴融资活动

融资时间	融资金额	投资方
2022 年 1 月	1 亿元	东方明珠
2021 年 9 月	2 亿元	字节跳动、复星健康、德诚资本、兴富资本等
2020 年 5 月	1.25 亿元	通和毓承、中华开发、韩国 KIP
2018 年 1 月	数千万元	中子资本、韩国 KIP
2016 年 3 月	5 000 万元	恩华药业

与此同时，好欣晴并不止步于提供单一的线上服务，它还利用多次战略合作，大力投资智能技术产品，为患者提供更加智能化的技术服务。另外，好欣晴与各大药企进行战略合作，通过自建供应链的模式最大限度地保持患

者在平台上的活跃度和用户黏性。

六、营销变革

恩华药业根据政策导向和市场环境变化，不断调整营销策略，从最初的混线营销模式逐步展开营销改革试点，引入分线管理的营销模式，并完成销售人员的专业化结构调整，将销售服务向专业化方向推进，同时配套相应的销售政策，进一步调动一线销售人员的营销积极性。

最初，恩华药业采用的是混线营销模式，一位销售代表同时销售公司的所有产品。销售代表为了提高业绩水平、获得更高回报，产品推广倾向于向更容易销售且单价高的麻醉药品倾斜。但从整体市场来看，麻醉药品在市场上的竞争力较弱，反倒是精神类与神经类药品在市场上更加具有竞争潜力，能够帮助企业发挥竞争优势。混线营销模式暴露出营销策略的弱点，降低了企业在市场中的赢利水平和竞争能力。

2010年，恩华药业在五个省市实行分线营销改革试点，并成立了政府事务部。分线营销即销售代表只销售某一类药品，从试点情况来看，在北京、四川、华东地区都起到了良好的效果。公司预计用三年时间试点，五年后在全国进行推广。

随着公司麻醉类药品、精神类药品和神经类药品三大产品线日益丰富，公司自2018年开始将营销模式改为分产品线管理，通过建立分线管理模式来提升营销能力，采取完全分线模式的事业部制运作，提升产品营收增速。目前，公司已完成麻醉类药品和精神类药品的分线营销改革，销售人员也逐步增加到近1 000人，公司营销能力大大提升。

公司下设三家子公司负责承担产品的批发、零售工作。公司下设的全资子公司恩华和信从事公司自产制剂类产品的批发销售，控股子公司恩华连锁主要从事药品零售业务，控股子公司恩华和润主要从事药品的批发业务。在药品集中带量采购的新招标模式下，公司进一步进行了销售人员的专业结构调整，不断推进产品销售向专业化方向发展，继续完善有利于调动一线销售人员积极性的销售政策。

药品有别于其他商品，具有一定的特殊性。其一，药品存在使用权和消费决定权分离的特点，消费者在购买过程中对药品的认知不全面，购买决策主要来源于医生推荐，终端消费者的选择较少。加之在我国药品购买渠道中，大部分患者用药还是以处方药为主，其使用权与消费决定权仅小部分重合。其二，药品的价格弹性较其他商品来说较小，药品的疗效针对性极强，适用范围确定，因此患者为了获得良好的疗效，支付意愿较高；药品受供求因素的影响较小，价格对于销量的影响并不显著。其三，药品的推广须具备专业性，其中又有专业性强弱之分，专业性较弱的药品在推广时一般采用"带金"销售或服务营销的营销模式，而专业性强、临床适应证集中的药品则需要更加专业地进行推广。

恩华药业基于前期的大量临床试验、病理讨论工作，先明确药品的适应证、使用方法、优缺点等，再通过组织学术交流会、产品交流会的方式，邀请医院领导、医生、专家学者进行定期研讨交流，对药品信息进行更加准确、及时的传播与更新，引导医院、医生使用该种药物，增加销量，提升品牌知名度和影响力，并结合国家倡导分级诊疗的指导意见，进一步开发县级医疗市场。

恩华药业还基于连锁渠道，通过区域化发展策略，实施区域龙头聚焦的销售策略；建立线下门店，通过开展人力资源、制度、营销及信息等方面的管理工作，降低产品采购成本；提高管理水平，提升企业赢利能力和整体赢利水平。

七、小结

从恩华药业的企业发展变革中不难看出，国内老牌医药厂商从国营制药厂改制后，均会面对极大的市场竞争压力。在医药行业从仿制药逐渐转型为创新药的发展过程中，企业需要不断提升自身的研发硬实力，丰富产品线，建立企业的核心竞争力。同时，企业需要根据国家政策进行营销模式的转变与更新，利用技术红利进行"互联网+"营销模式转型，在行业竞争中尽可能多地抢占市场份额。